夏德仁　迟福林　唐立新◎主编

打造对外开放新前沿

如何推动东北振兴取得新突破

中国工人出版社

CONTENTS 目录

第二篇 “十四五”：推动东北振兴取得新突破

第三篇 市场化动力：推进东北经济一体化

第四篇 **双循环格局：推动东北经济转型升级**

第五篇 区域合作：全面释放东北地区潜能

附录

序言一　推进新时代东北全面振兴

夏德仁

东北地区是我国重要的工业和农业基地。2018 年 9 月，习近平总书记在主持召开深入推进东北振兴座谈会时强调，东北地区“维护国家国防安全、粮食安全、生态安全、能源安全、产业安全的战略地位十分重要，关乎国家发展大局”。这为我们推进新时代东北全面振兴提供了根本遵循。

党的十八大以来，以习近平同志为核心的党中央出台了一系列支持东北振兴的政策。在各方面共同努力下，东北老工业基地振兴取得明显成效和阶段性成果，经济总量迈上新台阶，结构调整扎实推进，国有企业竞争力增强，重大装备研制走在全国前列，粮食综合生产能力显著提高，社会事业蓬勃发展，民生有了明显改善。

当今世界正经历百年未有之大变局，我国正处于实现中华民族伟大复兴的关键时期。东北地区区位条件优越，沿边沿海优势明显，是全国经济的重要增长极，在国家发展全局中举足轻重，在我国现代化建设中至关重要。加快东北老工业基地全面振兴，是推进经济结构战略性调整、提高我国产业国际竞争力的战略举措，是促进区域协调发展、打造新经济支撑带的重大任务，是优化调整国有资产布局、更好发挥国有经济主导作用的客观要求，是完善我国对外开放战略布局的重要部署，是维护国家粮食安全、打造北方生态安全屏障的有力保障。我们要充分认识推进新时代东北全面振兴的重要性和紧迫性，瞄准方向、保持定力，扬长避短、发挥优势，一以贯之、久久为功，重塑环境、重振雄风，坚定不移把这项宏伟事业推向新阶段，形成对国家重大战略的坚强支撑。

推进重点突破。“十四五”规划纲要对“推动东北振兴取得新突破”作出部署，强调要“从维护国家国防、粮食、生态、能源、产业安全的战略高度，加强政策统筹，实现重点突破”。这进一步明确了新征程上推动东北振兴的战略重点。学习贯彻习近平总书记重要讲话、重要指示精神，落实“十四五”规划纲要部署，需要把推动东北振兴与维护国家国防安全、粮食安全、生态安全、能源安全、产业安全紧密结合，明确东北地区在这五个方面担负的责任和使命，推动并强化相关支持政策之间的统筹协调。比如，一些领域的“卡脖子”问题和具有不可替代性的重点装备制造事关我国产业安全，要坚定实施科教兴国战略、人才强国战略、创新驱动发展战略、军民融合发展战略，大力推动自主研发体系建设、产业链和供应链完善，充分发挥中央和地方两个积极性，进一步提升装备制造业的创新能力和效率，促进相关产业高质量发展。

全面深化改革。近年来，东北地区经济下行压力加大，部分行业和企业生产经营困难，经济增长新动力不足和旧动力减弱的结构性矛盾突出，发展面临新的困难和挑战，主要表现在：市场化程度不高，国有企业活力仍然不足，民营经济发展不充分；科技与经济发展融合不够，偏资源型、传统型、重化工型的产业结构和产品结构不适应市场变化，新兴产业发展偏慢；资源枯竭、产业衰退、结构单一地区（城市）转型面临较多困难，社会保障和民生压力较大；等等。这些矛盾和问题在很大程度上可以归结为体制机制问题、产业结构和经济结构问题，解决这些问题要靠全面深化改革。要做好东北全面振兴与“一带一路”建设、京津冀协同发展、长江经济带发展等战略的互动衔接，以提高经济发展质量和效益为中心，保持战略定力，增强发展自信，坚持变中求新、变中求进、变中突破，着力完善体制机制、推进结构调整、鼓励创新创业、保障和改善民生，加大供给侧结构性改革力度，解决突出矛盾和问题，不断提升东北老工业基地的发展活力、内生动力和整体竞争力。

培育形成城市群。沈阳、大连、长春、哈尔滨等是东北地区的主要城市。《中共中央国务院关于全面振兴东北地区等老工业基地的若干意见》提出，以哈（尔滨）长（春）沈（阳）大（连）为主轴，做好空间规划顶层设计，培育形成东北地区城市群，促进大中小城市和小城镇协调发展；支持沈阳、大连、长春、哈尔滨等地打造国内领先的新兴产业集群。同时，对相关城市在城市建设、创新发展等方面给予支持。比如，支持沈阳市开展全面创新改革试验，加快完善创新政策和人才政策，打破制约科技与经济结合的体制机制障碍；在沈阳—大连等创新资源集聚地区布局国家自主创新示范区；高水平推进中德（沈阳）高端装备制造产业园建设；积极推进建设大连金普新区、哈尔滨新区、长春新区，努力打造转变政府职能和创新管理体制的先行区；等等。贯彻落实中央决策部署，需要这四个城市肩负起更加重大的职能和责任，进一步加大行政管理体制改革力度，优化发展环境，增强对人才、科技、资金等优质资源的吸纳能力；完善现代化功能性基础设施，提升城市治理水平，最大限度发挥这些城市在航运、物流、贸易、金融、信息、文化、旅游等方面的功能，进一步增强四个城市在东北亚地区的竞争力和辐射能力。

作者系全国政协经济委员会副主任、辽宁省政协原主席

序言二　以统筹安全与发展为目标推进东北经济一体化

迟福林

面对百年未有之大变局，统筹安全与发展已成为新发展阶段推进东北振兴的重要目标。从现实看，统筹东北地区安全与发展，需要在推动东北经济一体化中寻求新动力，实现新突破，并由此提升东北地区经济社会发展能力和维护国家国防安全、粮食安全、生态安全、能源安全、产业安全的能力。

未来几年，推进东北经济一体化，初步考虑的是：以统筹安全与发展为目标，以城市圈为载体，以基础设施一体化为基础，以优化区域产业空间结构为重点，以国有经济布局一体化为关键，以开放布局一体化为引领，合力打造东北经济增长极，形成区域改革发展新布局。

一、以东北经济一体化形成统筹安全与发展的产业布局

从现实情况看，统筹安全与发展，产业空间结构调整和产业布局优化是重点。要以东北经济一体化形成安全稳定的区域产业链、供应链，明显提升东北产业的整体竞争力。

1. 区域产业同构、产业布局分散、产业关联弱化是不是东北地区统筹安全与发展面临的突出矛盾?

作为老工业基地，东北工业基础雄厚，制造业种类齐全，技术水平先进，工业成熟度高，产业链条完整，产业工人训练有素，同时科教基础好，拥有一大批高等学校、科研院所。

近几年，东北地区产业结构有所优化，但产业同构、布局不优的矛盾仍

比较突出。例如，辽宁、吉林、黑龙江三省都同时汇集了汽车、石油和化工、造船、航空、机床、风动工具、电线电缆、重矿设备等产业，低水平、重复竞争的矛盾仍比较突出，并成为制约区域产业链、供应链安全与发展的重要因素。

——先进产业集群缺位。2021 年，有关部门评选的全国 25 个先进制造业集群，东北没有一个入选。相比之下，广东、江苏分别有 6 个入选；浙江有 3 个集群入选。

——产业集中度不高。2021 年，与本钢集团合并后的鞍钢集团，粗钢产量位居全球第 3 位，仅次于中国宝武和安赛乐米塔尔。但总的来看，东北提升产业集中度仍任重道远。以辽宁省为例，调研显示 95%以上国企的产业集中度与产品附加值不高，缺乏核心竞争力。

——产业竞争力不强。2020 年，黑龙江工业企业资产利润率为 1.57%，在全国排名仅高于西藏；辽宁和吉林分别排在第 23、24 位。2011—2020 年，东北三省一区规模以上工业企业利润总额年均下降 8.92%，呈现持续下降的趋势，与同期全国规模以上工业企业利润总额年均增长 1.22%，形成较大反差。

——产业结构不优。有数据显示，东北地区制造业总产值中，劳动密集型与资本密集型产业产值所占的比重高达 93%，而技术密集型产业产值仅占 7%，低于全国 14%的平均水平。

2. 适应“五大安全”要求推进东北产业一体化，对调整优化东北产业布局的基本要求何在?

紧紧围绕国防安全、粮食安全、生态安全、能源安全、产业安全的战略定位，加快形成东北产业一体化的行动方案，调整优化整合东北地区产业资源，争取到 2025 年初步形成优势互补、高质量发展的区域经济布局。为此需要：

——加大国防安全行业布局。着力强化维护国家国防安全的产业保障，实质性提升国家重要工业基地的地位。

——优化东北农业产业化布局。全域整合优化农业资源，以区域一体化布局拉长东北农业产业链，更加巩固国家粮食“压舱石”地位。

——协同推进生态型产业发展。围绕“双碳”目标实现统筹生态文化旅游资源保护开发，祖国北疆生态安全屏障更加牢固。

——统筹区域能源布局。聚焦能源关键技术与装备创新，强化与俄罗斯的能源合作，在国家能源安全中的地位更为突出。

——优化以装备制造为核心的产业布局。按照比较优势推进区域产业错位发展，强长链、补短链，在维护全国产业链、供应链安全中发挥更大作用。

3. 作为国家重器的装备制造业在统筹安全与发展中的作用何在?

——放大区域基础产业优势。把做大做强做优装备制造业作为东北产业一体化的重点，到 2025 年初步形成区域协同、开放创新的先进装备制造业体系。

——打造一批优势产业集群。要在工业母机、船舶制造、航空制造、核电化工装备、高铁客车、工业机器人制造等发展基础比较好的重点领域实现强强联合，形成一批引领区域经济结构转型升级的优势产业集群。

——应在“卡脖子”的关键核心技术布局上努力实现创新突破。从研发经费投入来看，2020 年，东北三省一区研发经费投入占 GDP 的比重平均约为 1.42%，其中辽宁为 2.19%、吉林为 1.30%、黑龙江为 1.26%、内蒙古为 0.93%，均低于全国平均水平（2.40%)，与东部沿海省份的差距更大。这就需要东北地区显著加大研发投入，不断将“东北制造”升级为“东北智造”“东北创造”。

二、以东北经济一体化形成统筹安全与发展的国有经济布局

统筹安全与发展，国有经济优化布局是关键。要以东北经济一体化强化国有经济的战略安全保障能力

1. 国有经济合理布局是不是东北地区统筹安全与发展的关键因素?

国有资本向战略性安全保障服务领域集中，是东北统筹安全与发展的重

大任务。

——布局不合理是制约东北国资国企改革的重要因素。东北国有经济在传统竞争性领域比重偏大，功能性、保障性领域国有资本配置相对不足。比如，调查显示，辽宁近70%的国有资产集中在钢铁、煤炭、装备制造等领域；吉林地方国企在国民经济行业大类中均有分布，只有不到8%的资产分布在工业领域，农林牧渔、建筑、服务业等其他16个行业的资产占地方国有企业90%以上。相比之下，江苏80%的国企集中在科技、基础设施、能源、媒体、新兴产业、金融、投资等领域；上海60%的国企集中在新兴产业、先进制造，以及功能性、保障性的重点领域。

——国有资本布局不合理，影响东北国有经济抗风险能力提升。例如，2020年，黑龙江国有及国有控股工业企业利润率为-0.59%，在全国仅高于西藏，而辽宁和吉林分别为0.98%和2.74%，分别位于第27位和第18位。

——国有资本的不合理布局，影响了东北地区的民企发展。2021年，全国民营企业500强中，东北地区仅有8家企业入围，比2019年少了3家。

2. 从东北经济一体化的现实需求出发，如何统筹优化东北国有经济布局?

把调整优化国有经济布局作为国资国企综合改革试验的重要目标，争取到2025年，国有经济在推进东北产业一体化、基础设施一体化中的作用明显增强，基本形成以国有经济布局优化带动民营企业发展的新格局。

——优化调整国有经济产业布局。在产业一体化方面，以提升装备制造业产业集中度为重点优化国有经济区域布局，积极引导国有资本向前瞻性战略性新兴产业集中，提升国有经济竞争力、创新力、控制力、影响力、抗风险能力。

——优化调整国有经济区域布局。充分发挥国企国资在投资、基础设施建设、集聚要素等方面的引领作用，带动影响社会资本投资和布局，努力建成在东北亚区域具有重要影响力的城市圈和与之相适应的产业集群。

——优化调整国有经济结构布局。加大国有资本在国家安全、粮食安全、能源安全、公共服务和应急能力建设领域的布局。在此基础上，重点强化公平竞争政策的基础性地位，把带动民营企业发展作为调整优化国有经济布局的重要目标，为民营企业发展开辟新的制度空间，使民营经济成为推动东北经济一体化、推动东北振兴的生力军。

——发挥国资国企在促进东北基础设施一体化中的重要作用。充分发挥国有资本在区域互联互通重大基础设施建设中的重要作用，完善跨省公路、铁路、航空、海运等基础设施建设，加快形成东北地区综合立体交通运输体系，并构建面向东北亚的开放大通道。

3. 如何有效发挥央企在推进东北地区经济一体化中的重要作用?

——加大央企对战略性、前瞻性、基础性创新领域的投入。从国家层面统筹推进东北国有经济布局，在区域重大基础设施建设、重点支柱产业发展、关键核心技术攻关等领域发挥央企的特殊作用。

——推动央企与地方国企、民企战略性对接合作。在竞争性领域，引进民营、外资战略投资者推动国企重组，允许非公有制经济控股。

——有效推进央地国企资源整合。建议由国务院国资委统筹推进东北地区国有经济布局工作，完善以管资本为主的国资监管体制，充分发挥国有资本投资运营公司的平台作用，有效推进国有资本的跨区域、跨行业整合和布局优化。

三、以东北经济一体化形成统筹安全与发展的开放布局

统筹安全与发展，优化开放布局是引领并取得突破的战略举措。要以东北经济一体化形成参与东北亚经济合作的合力。

1. 面对百年未有之大变局，如何客观判断统筹东北开放布局的现实需求?

统筹开放布局，有效融入东北亚经济一体化进程，是东北形成以开放促发展新格局的关键。从实际情况看，东北地区既面临开放水平不高的挑战，也面临开放布局亟待优化的挑战。

——东北地区开放度还不高。1993 年东北进出口总额占全国比重为

7.3%，到2020年仅为2.9%，其中出口总额仅占1.8%。同期，长三角地区外贸占全国比重达到36.9%。

——东北地区与东北亚发展的结合度还不密切。2019年，辽宁、吉林、黑龙江对日韩俄的出口规模，分别仅为1051.08亿元、75.9亿元、127.03亿元，仅相当于所在省份出口总额的33.59%、23.5%和36.34%。比邻东北亚的区位优势在东北振兴中尚未得到有效利用。

——东北地区对外开放合力尚未充分形成。例如，丹东、锦州、营口、盘锦、葫芦岛等沿海城市港口资源丰富，但在面向东北亚的开放上仍缺乏有效资源整合。交通运输部的数据显示，2021年，东北地区仅营口港进入全国港口集装箱吞吐量排名第10位，而且被广西的北部湾港口超越。

2. 如何以推进东北亚区域合作为导向优化东北开放布局?

东北全面振兴要与加强同东北亚区域经贸合作统筹设计、统筹推进，争取到2025年，初步形成东北地区协同融入东北亚经济圈的新格局。

——主动参与东北亚的产业链、供应链合作。抓住中日韩产业链、供应链区域化调整的有利契机，加强与东北亚的产业对接；推进面向东北亚的国际大通道建设，统筹贸易通道与海港、陆港、空港、信息港建设，建成覆盖东北主要节点城市和口岸城市，联通东北亚各国的国际交通网络体系。

——布局面向东北亚的开放合作大平台。以沿海城市为重点建设面向东北亚的重要开放门户，以大连为龙头，加快整合沿海城市港口资源，形成合理分工、错位发展、资源共享的港航一体化新格局；同时，发挥辽宁、黑龙江自贸试验区在开放合作中的引领作用。

——加强东北地区与东北亚的政府合作与人文交流。支持东北与东北亚形成常态化的地方政府间沟通协调机制，发挥好大图们倡议东北亚地方合作委员会的作用，推动地方层面共建跨境经济合作园区；充分发挥中国东北振兴研究院的网络优势，为东北亚合作提供具有专业性、战略性的智力支持。

3. RCEP协定落实、中俄战略合作为推动东北经济一体化与东北亚区域合作提供的重要机遇何在?

RCEP正式生效为中日韩自贸区建设提供了重要机遇；同时，近期中俄两国领导人会晤并签署联合声明，达成15项合作，为东北地区扩大面向俄罗斯的开放提供难得机遇。

——构建更加安全稳定的东北亚产业链供应链。借助RCEP关税减免措施和投资便利化安排，充分利用更加灵活的原产地规则，以装备制造、智能制造等为重点强化与日本和韩国的产业链、供应链合作。

——推进与俄罗斯间贸易投资自由化便利化。扩大绿色发展领域合作，尽快在农业、石油天然气、航空航天、文化体育、信息化和数字化等领域对接俄罗斯形成新的区域开放布局，因地制宜推动产业项下的自由贸易。

——加快推进东北参与东北亚的基础设施互联互通。力争未来5~10年，建成覆盖东北主要节点城市和口岸城市，联通东北亚各国的国际交通网络体系，以促进东北亚经济走廊建设进程。

总的来看，以统筹安全与发展为目标推进东北经济一体化，需要解放思想，主动作为，大胆改革创新。

第一，尽快制订东北国企国资战略布局优化调整规划。围绕“五大安全”战略优化区域布局，重点突出产业空间结构调整，优化国有经济布局和开放布局，形成东北经济一体化的路线图、时间表。

第二，围绕东北经济一体化形成高水平制度型开放的行动计划。为扩大东北地区参与中日韩、中俄经济合作，建议增设中国（吉林）自由贸易试验区，中国（内蒙古）自由贸易试验区。

第三，东北地区全面振兴的关键是实现全面深化改革的重大突破。尤其是要实现深化国资国企改革的重大突破，形成国企民企外资公平竞争的制度安排，实现优化营商环境的新突破。

第四，尽快形成东北经济一体化高规格、强有力的跨省区协调机制。建议参照粤港澳大湾区的经验，在现行四省区行政首长联席会议机制的基础上，形成由中央领导牵头、各省区市主要领导参与的高层次协调机制与高效的工作机制，并建立多层次的跨省区合作机制。

作者系中国（海南）改革发展研究院院长、中国东北振兴研究院院长

第一篇

高水平开放：形成东北振兴新动力

东北全面振兴的战略重点

夏德仁　全国政协经济委员会副主任、辽宁省政协原主席

党中央在“十四五”规划建议中提出，“十四五”期间要推动东北振兴取得新突破。这是党中央对“十三五”时期东北振兴取得的进展和存在的问题进行全面总结分析后，对“十四五”期间东北振兴提出的新要求。那么，在当前新形势下，东北振兴究竟要在哪些方面取得新突破，战略重点有哪些？

一、在深化改革中培育新动能

当前，东北振兴面临的最大问题是经济发展的内在动力不足，无论是国有企业还是民营企业都或多或少存在创新动力不足的问题，使得本来具备的创新资源难以发挥作用，部分人才、科技成果和项目外流。其根源还是体制机制问题。我认为，东北地区到目前为止还没有享受到东南沿海一些地区所拥有的改革红利，所以深化改革仍是“十四五”期间十分艰巨同时又是难以回避的重大任务。因此建议：一要加大国有企业改革力度，进一步深化科技、教育、人才管理体制改革，激活传统体制内人才、技术等创新资源；二要毫不动摇地鼓励支持民营经济发展，特别是加大对创新型、科技型民营中小企业的扶持力度；三要深化行政管理体制改革，按照社会主义市场经济的要求界定好政府与市场的关系，发挥好政府的积极作用，最大限度地激发市场机制的内在动力，根治影响东北投资环境的顽瘴痼疾，通过有为政府和有效市场的密切结合，促

进东北地区经济在新时期焕发出新动力，形成新技术、新产业、新业态、新模式快速发展的新局面。

二、在双循环格局下加快对外开放步伐

改革开放40多年的经验告诉我们，对外开放是推动地区繁荣发展的重要途径。珠江三角洲和长江三角洲快速发展充分说明了这一点。过去很多年，东北地区改革发展成果，从一定意义上说受益于对外开放；从另一角度看，正是由于近十年来对外开放的步伐减慢，使东北经济与东南沿海拉开了距离。在当前双循环的新格局下，东北在参与国内循环和国际循环上应当并重。中国东北处于东北亚区域核心位置，工业基础好，人才科技资源集中，是东北亚工商界比较关注的地区，具有一定的对外开放基础条件。从国家大局来看，加大东北地区的对外开放步伐，对于我国加强同东北亚各国经贸合作，加快“一带一路”建设，对冲美国遏制打压中国的外部风险发挥着不可替代的作用。所以，“十四五”期间，要加大东北地区对外开放力度，积极参与东北亚经济合作，利用好日本、韩国的资金、技术和管理经验，拓展与俄罗斯的合作领域，利用好俄罗斯的资源、技术与市场，推动东三省企业改革和产业结构调整优化，这应当成为“十四五”期间东北振兴重要任务。当前，要深入分析东北地区外资企业投资经营状况，及时发现和解决存在的问题，进一步优化政策，最大限度地吸引和稳定外商投资。要抢占对外开放制高点，争取以大连为龙头的辽宁沿海经济带获得更加开放的政策，强化大连东北亚国际航运中心的功能和作用，以此带动东北地区更高水平的对外开放。

三、在结构调整中推进产业优化升级

东北振兴的关键是产业振兴。“十四五”期间，东北地区产业结构调整能否有实质性进展，是衡量东北振兴是否有新突破的重要标志。自

国家实施东北振兴战略以来，东北地区产业结构调整有了很大进展，但还有一些重要环节需要突破。以辽宁为例，“十四五”期间产业结构优化升级要突出两个重点：一是做大做强优势传统产业，使其真正具有国际竞争力，包括通过鞍本钢合并重组，做强钢铁工业，全力推进长兴岛、盘锦两大世界级石化基地建设，带动石化产业规模化、高质量发展，同时拉长产业链，形成一个完整的、全链条的、具有竞争力的石化产业体系；二是充分利用辽宁人才集中、软件和信息服务业较为发达的优势，全力推进数字经济发展，加大传统产业数字化改造力度，加快智能制造发展步伐，同时推进数字技术产业化，大力发展人工智能、大数据、云计算等新兴产业。“十四五”应当是东北产业结构优化升级有实质性突破的五年。

四、在区域协调发展中构建沈大哈长城市带

东北振兴战略实施多年，各省区的振兴发展积极性都很高，但与一些发达区域相比，东北经济缺乏整体性、协调性和发展合力。“十四五”期间，应以构建沈大哈长城市群为突破口，促进东北经济一体化。一是从总体规划上把沈大哈长四大城市整合为一个面向东北亚发挥辐射作用的城市群或城市带，以此带动东北区域空间布局的一体化；二是以国际化、现代化、市场化为标准，强化四大城市的航运、物流、贸易、金融、科技、文化、旅游等功能，并通过新一轮的基础设施建设，加强人流、物流、资金流、信息流高效流动，提高在东北亚的辐射力和影响力；三是推进产业布局的协同性，按照客观规律和市场竞争需要，进一步完善东北地区支柱产业的产业链和供应链，形成优势互补、相互配套、资源共享、具有国际竞争力的产业体系，以破解当前东北三省存在的产业同质化问题。

五、在振兴发展过程中保障“五大安全”

习近平总书记强调，东北维护国家国防安全、粮食安全、生态安全、能源安全、产业安全的战略地位十分重要，关乎国家发展大局。在“十四五”期间，东北地区各地党委、政府应当认真落实好习近平总书记的重要指示，把保障“五大安全”作为今后振兴发展的重点任务，层层落实责任。构建良好创新生态。落实科技体制改革三年行动方案，加快建立以企业为主体的科技创新体系。推进人才发展体制机制改革，充分向用人主体授权，积极主动为人才松绑，完善科技成果评价机制，加快建立以创新价值、能力、贡献为导向的人才评价体系。深化人才政策创新，制定差异化、精准化的服务保障政策，加强对人才创新创业的金融支持，加大知识产权保护力度，持续优化创新创业环境。

构建新发展格局下的东北对外开放

江泽林　吉林省政协主席

加快构建以国内大循环为主体、国内国际双循环相互促进的新发展格局，是党中央基于国内外形势做出的重大战略部署，是新发展阶段我国经济社会实现高质量发展的重要指引。如何适应和引领新发展格局下国际循环变革调整的新趋势、打造对外开放新前沿，是关乎东北乃至国家对外开放全局的重大命题。

近年来，吉林省深度融入共建“一带一路”，深入实施长吉图开发开放战略，大力推动“五个合作”，全力打造对外开放新高地，为振兴发展赋能助力。一是坚持建设大通道。面向东南西北，持续推进“3631”工程建设。向东，三线联通东北亚，推进珲春经扎港至韩国釜山、束草、日本新潟三条陆海联运航线，实现“借港出海”。向南，六线对接国家“三大战略”，扎实推进珲春经扎港、罗津、斯拉夫扬卡至南方城市三条内贸外运航线，长春至大连、天津铁海联运实现稳定运营，通化内陆港扩大国际、国内港口运量。向西，三线联通欧亚，推进“长满欧”“珲马铁路”稳定运营，加快“长珲欧”开通进程，为“滨海2号”建设奠定基础。向北，一线联通欧美，谋划开通新“北冰洋航线”。二是坚持开拓大市场。贯彻党中央国务院推进贸易高质量发展指导意见，推动加工贸易承接落地，鼓励边境进口资源加工、出境加工复进境业务，大力培育外贸转型升级基地，加快形成新的出口优势。2020年，全省跨境电商交易额、零售进出口额分别增长25.4%和178.2%，货物进出口额增速居东北三省一区首位，对外承包工程完成营业额和新签约合同额均创历史新高。三是坚持开展大招商。全面实施招商引资专项攻坚，坚持“请进来”和“走出去”，举办中国东北亚博览会、全球吉商大会、中国（吉林）全球投资峰会、全球冰雪产业峰会、中国网红吉林行、中德汽车大会、全球（长春）制造业服务外包峰会等重大经贸活动，扩大吉林影响，吸引外来投资。2020 年，全省资金到位项目 1749 个，到位资金 3112.4 亿元，增长 25.1%；实际利用外资 39.1 亿元，增长 9.4%，增速高于全国 3.2 个百分点。四是坚持强化大对接。主动对接京津冀协同发展、长江经济带、粤港澳大湾区等国家重大战略，与我省签署战略合作协议的省份达到 10 个。全面加强与浙江对口合作，各市州全部设立吉浙产业园，签订合作协议 117 个，到位资金超过 170 亿元。五是坚持构筑大平台。积极推进中国（吉林）自贸试验区申建工作，重点发挥中韩（长春）国际合作示范区、珲春海洋经济发展示范区、长春新区、长春临空经济示范区、兴隆综合保税区等重大平台作用，为扩大开放提供载体支撑。

同时，吉林省对外开放也存在着一些实际困难和问题：一是边境开放基础设施水平还需要进一步提升，特别是边境地区的长白县还没有通高速公路和铁路，需要国家在立项和资金方面予以倾斜。二是面向东北亚开发开放进展还比较缓慢，受国际环境、地缘政治等因素制约，向北开放窗口战略优势还没有充分释放，东北亚国家对我省投资仅占我省实际利用外资的 9.7%。三是周边合作还面临困难，谋划推进的重点项目启动建设或落地比例较低，部分涉及对外互联互通、境外投资或产业园区建设的项目，规划期内难以取得实质进展或面临长期停滞。

“十四五”时期是我国全面建成小康社会、实现第一个百年奋斗目标之后，乘势而上开启全面建设社会主义现代化国家新征程、向第二个百年奋斗目标进军的第一个五年，需要以推动高质量发展为主题，坚定不移贯彻新发展理念，立足我国超大规模市场潜力和优势，从商品要素流动型开放向制度型开放转变，通过畅通的国内大循环更好地促进国内国际双循环，推动更高水平的对外开放。首先，应建设有利于促进我国产业迈向全球产业链、价值链中高端的科技创新体制机制。全球经济竞争归根结底是产业链、价值链主导权的竞争，其中的关键在于科技创新实力。打好关键核心技术攻坚战、发挥各创新主体作用、加强国际科技交流合作等，需要建立鼓励科技自立自强的体制机制。其次，应健全和完善有利于放宽市场准入、提高开放水平的法律法规体系。推动贸易和投资自由化便利化、推进自由贸易试验区和自由贸易港建设等，关键在于构建公平、公开、稳定的制度体系，持续优化营商环境。最后，应建立和完善风险防控体制机制。通过健全外商投资准入前国民待遇加负面清单管理制度、稳慎推进人民币国际化等，实现高质量引进来和高水平走出去。

就吉林省而言，我们将发挥沿边近海优势，推进平台、通道、贸易和投资联动，优化开放环境，延伸对外辐射半径，构建立足省内、贯通东北、融入全国、面向东北亚、参与全球的全方位开放合作格局，为打造全国向北开放的重要窗口和东北亚地区合作中心枢纽提供坚强支撑。一是深化省内对接合作。加强长春与省内各市（州）对接合作，以项目合作为重点，以国家级新区和开发区为载体，带动其他地区加快发展。健全规划政策协同推进机制，破除行政壁垒，促进经济圈内融合发展、经济圈外互利共赢。二是深化东北地区区域协调合作。推动共建哈长一体化发展示范区，深化与辽中南城市群合作交流，推进长通赤（长春—通辽—赤峰）发展带建设。建立以跨区域重大项目为载体的深度合作机制，重点推动交通互联互通、能源互济互保、信息网络共建共享、公共服务普惠便利、市场统一开放。三是深化全方位对口合作。加大长春与天津、杭州对口合作力度，推进津长产业合作园、吉浙新经济园区、吉浙净月服务业发展示范区等合作平台建设。深化汽车制造、轨道交通、航天信息、文化旅游、生态环保等领域合作。积极引进重点企业在长春建立生产、研发、销售和服务基地，推动长春特色优势农产品进入天津、杭州市场。四是深化多层次战略合作。全面对接京津冀协同发展、长江经济带发展、粤港澳大湾区建设、长三角一体化发展、黄河流域生态保护和高质量发展等国家战略，打造南北方产业链供应链体系重要节点，开展产业互补合作和产能转移承接，吸引知名企业、科研院所入驻长春。五是深化开放性国际合作。主动融入“一带一路”建设，加强与东北亚国家合作交流，加快国际陆港、国际空港建设，加强中韩、中日合作，积极打造中德产业园、中俄科技园、中白科技园等国际产业合作平台，推进汽车、农业、石化等进出口提质增量，参与国际合作和分工。

对东北振兴和东北对外开放的几点认识

宋晓梧　中国经济体制改革研究会学术委员会主席、国务院原振兴东北办副主任

东北振兴过程中存在的深层次问题还需要我们下大力气研究解决，其中有些问题单靠东北自身难以得到根本解决，要从国家层面加以考虑。

近年来，东北三省经济增长出现明显减速，引起各方高度关注。国家“十四五”规划对东北地区的发展做出了非常准确的定位，符合当前东北的实际情况。国家发改委还印发了《东北全面振兴“十四五”实施方案》（简称《实施方案》），就是东北振兴落实国家“十四五”规划的行动方案，《实施方案》中很多的提法与2003年第一轮东北振兴和2016年第二轮东北振兴的提法相比发生了很大的变化。其中一个最大的变化是，由单纯地“追求GDP增长”转向维护国家“五大安全”，并且把维护国家“五大安全”放在主要目标的第一条。第一轮东北振兴的目标是希望东北地区的GDP或者人均GDP增长速度高于全国水平，虽然从2003年到2012年东北的经济增长速度的确高于全国平均水平，但在结构调整、创新发展、改善民生等方面成效并不显著，尤其是所有制结构和产业结构调整这两方面进展不尽如人意。新一轮全面振兴东北，中央对东北的定位发生了变化，东北振兴的理念发生了变化，这将对东北经济社会发展产生深远的影响。

值得注意的是，《实施方案》中不仅提到了东北要在国防、粮食、生态、能源、产业这“五大安全”方面发挥独特的作用，还指出“国有企业进一步深化改革”和“民营经济体量和比重持续提升”。上一轮东北振兴面临着两个比较严重的问题，一是产业结构方面能源和重化工业

偏重；二是所有制结构方面国有企业比重偏高。第一个问题可以通过产业结构优化升级来实现。第二个问题通过《实施方案》中提出的“促进民营经济高质量发展，支持民营企业发展壮大，提升民营经济发展质量”“民营经济体量和比重持续提升，活力和竞争力明显提高”可以较好地解决，这符合东北地区的实际情况。

开放度低是制约东北经济发展的“最大短板”是产业结构调整滞后、体制机制改革难以破题的重要症结所在。东北地区经济增长对全国 GDP 增长贡献率本来就不高，目前还呈下降趋势。东北地区对外贸易依存度更低，进出口额占全国进出口总额的比重与对 GDP 增长的贡献率相比，还要低得多。以上这些情况都说明东北的对外开放存在很大的问题。

首先，东北地区对外贸易依存度过低有客观的地理区位原因，不应一味地加以指责。东北地区对外开放受地理环境和国际大环境的制约。长三角、珠三角和海南等地区与香港、澳门及台湾地区在地理区位上接近，历史上又有大批长三角、珠三角的居民到海外谋生，海外华人比东北多得多，这也是改革开放后长三角、珠三角地区招商引资的便利条件。新中国成立初期，东北地区得到苏联的大量经济援助，156 个大项目中东北三省就有 57 个，占三分之一。现在时过境迁，俄罗斯已不可与当年的苏联同日而语，尽管前一轮东北振兴时我们下了很大功夫与俄罗斯远东地区开发相衔接，但实际情况是多年来进展极其缓慢。另一个比邻的蒙古国经济还不够发达，有合作，空间不大。我们希望东北地区与日本、韩国这两个位于东北亚的世界经济强国有更深入的经贸合作，但由于国际政治环境的变化，中日关系和中韩关系时好时坏，很难打开深度合作的局面。

我曾多次到图们江调研，据说在设立图们江开发区时，曾有过“南有深圳、北有图们江”之说。现在深圳是何等气势，从一个小渔村发展到比肩北上广。图们江却至今没有多大发展。其实吉林的同志在图们江也做了很大努力，建设了日本产业园、韩国产业园等，“三通一平”工作都做得十分到位，但是对日韩企业的吸引力并不大。

其次，东北要借助构建新发展格局的机遇，努力开拓对外开放的新局面。《实施方案》提出，要“建设开放合作发展新高地，加大对内开放合作力度，提升东北亚国际合作水平，打造高水平开放合作平台”。其中第一条与2003年第一轮东北振兴的思路相一致。当时的提法是“大力推进对内开放，打破地区封锁和市场分割，积极吸引国内其他地区的各类生产要素进入东北地区等老工业基地市场，鼓励各类所有制企业积极参与老工业基地调整改造”。现在对内开放合作的提法比较多，包括对口合作、对接京津冀协同发展、吸引人才等。关于对外开放，RCEP的签署为东北加快开放步伐带来了新的机遇，通过深化与日韩等国经贸合作，加强高端设备、冰雪产业、节能环保、数字经济、老龄化社会治理等领域合作，比较符合东北的实际情况。应加快推进中韩（长春）国际合作示范区、中日（大连）地方发展合作示范区、中蒙俄经济走廊建设，积极接受日韩产业转移，承揽大型成套设备的出口项目。这些都是下一步东北落实《实施方案》、扩大对外开放很好的选项。

最后，东北地区在关注对外开放的同时，对于区域内、各省市之间如何加强合作仍是一个重要问题。应建立一个合作机制促进产业结构调整，比如机床产业、钢铁产业、汽车产业在东北的整体调整，进而通过提高产业集中度提高效率。我从事东北振兴工作的实践证明，东北各省市产业雷同、重复问题，实际是政府和市场的关系没有理顺。如果各级政府都为了自己的政绩和业绩来主导资源配置，这样的问题无法得到根本解决。如果切实发挥市场配置资源的决定性作用，政府是服务型政府，那么这类问题就迎刃而解。当然市场有失灵的问题，但它也有中长期纠偏的内在机制。政府有责任弥补市场失灵，使用经济的、法律的以及必要时使用行政的手段进行宏观调控，但不能越俎代庖，替代市场直接配置资源。我们要按照中央的指示精神，进一步完善要素市场化配置的体制机制，实现中长期宏观经济效益的最大化和效率最优化。充分发挥市场在资源配置中的决定性作用，通过市场化的方式来解决资源合理配置，这对全国都是一个重大问题，对新阶段东北全面振兴尤其重要。

以高水平开放形成东北振兴新动力

迟福林　中国（海南）改革发展研究院院长、中国东北振兴研究院院长

当前，面对世界百年未有之大变局，开放倒逼改革、开放是最大改革的特点比较突出，推进高水平开放成为我国新阶段布局改革发展的主线。在这个特定背景下，东北地区打造对外开放新前沿，需要以高水平开放形成东北振兴新动力，闯出一条以开放促改革、促转型的区域经济发展新路子。

一、以高水平开放打造东北对外开放新前沿

“十四五”的东北振兴，重在把握我国高水平开放的大趋势，以高水平开放带动全面、全方位振兴，在融入“一带一路”、参与东北亚经济合作中打造对外开放新前沿。

1. 我国进入高水平开放新阶段

（1）从制造业领域为主的开放转向服务贸易为重点的开放。改革开放40多年来，我国从推动制造业开放逐步扩大到服务业市场开放。随着经济转型升级进程加快，服务贸易开始成为我国对外开放的焦点。数据显示，2018年，我国服务贸易进出口额达到5.24万亿元，同比增长11.5%，已连续5年位居世界第二；我国服务贸易占外贸比重从2012年的11.1%提高到2018年的14.7%。未来几年，如果考虑到服务业市场开放进程加快等因素，我国服务贸易有望保持年均9%左右的增长。估计

到 2025 年，我国服务贸易总额有望达到 1.5 万亿美元左右，占外贸总额的比重达到 20%以上。

（2）从商品和要素流动型开放走向规则等制度型开放。与过去的商品和要素流动型开放有很大的不同，面对全球贸易保护主义的新挑战，我国作为新型开放大国，将制度型开放作为新一轮对外开放的重中之重。例如，我国政府正在加快推进知识产权保护、产业政策、政府采购、财政补贴、环保标准等，从制度层面实现世界经贸规则的对接，实现营商环境的市场化、法治化和国际化。根据世界银行对全球各国营商环境的排名，2018 年中国从 2017 年的第 78 位跃升至第 46 位，大幅攀升了 32 位；2019 年进一步跃居全球第 31 位，大幅提升了 15 位，我国连续两年成为全球营商环境改善幅度最大的经济体之一。

（3）从经济全球化的参与者到经济全球化的推动者。改革开放以来，从加入世界贸易组织到共建"一带一路"倡议，从参与全球经济治理到推动完善全球经济治理的新机制，我国逐步实现与世界经济的深度融合。在经济全球化过程中，我国在成为全球市场的同时，在全球经济增长中的贡献逐步增大。1979—2018 年，我国 GDP 年均增长 9.4%，远高于同期世界经济 2.9%左右的年均增速，对世界经济增长的年均贡献率为 18%左右，仅次于美国居世界第二位。自 2006 年以来，我国对世界经济增长的贡献率稳居世界第一位。据世界银行测算，2013—2017 年，我国对世界经济增长的平均贡献率超过 30%，超过美国、欧元区和日本贡献率的总和。2018 年，我国国内生产总值比上年增长 6.6%，经济增速位居世界前五大经济体之首，对世界经济增长贡献率在 30%左右。"十四五"，我国的高水平开放将在促进和引领全球自由贸易进程、推动世界贸易组织改革中扮演更为重要的角色。

2. 高水平开放为东北振兴提供新机遇

（1）我国面向东北亚的经贸合作步入快车道。近年来，我国共建"一带一路"为拓展和深化区域经贸合作持续注入新动能，东北亚地区已成为全球经济中最具活力和发展潜力的地区之一。据统计，2018 年，东北亚六国总人口达到 17.4 亿人，GDP 总量将近 22 万亿美元，约占全球 GDP 总量的 25.5%。目前，我国与东北亚区域经济合作的密切度明显上升，逐步形成良性互动的新局面。例如，2008 年金融危机以来，日、韩、俄、蒙四国对中国的出口由 2384.4 亿美元增长到 3687.4 亿美元，年均增长 4.5%；是其整体出口增速的 3.5 倍；占其出口比重由 15.1% 上升至 20.5%。2018 年，我国与东北亚地区五国贸易额达到 7585.7 亿美元，占我国对外贸易总额的近四分之一。中国分别是五国最大贸易伙伴，按国别统计，日本和韩国分别是中国的第二和第三大贸易伙伴。未来 5~10 年，我国内需潜力的不断释放及国内市场的进一步开放，不仅将为东北亚经贸合作提供重大机遇，也将为东北地区向北开放提供最大条件。

（2）东北在我国新时期对外开放中的战略地位凸显。改革开放 40 多年来，由于国家对外开放的重心在东南沿海，东北地区对外开放进程明显滞后。尽管国家“十二五”规划纲要提出，“把黑龙江、吉林、辽宁、内蒙古建成我国面向东北亚开放的重要枢纽”。但从实际情况看，东北作为我国最早进入计划经济、最晚退出计划经济的地区，对外开放滞后的矛盾一直很突出。今天，随着东北亚经济一体化进程的加快，处于东北亚核心地带的东北地区，再次面临新的开放发展机遇。2018 年 9 月，习近平总书记在东北调研期间主持召开东北振兴座谈会时特别强调，“深度融入共建‘一带一路’，建设开放合作高地”。2019 年 8 月，习近平总书记在中央财经委员会第五次会议上强调，“东北地区要主动调整经济结构，推进产业多元化发展，加快国有企业改革，打造对外开放新前沿”。

（3）东北在我国区域发展格局的战略地位凸显。如果说 2004 年以来中央启动的东北振兴主要是老工业基地振兴的话，今天的东北振兴，则是包括经济、政治、文化、社会、生态文明建设和党的建设等方面通盘考虑和协调推进的全面振兴、全方位振兴。国家赋予了东北地区“我国重要的工业和农业基地”的战略定位，同时赋予了东北地区在维护国家“国防安全、粮食安全、生态安全、能源安全、产业安全”的战略地位。为此，东北的高水平开放既需要考虑解决老工业基地的问题，还需要在国家新定位中发挥自身优势。

3. 努力打造东北对外开放新前沿

（1）东北地区有望打造我国与东北亚开放合作的新高地。近年来，沈阳、长春、哈尔滨、大连等城市都提出了打造东北亚区域中心城市的目标。“十四五”，东北抓住东北亚地区局势日趋稳定的有利时机，依托自身位于东北亚核心地带的区位优势，加快对外开放进程，将成为我国面向东北亚经济圈的重要门户。例如，以基础设施互联互通为依托提升东北融入“一带一路”的战略定位，围绕中俄蒙经济走廊，构筑“东向出海、南联内陆”的大通道；立足辽宁自贸试验区、黑龙江自贸试验区及各类产业园区，开展能源、旅游、制造业、农业、金融服务等产业项下的自由贸易政策，加快构建东北对外开放的大平台；发挥东北口岸优势，加快同东北亚各国打造以服务贸易与制造业合作为主题的自贸区，建立东北亚自贸区网络，形成东北对外开放的大布局。

（2）在推进东北亚区域经济一体化中扮演重要角色。东北地区一直是我国向北开放的重要门户。在全球贸易保护主义、单边主义抬头的背景下，区域经济一体化的趋势与特点越来越突出。尤其是我国提出“一带一路”倡议，得到沿线国家和地区的广泛响应。东北亚地区作为“一带一路”沿线国家的重要区域，成为全球最具发展潜力的地区之一。随着共建“一带一路”，我国东北地区的对外开放水平不断提升，与东北亚国家的经贸联系不断增强，贸易额快速增长。根据统计数据计算，黑龙江、吉林、辽宁和内蒙古东北四省区与东北亚日本、韩国、俄罗斯、蒙古国的贸易额由 2015 年的 407 亿美元增长到 2018 年 1660 亿美元，约占中国与东北亚国家贸易总额的 22%。可以预见，东北地区作为我国面向东北亚开放的核心区域，未来 5～10 年将在推进东北亚区域经济一体化进程中扮演着重要角色。

（3）以东北一体化促进东北亚区域经济一体化。东北四省区地处东北亚中心地带，但其资源是行政分割的，这使得其面对东北亚五国时难以形成合力。这就需要以东北一体化促进东北亚区域经济一体化进程。一是面向东北亚基础设施互联互通需要在东北四省区“一盘棋”；二是面向东北亚的产业开放东北四省区发挥各自优势，形成合理分工；三是建立东北四省区跨区域协调机制，避免同质化发展。

二、以高水平开放倒逼东北市场化改革

多年来，东北的改革开放进程缓慢，开放度低、开放滞后是制约东北经济发展的“突出短板”。“十四五”东北打造对外开放新前沿，就是要以高水平开放推动建设高标准市场经济，让体制创新成为东北振兴的新动力。

1. 开放水平低、市场化水平低是制约东北发展的结构性体制矛盾

（1）对外开放程度低。改革开放40多年来，我国不断扩大开放，逐步探索建立开放型经济体制，由此走出了一条以扩大开放倒逼改革、以深化改革促进扩大开放的路子。相比全国平均水平和东部沿海地区，东北地区对外开放相对滞后。据统计，2018年，东北四省区的对外贸易依存度为15.8%，不到全国平均水平（33.9%）的一半；东北四省区的GDP总量占全国的比重为8.3%，但其货物进出口总额仅占全国的3.8%。预计到2025年，若东北四省区对外贸易水平达到2018年的全国平均水平，至少还有18个百分点以上的增长空间。

（2）市场化程度低。相比全国而言，东北地区的市场开放程度较低，民营经济发展较为滞后。根据统计资料显示，辽宁省国有经济占比超过30%，吉林省超过40%，黑龙江省超过50%，都远高出全国平均水平。2016年，在全国民间固定资产投资增长3.2%的背景下，东北地区

下降 24.4%，占全国民间固定资产投资的比例由 2003 年的 8.1%下降到 2015 年的 5.9%。全国工商联发布的 2019 年中国民企 500 强中，东北四省区共有 18 家，其中，辽宁 11 家、内蒙古 4 家、吉林 2 家、黑龙江 1 家，占比仅为 3.6%，与排名第一位的浙江省（92 家）差距巨大。

（3）产业开放程度低。总的来看，作为我国老工业基地，目前东北地区仍未完全改变国有经济占主导地位的以传统工业为主的产业格局，东北地区产业市场向民营经济开放的程度尚未达到全国平均水平。据统计，2018 年，全国国有及国有控股工业企业资产占规模以上工业企业资产总额的比重为 38.8%，而东北四省区这一指标平均为 48.7%，其中辽宁为 48.3%，吉林为 54.0%，黑龙江为 59.9%、内蒙古为 53.8%。

2. 以高水平开放激发市场主体活力

（1）以高水平开放促进建设高标准市场经济。竞争中性原则是高水平开放的重要标志，要适应高水平开放加快落实竞争中性原则，强化竞争政策基础地位，落实公平竞争审查制度，争取到 2025 年基本建成更高水平开放型经济新体制，形成有利于吸引包括外资在内的各类资本到东北地区集聚发展的新格局。真正对国企、民企、外企一视同仁，全面实现各类企业平等竞争，才能充分激发市场活力；加快服务业市场化进程，使市场在服务业领域的要素配置中起决定性作用，形成现代服务业加快发展的重要动力。

（2）尽快形成民营经济大发展的经济社会环境。从全国来看，我国民营经济具有“五六七八九”的特征，即贡献了 50%以上的税收，60%以上的国内生产总值，70%以上的技术创新成果，80%以上的城镇劳动就业，90%以上的企业数量。目前，东北三省民营经济占 GDP 比重超过 50%，但与全国水平（60%以上）相比，还有 10 个百分点的增长空间。“十四五”以高水平开放倒逼建设高标准市场经济，大幅度提升东北的市场化水平，民营经济有望成为经济转型升级的生力军、主力军。这就需要通过产权制度安排，稳定民企预期，保障其合法权益，更好激发民企活力和创造力；要优化民企发展环境，降低实体经济领域企业成本，增强盈利能力；要激发企业家精神，依法保护其财产权和创新收益。

（3）在高水平开放中实现东北营商环境的实质性改善。据《2018中国城市营商环境质量报告》显示，哈尔滨、沈阳、长春在全国30个主要城市中的营商环境质量指数分别排名第22、23、24位；2019年1—10月，在全国固定资产投资增长5.2%的背景下，东北地区固定资产投资下降4.5%。未来5年，进一步优化东北营商环境，需要在规则等制度型开放上采取大的举措，在对标国内、国际先进水平中进一步补短板。例如，改变“有保有压”的差异化、选择性的产业政策，以强化竞争政策为基础加快产业政策转型；制定适用产业扶持政策的负面清单，将产业政策严格限定在具有重大外溢效应或关键核心技术的领域；强化市场监管机构对经济政策的公平竞争审查，并把反垄断尤其是反行政垄断与国企垄断作为市场监管变革的重大举措；尽快制定出台《民营经济促进条例》，全面推进产权制度改革，严格保护民营经济产权。

3. 以高水平开放倒逼国有企业改革

（1）东北振兴，国有企业改革是重头戏。2018年，东北国有及控股工业企业资产占工业企业资产总值的比重为52.3%，高于中部地区11个百分点，高于全国平均水平14个百分点，高于东部地区22个百分点；东北国有及控股工业企业的工业产品价值占比为43.8%，高于中部地区18个百分点，高于全国平均水平22个百分点，高于东部地区29个百分点。

（2）借助竞争中性原则倒逼深化国企改革，放活国有企业。竞争中性原则要求国有企业与非公经济成为公平竞争的市场主体，从而对国有企业改革形成倒逼的压力。要在高水平开放中形成国企改革的竞争中性效果评价体系和推进方式，使国有企业真正成为依法自主经营、自负盈亏、自担风险、自我约束、自我发展的独立市场主体。

（3）混合所有制改革要以放活国有企业为目标。由于市场化改革滞后，东北地区国有企业运营机制仍然比较僵化，并导致企业盈利能力较弱、企业创新动力不强。这就需要以放活国有企业为目标推动混合所有制改革，把经营权交给企业，切实搞活经营机制，明显提升国有资本运营效率和企业核心竞争力。要彻底赋予国有企业经营自主权，培育企业家精神，让企业家经营企业。这就需要加快建立以“管资本”为主的国有资产管理新体制，加快建立和完善国有资本授权经营体制，形成国有资产监管机构—国有资本投资运营公司—经营性国企三层国有资产管理架构，实现监管者与出资人职能分离，出资者与企业职能分离。要把国有企业转型升级作为目标追求，以重化工业企业为重点，实现制造业与生产性服务业融合发展，推动企业转型升级。要明显提升东北各省区资产证券化水平，力争到“十四五”末，东北三省一区国有资产证券化率达到或超过全国平均水平。

（4）探索发展非公经济控股的混合所有制。近年来，社会资本对参与国有企业改革积极性很高，但也有较多的顾虑。主要是担心参股之后，难以参与企业治理和决策，对自身收益缺乏稳定预期。在这个特定背景下，东北各地需要以更大的力度，支持民间资本参与国有企业改制重组，尤其是在竞争性领域不设置股权比例限制，鼓励民间资本控股混合所有制企业。例如，鼓励竞争性国企发展社会资本控股的混合所有制；率先在能源、交通运输等一般竞争性领域，支持鼓励社会资本控股，注重发挥民营企业家作用，实现国有资本保值增值。

要扩大东北国有企业员工持股改革的试点范围。建议：一是适当下放东北国企员工持股改革方案的审批权。对于条件成熟的东北国企员工持股改革方案，可以下放到市级甚至采取备案制；二是重点在东北科技类国企加快员工持股改革进度。比如对东北地区装备、设备制造等科技含量较高的国企，尽快推进员工持股，激活科技人才；三是对完全竞争性领域的某些国有企业，探索“分红权改革”。将企业利润在资本所有者、经营管理层与普通员工中共享。由于不涉及改制、评估、审计、下岗，分红权改革方案的实施难度小，且有利于提升员工积极性，有助于国有资本保值增值。

（5）设立“东北国企综合改革试验区”，建立改革容错机制。实现东北振兴，重在突破现行不合理条条框框的束缚。建议：以综合改革试验区为平台，建立健全容错、纠错、容忍失败的机制，消除改革者的顾虑，为东北国企改革创造敢于改革的制度环境。

——探索项目团队负责制，避免国有企业决策失误。鼓励经营管理团队和业务骨干组成项目团队，将项目团队的利益与项目利益、投资利益进行捆绑，明确权责分配，有效防范国有企业决策失误，控制投资风险。

——加大对东北国有企业改革的支持力度。一是分类搞活国有企业。采取分类处理的方式，对于有市场前景、有技术优势的困难企业，主要采取市场化的方式，通过员工持股、债转股等体制机制变革，释放企业活力。对于扭亏无望的企业，要壮士断腕，尽快退出市场。二是以财政手段助力国企改革。建立东北国企改革专项基金，发行东北国企改革特别债券；设立东北国企改革中央财政奖补资金，提升东北国企的改革积极性。

——借鉴东部国企改革经验，建立以市场为主导的国企对口合作机制。2017 年 3 月，国务院办公厅印发《东北地区与东部地区部分省市对口合作工作方案》，支持东北地区与东部地区开展全方位合作，并明确东北地区已经与东部地区部分省市建立对口合作关系，主要是辽宁省与江苏省、吉林省与浙江省、黑龙江省与广东省对口合作关系，支持内蒙古自治区主动对接东部省市，探索建立相应合作机制。对口合作的一个重要领域是国有企业改革，这不是传统的对口支援、对口帮扶，需要打破政府主导的传统模式，探索建立以市场为主导的国有企业对口合作机制，推进双方优势产业链、高端产业的合作。

三、以高水平开放促进东北经济转型升级

当前，东北正处在经济转型升级的关键时期，实现东北经济高质量发展，关键取决于经济转型升级进程。“十四五”东北振兴，要放眼东北亚、面向全球，形成产业转型升级的新思维。要以高水平开放促进东北融入全球产业链，推动东北制造业迈向中高端，培育新的优势产业，形成东北经济转型升级的新优势。

1. 东北经济转型升级处于攻坚期

（1）传统产业优势逐步丧失，经济发展出现失速。改革开放 40 多年，东部沿海地区率先通过对外开放发展起来，而东北地区由于开放进程滞后，发展明显滞后于全国其他地方，被称为“新东北现象”。据统计，1978—2018 年，东北三省工业总产值占全国的比重由 18.3%下降到 5.6%，GDP 占全国的比重由 13.2%下降到 6.3%。不仅是经济在全国的占比下降，经济增长也明显低于全国平均水平。例如，2013—2018 年，东北名义 GDP 年均增长率仅为 0.7%，远低于全国的 8.7%。2018 年，辽宁、内蒙古、黑龙江、吉林 GDP 实际增速分别为 5.7%、5.3%、4.7%、4.5%，在全国 31 个省份中分别排第 27、28、29、30 位，明显低于全国 6.6%的平均水平。

（2）制造业转型升级明显滞后。在我国产业结构变革的背景下，东北制造业转型明显滞后。从制造业结构来看，东北地区仍以传统制造业为主。有数据显示，东北地区制造业总产值中，劳动密集型与资本密集型产业产值所占的比重高达 93%，而技术密集型产业产值仅占 7%，远低于全国 14%的平均水平。从与制造业转型升级直接关联的生产性服务业发展来看，目前东北生产性服务业占服务业的比重仅为 40%左右，低于全国 10 个百分点左右，低于德国等制造业强国 20～30 个百分点。在制造业服务化、智能化的大趋势下，东北制造业转型升级需要在高水平

开放中加快推进生产性服务业与制造业的直接融合。

2. 以高水平开放促进制造业转型升级

（1）在融入全球产业链中推进东北制造业转型升级。制造业是东北“最大的本钱”，东北振兴，要发挥制造业的优势。适应全球新一轮工业革命与技术革命融合的大趋势，实施跨国公司战略，建立跨国生产和营销网络，形成东北企业在全球范围内进行市场整合和配置资源要素的能力，提升东北企业的国际化经营能力。一是使东北制造在推动东北亚基础设施互联互通中发挥重要作用，把东北制造业作为东北亚区域合作的重要产业，打造东北亚制造业合作平台；二是借助“一带一路”建设开展国际产能合作的机遇，加快东北富余产能“走出去”，并建立跨国生产营销网络，提升东北制造业国际化经营能力；三是加大东北制造业企业引资引技，不断增强装备制造业、汽车制造业等领域的优势。

（2）以市场开放为重点促进在生产性服务业领域的合作。生产性服务业的发展对东北制造业转型升级具有决定性影响。要以扩大生产性服务业对外开放为重点，加强与发达国家、国内发达地区在生产性服务领域的合作，推动生产性服务业向专业化和价值链高端延伸。一是对社会资本放开生产性服务业领域的市场准入。鼓励社会资本以多种形式到东北发展生产性服务业，支持社会资本参与本地区应用型技术研发机构市场化改革，鼓励社会资本参与东北地区国家服务业综合改革试点，提升东北地区生产性服务业的综合竞争力；二是吸引外资在东北地区设立生产性服务业企业。以辽宁和黑龙江自贸试验区为重点，加快推进研发设计、运输、法律、保险等生产性服务业对外开放，对外商投资实行准入前国民待遇加负面清单的管理模式；三是鼓励东北地区生产性服务业企业“走出去”。借助“一带一路”建设，以日韩、东北亚、中东欧国家为重点，通过公共信息平台，建立境外投资的公共信息平台和境外投资贸易服务机构。

（3）实现制造业开放创新的新突破。在科技革命快速改变传统产业链、价值链、供应链的大趋势下，任何一个国家、任何一个地区、任何一个企业的科技创新，都不可能再“闭门造车”，而是需要跨地区、跨国界的联合创新。2018 年，东北三省一区研发经费投入占 GDP 的比重为 1.13%，远低于全国 2.19%的平均水平；每万人专利授权量为 5.84 件，仅为全国平均水平的 1/3。为此，东北要在进一步强化自主创新基础上，实现开放创新的重大突破。例如，加快实现基础研究与基础创新的突破，推进产业关键核心共性技术研发和转化；加快推进科技项目向外国专家开放，探索“技术移民”制度，加大对人才落户东北的改革力度与补贴力度，最大限度吸引国内及全球科技研发人员；主动开展高水平的国际科技合作，积极发展知识产权、研发设计等科技服务产业，填补科技成果转化及产业化的中间地带，推动科技成果转化。同时，深化科研体制改革，全面下放科技成果使用、处置和收益权，加大对科研人员的股权激励，释放创新资源的潜力与活力。

3. 以高水平开放促进新经济发展

（1）以数字经济为代表的新经济快速发展是个大趋势。“工业 4.0”时代的一个突出特点就是依托互联网等信息技术手段推动数字经济快速发展。正是在这个大背景下，我国抓住了第四次工业革命的历史性机遇，实现数字经济的高速发展，从而推动我国进入数字经济时代。据统计，2008—2018 年，我国数字经济规模由 4.8 万亿元增加至 31.3 万亿元，增加了约 5.5 倍；占 GDP 比重由 15.2%提升至 31.3%，提高了 15.1 个百分点。预计到 2030 年，数字经济占 GDP 比重将超过 50%，我国将全面步入数字经济时代。

（2）东北地区数字经济呈现加速发展的势头。从我国数字经济发展的实践看，数字经济发展与地区经济发展水平具有较强的相关性。从总量上来看，2018 年，东北地区数字经济规模为 1.6 万亿元，占 GDP 的比重为 28.2%，高于西北地区的 1.26 亿元（占 GDP 比重为 25.6%），但明显低于长三角、珠三角和京津冀地区；从增速来看，2018 年，东北地区数字经济增速为 11.3%，尽管在五个区域中增速最低，但明显高于经济增长速度。相关研究表明，数字化的程度每提高10%，人均GDP增长0.5%~0.62%。未来5年，如果东北能够抓住数字经济发展的机遇，不仅能够尽快走出经济失速的局面，而且能够加快推进东北制造业转型升级。

（3）以数字贸易形成东北开放发展的新优势。当前，以跨境电商为重点的数字经济成为我国推进“一带一路”为重点的对外开放重要平台。东北各地都要看到数字经济快速发展给东北发展带来的新机遇，借鉴“一带一路”建设加快发展数字贸易。例如，近年来，随着大连、沈阳相继获批全国跨境电子商务综合试验区，辽宁省加快打造跨境数字贸易港。2019年，东北地区首个“买全球、卖全球”的东北亚数字贸易平台落户沈抚新区。建议东北以数字贸易为重点，加快建立东北亚数字贸易网络，由此形成东北开放的新优势。例如，东北各地率先对东北亚国家实施数字旅游、数字医疗、数字健康、数字教育、数字基础设施项下的自由贸易政策；借鉴阿里巴巴与马来西亚共建“数字自贸区”的经验，探索与东北亚国家合作建立“东北亚数字自贸区”，在区内实行自由贸易政策和相关的投资制度安排。

中国东北地区面向东北亚扩大开放的思考与建议

李　凯　中国东北振兴研究院副院长

一、“十四五”时期东北振兴的突破点

“十三五”时期，全国 GDP 累计增长了 47.79%，东北三省平均增长了 22%，其中辽宁情况稍好，增长了 24.27%，也仅相当于全国平均增长率的一半。从增长率上来看，东北地区与全国差距还是很大，东北还是处于相对落后的状态。中央期待东北在“十四五”时期能够取得新突破，从目前的东北经济发展现实情况来看，需要在重点领域下功夫。其中，最重要的突破点应是在区域发展格局上，在中心城市建设上。就辽宁而言，提出要积极构建“一圈一带两区”区域发展新格局，其中“沈阳现代化都市圈”中最重要的是沈阳市，“辽宁沿海经济带”中最重要的是大连，要形成以沈阳、大连“双核”为牵引的区域发展格局，形成辽宁振兴发展的动力源。

另外，“十四五”时期，东北地区也应该努力探寻在改革领域、营商环境、产业结构调整和对外开放方面取得重点突破，其中对外开放是“十四五”时期东北地区值得期待的重要突破点。

二、东北地区开放现状及“十四五”开放举措

1. 东北地区面向东北亚国家的开放现状

第一，东北地区对东北亚贸易具有比较优势。例如，2018 年，东北三省最重要的 10 个贸易伙伴中，俄罗斯、日本和韩国分别排名第一、第二和第五。相对水平来看，比如日本，日本贸易占辽宁 14%左右，超过全国平均水平，全国水平大约是 7.78%。辽宁省对日、韩、俄贸易量占自身贸易总额的比例均大于全国平均水平，说明辽宁对日、韩、俄的贸易关系均具有比较优势；吉林省对日本和俄罗斯的贸易往来有比较优势；黑龙江对俄罗斯的贸易往来具有绝对优势。第二，东北地区与东北亚人员往来具有优势。东北三省的外国游客主要来自东北亚国家，辽宁来自日、韩、俄三国的游客占比为 60.61%，吉林为 64.99%，黑龙江更是达到 89.16%。由于存在地缘优势，东北亚国家的游客更愿意到东北地区旅游；2018 年，到中国旅游的日本人中的 26%、韩国人中的 37%、俄罗斯人中的 56%，选择到东北三省旅游。第三，利用外资方面，辽宁具有比较优势。辽宁省利用日、韩投资占自身总投资额的比例均大于全国平均水平，在使用日、韩资金方面存在比较优势。

此外，东北地区与东北亚国家的开放合作具有良好的基础。在基础设施投资方面，中俄原油管道二线、中俄东线天然气管道竣工投产，同江铁路大桥境内段、黑河公路大桥顺利建成，“辽满欧”“辽蒙欧”“辽海欧”综合运输通道开通运营；在产业园区合作方面，成立了沈阳高新区·万科中日产业园、中德（沈阳）高端装备制造产业园、中日（大连）地方发展合作示范区、中韩（长春）国际合作示范区、深圳（哈尔滨）产业园、中俄产业园（哈尔滨）；在自贸区建设方面，东北地区拥有辽宁自贸区沈阳片区、大连片区、营口片区，黑龙江自贸区哈尔滨片区、黑河片区、绥芬河片区等开放合作平台。

2. 东北三省“十四五”对外开放政策

从东北三省“十四五”规划内容来看，辽宁省提出要深度融入共建“一带一路”；深化沿海城市开放战略；以推动东北亚深度合作为重点，向东联动日本、韩国、朝鲜，向北深入参与中蒙俄经济走廊建设；建设东北亚经贸合作中心枢纽。深度参与中日韩经贸合作和中蒙俄经济走廊建设；以东北亚和中东欧国家为重点，拓展深层次国际科技合作等。

吉林省提出要立足打造我国向北开放的重要窗口和东北亚地区合作中心枢纽；深度融入“一带一路”；加快长吉图开发开放进程，打造东北地区对外开放示范区；推动以日韩为主的经贸技术合作、以俄为主的资源开发和边境贸易合作，共建“冰上丝绸之路”；稳步推进“滨海2号”国际交通走廊建设，加快中俄珲马铁路扩能改造，推进中蒙俄大通道建设，拓展东北亚多式联运，畅通长吉珲通道，打造东北亚经济走廊等。

黑龙江省提出，要深度融入共建“一带一路”，打造对外开放新前沿；强化对俄开放合作第一大省地位；强化对俄科技创新合作，把哈尔滨打造成为全国对俄科技合作中心；构建面向俄罗斯和东北亚的数字交通走廊；积极参与“滨海1号”国际交通走廊和“冰上丝绸之路”运输合作，支持中欧班列（哈尔滨）、哈绥俄亚陆海联运安全可持续高质量发展；深度参与中蒙俄经济走廊建设及东北亚区域合作，搭建韩国中小企业创新孵化平台，深化与日韩在农业、养老服务、文化旅游等领域的合作等。

整体来看，东北三省都在采取措施加大力度促进开放。东北三省的开放政策存在以下特点：一是与国家开放战略相衔接，逐步形成了重点在东北亚、面向全球市场的开放布局；二是形成了国内国际相结合的开放合作计划；三是基础设施建设得到重视，几条大通道建设基本形成；四是东北三省各有特色的开放重点（黑龙江对俄、吉林长吉图开发开放先导区、辽宁沿海经济带以及对日、德），形成了互补的开放格局。

但目前的开放工作仍存在一些问题：一是聚焦不够，开放区域的具体功能不明确。各省的规划范围大、领域宽，但合作重点不突出，不够聚焦。如辽宁对沿海经济带的规划，吉林对长吉图开发开放先导区的规划，区域跨度过大，缺乏对具体区域的功能划分。二是缺乏与中央对东北振兴要求相适应的引领性开放战略。开放措施层次不高，常规动作多，超常规的大动作少。三是与振兴的核心战略相衔接的开放措施不足。有些开放举措定位不准、期望过高，作为辅助性措施可行，作为主要开放战略则严重不足。有些开放规划与中心城市发展、产业结构调整升级等重要经济工作配合不紧密。四是对服务贸易等开放新领域认识不足。各省在规划中均未体现出对服务贸易的重视，例如黑龙江“十四五”规划中提出，对俄服务贸易“十四五”时期的发展目标仅为进出口额达到30亿美元，相对于货物贸易，这一目标太小。辽宁仅在规划中提到“提升服务贸易在贸易总额中的比重”，吉林“推进长春全面深化服务贸易创新发展试点城市”，均未设计具体目标和实现路径。五是东北三省内部的合作存在问题。东北三省在对外合作方面缺乏统一的发展规划，地方政府对地区间协作感到困难，各省的目标导向难以形成合力。在“十四五”规划目标方面，各省动作不一致。

三、东北地区面向东北亚扩大开放的政策建议

1. 要提升对外开放战略在东北振兴中的引领作用。2003 年的东北振兴，是投资引导的振兴，当时效果非常明显；当前的东北振兴，是体制机制创新引领的振兴，要靠改革的政策，靠开放的政策。要升格开放战略，要靠重点领域和重点地区的开放来引领，形成像长三角、珠三角等地那样的开放形势，形成东北振兴的新动力。目前东北振兴仍然动力不足，急需在资金、技术、产业等方面的外来资源，而开放战略定位较低，不利于局面的改变，因此建议给予东北地区最高层次的国家开放政策。

2. 开放政策要聚焦，突出重点地区的引领作用。从中国改革开放的

实践来看，改革开放初期，将广东（深圳）作为改革开放的排头兵、先行地、实验区，在我国改革开放和社会主义现代化建设大局中发挥了十分重要的地位和作用；20 世纪 90 年代，上海浦东的开发开放使我国改革开放具有窗口作用和示范意义；近几年，粤港澳大湾区的前海、横琴，也体现了中央对于开放工作的聚焦。从东北地区的现实来看，东北需要一个开放的标杆城市，起到区域引领作用。大连现在的定位是成为东北亚国际航运中心，建议将大连开放的目标调整为建设成高度开放的国际化城市，探索建设大连半岛自由贸易区，使其在东北对外开放中起到引领作用，成为东北振兴的龙头城市。

3. 开放战略要与中心城市、城市群战略相匹配。“十四五”期间，东北最有可能在中心城市建设上取得新突破。建议在现有区域发展战略的基础上，加强开放战略与区域战略的结合，壮大哈、长、沈、大四个中心城市，进一步明确中心城市开放在对外开放工作中的核心作用。例如，支持沈阳建设大规模中心城市、大连打造成引领东北的高水平开放城市、长春成为产业创新发展城市等，围绕中心城市的产业结构转型升级、经济规模做大，实施更大的开放动作。

4. 要根据新形势重新思考原有开放规划的定位。“长吉图开发开放先导区”迄今已实施接近 30 年，这一开发计划并未达到预想效果。在吉林省的“十四五”规划中，提出“调整优化长吉图开发开放战略重点，深度融入国内大市场，加强与京津冀协同发展等国家重大区域发展战略对接合作”，说明已经对长吉图的战略定位进行了再思考。吉林省的开放重点应该是长春，而不是狭义的图们江流域。因为珲春、延吉等地地域狭窄，不利于大规模经济发展；图们江出海口周边形势复杂，也很难突破，只能徐徐图之。图们江流域开发重点不在俄、朝，而在日、韩，特别是韩国，可考虑以中韩合作为重点的图们江流域开放新机制。建议吉林应利用支持朝鲜和平发展的地理优势，将国家安全战略与区域发展目标结合起来，联合韩国在图们江、鸭绿江流域形成针对朝鲜开放的小合作机制。

5. 要抓住 RCEP 签署和 FTA 的机遇，形成服务业开放新领域。从世界产业结构升级的一般规律来看，发达国家工业升级路径最终产业结构中服务业占主导，即服务业增加值占 GDP 比重 70%左右。2019 年我国第三产业占 GDP 比重约为 53.9%（东北为 52.4%），而美国第三产业占比为 77.4%（2017 年）、日本为 69.3%（2018 年），这说明在未来 10~20 年内，我国服务业发展至少还有 15~20 个百分点的空间，有希望成为新的经济增长点。可以通过抓住 RCEP 签署和 FTA 服务贸易开放谈判的机遇，形成服务业开放新领域，成为东北经济结构转型的基础。建议利用地缘优势，继海南、上海为医疗养老打开先行先试的窗口后，借助日韩在医药、康养、旅游软件、工业设计、生产性服务业等领域的优势，利用自由贸易区的投资与贸易便利化政策，考虑将大连打造成面向东北亚的服务业开放的高地。建议争取国家对东北亚深度开放、特别是对日韩深度开放的政策支持，尤其是服务业开放试点的支持，形成重点面向东北亚的服务业开放新格局。

6. 要支持东北与东北亚国家开展次区域合作。相对区域经济合作，次区域合作是在国家接壤地区之间的跨国界、通过各种生产要素的流动而开展的较长时期的经济协作活动。东北地区也可以探索类似的次区域合作机制。建议在中蒙、中朝重点边境区域及其口岸进行次区域合作。立足东北亚各国产业比较优势，在图们江流域、黑河、满洲里等区域，重点打造国际经济合作示范区，围绕汽车零部件、现代农业、电子信息、能源化工等领域，组建中外合作产业园区。建议探索多样化的合作协调机制，在巩固和提升现有各类次区域合作机制基础上，鼓励东北地区各城市与日、韩、俄、蒙城市之间建立友好合作关系，形成城市间友好合作关系。

对新发展阶段东北扩大开放新优势的思考

笪志刚 黑龙江省社会科学院东北亚研究所所长

面对新发展阶段下，奋进新时代、融入新格局、勇担新使命的时不我待的大好发展契机；面对新冠肺炎疫情下，日趋复杂的国际及周边环境变化的严峻挑战；面对“十四五”规划和2035年远景目标下，东北全面振兴及可持续发展的诸多利好，东北扩大开放形成新优势需要“五位一体”、战略思维、内外兼顾、综合施策，确立新思维、抢抓新机遇、应对新挑战、顺应新趋势、推动新突破。

一、确立内外互动开放新思维

一是深化东北地区对传统开放区域的特色开放。黑龙江省打好对俄特色牌，夯实对俄合作高地新优势，维护国家五大安全责任和使命。吉林省做大对朝交流合作地缘牌、人缘牌和情缘牌，服务国家半岛稳定与和平的博弈与合作。辽宁省做优以日韩为中心的多元牌，带动东北亚。二是推动打造东北域内归属感和连带感的区域一体化开放。规避区域或省际小循环，要整合自贸区、新区、工业园区、跨境园区等机制，实现相关制度全域通用，全盘布局与错位发展。三是以对口合作为依托的南北区域互补开放。东北持续开放既是国家“十四五”规划的顶层设计，也是东北融入南北区域合作的竞争发展需要，要依托国家对东北三省对口合作的安排，做好一对一对口省市对接合作的同时，还要做好面向东北三省的南方对接省份之间的互补和交织开放。

二、抢抓三个不同变量新机遇

一是新发展变化的机遇。胸怀中华民族伟大复兴战略全局和世界百年未有之大变局，深刻认识复杂国际及周边环境带来的新机遇新挑战，把握好机遇与挑战并存的战略背景，坚定信心和耐心，办好东北自己的事。二是新发展阶段的机遇。面对全面开启建设社会主义现代化国家新征程、向第二个百年奋斗目标进军的新发展阶段，东北的开放优势在于不断实现坚持人民主体地位，坚持共同富裕方向的更加平衡更加充分的高质量发展与高水平开放。三是新发展格局的机遇。东北经济一体化发展、对外开放、全面振兴的三位一体利好将中长期存在，既要说好做好立足国内大循环为主的上半句，还要说好和做好国内国际双循环相互促进的下半句。

三、应对中美博弈视域下的新挑战

一是中美博弈将贯彻第二个百年奋斗目标始终的挑战。中美博弈长期化、复杂化、尖锐化走势的大变数不会变，中美挑战由经贸向多个领域蔓延加剧概率大于合作机遇将折射到东北的开放合作格局中来。二是欧美联手遏制中国崛起的趋势正在形成。以美日印澳、美日韩、英法德介入印太为标志的北约东渐的态度等都意味着欧美从地缘、海陆、经济三层遏华在进一步加速，利用日本和半岛问题刻意让东北亚合作边缘化的考量也开始显形。三是多边合作日益呈现阵营式选边站的挑战。疫情下，欧美主导的单边机制也好，多边机制也罢，日益向蝇营狗苟的“小圈子”、排斥对手的“俱乐部化”及意识形态的“阵营化”转变，这些对东北亚区域的负向影响及不确定性，已经开始从双边乃至多边影响到东北振兴的周边及东北亚合作上来。

四、顺应全球及区域合作新趋势

一是数字经济为引领的创新合作趋势。互联网、大数据、云计算、区块链等新一代信息技术的发展，催生了全球数字经济新产业，《2020年政府工作报告》提出“打造数字经济新优势”，数字经济成为促进经济转型发展的新动能（2025年）。东北经济区要树立数字经济立区、数字经贸开放的前瞻和创新思维，推动“数字为王”的引领意识，促进开放领域及合作向数字化转型。二是文化为引领的软实力驱动发展更加突出。在打造硬实力竞争加剧的同时，文化为引领的软实力驱动成为新趋势。东北文化拥有厚重基础和基因，但现在面临塑造和创新，开放元素需要加入文化创新基因及新鲜理念。三是地方交流与合作时代即将来临的趋势。后疫情下，周边合作及区域合作面临由中央主导向地方政府为主导转变的新变化，东北亚地区地方政府超过100个，总部位于韩国浦项的东北亚地区地方政府联合会机制涵盖中俄日韩朝蒙等70多个地方会员，随着东北亚区域合作多年努力取得进展，域内的多边地方开放水平普遍提升，基础设施互联互通也取得长足进步，但地方区域合作还需进一步形成协调和共享发展思维。

五、推动实现疫情下开放新突破

一是全面提出合力构建东北亚经济圈新理念。建议有关国家携手共同克服新冠肺炎疫情困扰，增大推进经济圈建设的共识，设立以俄远东地区为核心，以中国东北地区、朝鲜半岛为核心半径，中俄日韩朝蒙合力推进的新型多边合作机制。二是推动大图们江合作升级新理念。大图们江合作历史悠久，先后经历了20世纪90年代的联合国计划开发署等国际协调开发和20世纪前10年的中俄韩朝四边旅游合作助推、中俄韩蒙智库共同体智力支撑等历程。作为未来的东北亚经济圈的雏形，先以现有的中俄韩朝蒙机制运行起来。先从恢复经济做起，然后医疗合作、旅游合作、教育合作、文化合作不断深入。三是将东北辟为国际移民特区进行制度等先行先试。既能解决东北地区人口流失及人力资源弱化，还能扩大对东北亚区域的国际人口及人才交流与合作，也将为沿边省区和老少边穷省区解决人口问题做出示范，建议国家通过设立国际移民特区试验，实施特殊的人才引进与使用制度和合理的内外移民交流与合作，从根本上解决东北人口外流和人才制约瓶颈问题。

在世界制造业变局中东北应抓住发展机遇

陈文玲　中国国际经济交流中心总经济师

一、重振制造业已成为世界主要经济体的重大国家战略选项

当前，不仅是中国把制造业发展看得十分重要，而是全球主要经济体在历史反思中，把振兴和发展制造业作为重要国家战略。美国从小布什和奥巴马时期就开始提出了相关战略，特朗普政府 2017 年上任以后，发布了 50 多份技术和产业政策文件，涵盖了新兴技术和高端制造的几乎所有领域。英国 2017 年 2 月、德国 2019 年 2 月都出台了新的产业战略政策的文件。德国与法国共同发表了适应 21 世纪的欧洲产业政策——《德法联合宣言》。欧盟重视构建新的产业战略体系，从新的一届欧盟委员会 2019 年底到现在，已经出台了 30 多份产业政策和文件。例如人工智能白皮书、欧洲数据战略、循环经济行动计划、欧洲新产业战略、欧洲能源系统一体化战略、有利于气候的欧洲氢战略等文件，勾勒出新的欧洲产业战略构想。这是全球一个非常重要的共同选择，没有国家例外。

二、全球重构产业链、供应链、服务链、价值链呈现新的趋势和特点

全球制造业竞争非常激烈，尤其是在高端制造业的竞争，一些国家

打科技战，实际上就是在打高端制造业的战争。美国推动与中国脱钩、全球疫情阻断、极端的国家利己主义和对全球化的质疑，导致几十年形成的产业链、供应链、服务链、价值链面临着重构和解构的风险。重构和解构未来会出现什么样的趋势和特点？很多人在研究这个问题，也得到了不同的结论。我认为会出现五个最明显的特征：

一是更加注重战略性产业链、价值链。这个特征更加明显。欧盟委员会在 2017 年 9 月提出了战略价值链的概念，2019 年出台了“为建设面向未来的欧盟产业而强化战略性价值链”的研究报告，提出在新能源汽车、氢利用、智能健康、工业互联网、低碳、网络六个领域建设战略性价值链。

二是更加注重国家和区域安全保障的安全性价值链。不管是美国、欧盟还是中国，都把供应链的安全、供应链的稳定作为重构产业链供应链的首选。美国不管是拜登还是特朗普，都提出美国制造业独立，主张重构价值链，尤其是重构制药和医疗防护的价值链，使这些产业链首先回归美国。

三是更加注重创新驱动的内生型价值链。内生型的价值链，包括数字化转型，包括制造业变革。在数字基础设施建设、数字经济加快发展这样的形态下，创新驱动的内生型价值链，不只是维护传统的产业链的稳定，而是要高于或者优于传统的价值链。因为传统价值链是基于垂直分工，基于更加便宜的成本驱动，基于发达国家或者跨国公司控制的价值链。未来创新驱动，也就是比拼哪一个国家的创新动力最强，数字化基础设施保障能力最强，数字化转型速度最快，工业互联网、物联网发展最优。

四是更加注重产业配套能力强的可控性产业链、供应链。这一点特别重要，从产业配套能力看，现在我国产业配套能力最强，没有之一，就是唯一。所以，这是我国在大国竞争博弈中最大的底气和战略筹码。

五是更加注重水平分工的一致性价值链。为什么说是一致性价值链？原来传统产业链是垂直分工，是分阶层获取利润，头部企业总体上处于产业链的中高端。但是未来的基于产业链的分工是水平分工，是一致性分工，水平达到一个同一水平基点上更为细密的分工。比如王一鸣主任谈东北与南方比较，我到深圳调研，宝安区有600家企业为华为配套，整个深圳有几千家企业为华为配套。为华为配套的企业产品，必须要达到华为的产品标准，这就是一致性的产业链。我看了一个企业叫兆威集团，生产微传动齿轮系统，以前只有韩国、日本、意大利这些发达国家企业可以生产，现在深圳像这样的企业比比皆是。为什么说深圳是创新型城市？就是很多的企业，哪怕是一个小企业，哪怕只做一个螺钉和传感器，它都达到了一致性的这种分工水平。

所以，未来制造业重构、产业链重构可能会形成三大板块。第一个板块是亚洲板块或者称为东亚板块，以中日韩为主体，当然中国是主体中的主体。第二个板块是以欧洲为主体的产业链。第三个板块是北美为主体的产业链。比较这三个产业链板块，全球主要产业链必将东移，以制造业配套能力最强亚洲作为制造业重构的基础或者根据地，这是毫无疑问的大趋势。

三、在全球制造业大变局中东北应乘势而上

一是东北面临前所未有的历史机遇。纵观世界历史，制造业强国的时候，也就是一个国家是制造业强国的时候，是一个国家经济的最佳状态，也是一个强国最好的或者是最有信用的正面形象。美国原来是工业制造业大国、钢铁大国，“钢铁侠”是其形象代表。而1971年之前，美国以实体经济为主体，是当时全世界最强的国家，没有任何争议，现在却遭到世界性质疑。所以，我认为东北赶上了特别好的制造业振兴、制造业发展、制造业强国的历史列车。应该踏上这班历史列车不能错过，更不能错过这一历史机遇。重振制造业，我们的难度现在要小于美欧，因为美国、欧洲一些国家产业空心化，再回归非常困难。而现在中国制造业是世界上配套能力最强的国家，制造业转型升级的难度，要比它们

搞“回归”的难度要小得多。东北曾经是我国的制造业基地，在这样的国家政策环境下，东北仍有很大的优势。

二是要创造东北制造业的集成优势。包括东北工业互联网发展，沈阳要推出100个“5G+互联网”的工业园区、APP平台、示范工厂等，也包括我们有一批像华晨这样的装备制造业头部企业。数字制造、智能制造、绿色制造，毫无疑问我们这次要抓住这个机会。

三是在全球产业链、供应链、服务链、价值链重构的变局中东北要抓住机会。最重要的是培养一批像“兆威”这样的隐形冠军、单项冠军。东北的企业中单项冠军太少，专精特新的中小企业太少，没有这样的群体，很难有个别企业异军突起，整个产业链条也难以得到有力的支撑。

另外，还要加大金融赋能制造业发展的力度。特别应该强调指出的是，人才一定要南渡北归。在“一带一路”、RCEP这样最大变局和国际化区域格局调整中，东北也要谋划现在融入的布局，谋划未来的总体发展战略，力争占据战略的制高点。

全球产业链重塑和东北亚经济合作

王一鸣　中国国际经济交流中心副理事长

一、全球产业链进入新一轮重塑期

当今世界正面临百年未有之大变局，全球产业链重塑是大变局的重要变量。2008 年国际金融危机后，全球产业链在持续 30 多年扩张后已开始收缩，新冠肺炎疫情加速全球产业链演变。总体来看，全球产业链垂直一体化分工向区域化、近岸化转化的特征更趋明显，东亚、欧洲、北美三大生产网络内部循环强化。推动全球产业链演变的因素主要有几个方面，一是新一轮科技革命重塑全球产业链分工形态。数字化智能化技术使得制造环节的劳动力成本等要素的权重降低，科技、数据等要素的权重提高，发达国家可以凭借智能制造优势弥补劳动力成本劣势；二是全球化退潮和保护主义抬头，美国等一些国家以产业安全为由鼓励制造业回流；三是疫情后跨国公司重新审视供应链安全问题，从“效率优先”转向“韧性优先”。对东亚地区来说，还受到地缘政治因素的影响，美国对中国加大围堵和打压力度，使得东北亚产业链变局更趋复杂。

二、全球产业链重塑下东北亚经济合作

东亚是全球三大生产网络之一，过去一个时期实行出口导向战略，

形成了以日本、韩国、中国、东南亚国家梯次从高端到低端的全球产业链，加工贸易迅猛发展但最终消费市场规模有限，因而东亚国家多以美国和欧洲为主要出口市场，大体上形成了东亚生产、美欧消费的模式。随着中国作为最终消费市场的迅速崛起，这个格局正在发生改变。东亚地区产业链在继续以美欧为最终出口市场的同时，以中国为最终消费市场的产业链也在迅速发展，而且随着中国市场规模扩大和吸纳本地出口产品份额提高，两个产业链呈现此消彼长的趋势，这就预示着东亚产业链不可能完全脱离中国而发展。

全球产业链重塑将不可避免影响到东北亚经济合作。一方面，全球产业链缩短和美国推行“去中国化”，将直接影响东北亚经济合作；另一方面，全球产业链区域化、近岸化和中国市场规模扩大，以中国为最终消费市场的产业链会进一步向中国集聚。中日韩作为东北亚最主要经济体，在东北亚经济合作中扮演着重要角色。中日韩经济总量加在一起接近世界 1/4，彼此互为主要贸易伙伴，贸易依存度高，深化中日韩经济合作具有内在需求，RCEP 的签署也为深化合作创造了更加有利的环境和条件。

三、推动东北振兴深化东北亚经济合作

随着我国市场规模的迅速扩大，日韩不可能脱离以中国为最终消费市场的区域产业链。东北地区可以成为以中国为最终消费市场的日韩产业链的承接地。从这个定位出发，推动东北振兴，建议注重以下几个方面：

一是积极推动区域产业链重塑。适应全球产业链区域化、近岸化趋势，以及东北亚以中国为最终市场的区域产业链发展，积极推动在更高层次上重构区域产业链，寻求各方共赢的产业链合作方式。

二是用好 RCEP 签署的战略机遇。RCEP 的自由化程度虽不如 CPTPP 高，但市场规模比 CPTPP 大，为中日韩合作提供了更大空间。我

国东北地区应抓住机遇，进一步深化与日韩经济合作。

三是加强装备制造业合作。我国东北地区装备制造业具有优势，近年来发展活力逐步增强，可进一步加强与日韩在高端装备制造领域的合作，提高东北装备制造业竞争力。

四是挖掘经贸合作潜力。发挥我国东北地区的区位优势，进一步吸引日本和韩国的投资，带动日韩的中间品出口，并可在我国东北地区生产组装终端产品进入国内市场或国际市场。

五是加强绿色低碳领域合作。日韩特别是日本在绿色生产技术方面具有国际领先水平。在构建清洁低碳安全高效的能源体系、重点产业领域节能降碳、推广应用绿色低碳技术等领域，我国东北地区可扩大与日韩的合作。

六是以扩大开放促进改革。加强规则、规制等制度型开放，以开放促改革，营造良好的投资环境，使环境好起来、资金引进来、人才留下来，企业活起来，推动东北振兴开创新局面。

中日韩三国合作的领域展望

吉野直行　亚洲开发银行研究院原院长

关于地区发展与基础设施的情况，我想进一步阐述中日韩三方的合作。

日本相关方面的资金流向，其大概模式和十年前类似，以政府补助为基础，但是将来我们会慢慢地运用市场机制。在后疫情时代，日本中小企业的资金流会变得每况愈下。所以，如何把资金流运用到基础设施建设以及援助中小企业，中日韩三国可以开展怎样的合作成为我们关注的重点。

日本的很多工程都是由国家投入资金来进行的，而在其他国家却积极运用民间资金，为此我们要提高基础设施的经济效率，否则民间不愿意进行此类投资。在中国，保险和企业年金制度能推动今后老龄化社会发展，支持保障老龄化。但是这些钱如何应用？可以说是我们非常重要的课题。所以在中国的东北，我们可以把保险和企业年金集中起来，然后投资本地区的港口、公路的基础建设，对于新基建也是一个很好的示范作用。如何能够提高基础设施的收益率？我们可以参考一下日本九州新干线税金和收益的循环：东京和大阪之间通过九州新干线开通之后的相关方面的改善和提高，所得税和法人税通过新干线的建设有了大幅提升，我们的税收增加了，这样的增益并没有直接回到铁路公司。那么，铁路公司是怎样实现营收的呢？除了依靠卖票以及旅客服务，增收税额的一部分甚至是一半回到日本的港湾或者公路建设。

印度尼西亚政府也采取了这一提议，他们现在做得很顺利，菲律宾也将马上导入这一模式，同样我们可以将其应用更多的国家，它的溢出效果会产生红利，这样的红利会对政府和民间同时产生正向激励作用，最终形成良性循环。

关于中日韩之间的中小企业金融，三国之间的合作是大有可为的。亚洲的中小企业占比很大，在后疫情时代能够预想到中小企业很难融资，那么如何解决呢？我们希望中日韩的中小企业通过网络向消费者进行更多的销售，不仅向自己的国家销售，并且向其他国家销售。这样一来，政府会对中小企业进行电商方面的支持。还有一个信用保证制度，银行给中小企业贷款的时候，政府可以导入信用保证制度，政府给担保进行贷款。当然现在日韩出现了一些问题，比如道德风险，因为有了政府做背书，有很多银行非常积极地给中小企业贷款，但是没有进行风险评估，所以里面有很多企业是不良企业，这些钱收不回来。所以我们应该对风险进行更进一步的评估，比如对中小企业进行信用评级，优秀的、有发展潜力的企业我们积极对它进行投资、融资；而对于信用不好的企业、评级不良的企业要限制其融资额度，甚至将其划入黑名单，通过一系列有效措施把钱落到实处，落到经营效益良好、有回馈能力的企业。

绿色投资也是我们重点关注的话题，绿色投资在各个领域都得到了积极运用。现在欧洲已经先行定义绿色投资，其实存在很多种定义，比如可回收能源、太阳能发电、风力发电等，这是欧洲标准。但是我们可以说有一些绿色项目20%是绿色的，10%是灰色的；甚至有的70%是绿色，30%是灰色，并没有达到环保标准；即使在这样的情况下，欧洲这样的企业还是能够发行绿色债，现在绿色债的标准不是很清晰和严格。以投资组合理论来分的，这类资产分布一旦失衡就会产生不良的效应。对此，我们有两条路径进行应对。首先，在全世界范围，我们的环境税率包括二氧化碳、一氧化碳或者是可挥发的化合物都制定同样的环保税率，这样，对企业就可以实现平衡，当然这一办法实施起来非常困难，但是能否在中日韩三个国家之间先行制定一个统一的标准。其次，绿色信用评分，也就是进行信用评级，通过这样的手段，比如说3A级、2A

级，中日韩三国可以统一进行这一评级。如果中日韩三国的标准能够扩大到全世界范围，对于三国的企业是非常有利的，因为企业就可以进行非常精准的绿色融资。

最后，关于老龄化社会，三国之间也是大有可为的。正如大家所知，日本是一个老龄化非常严重的国家，韩国次之，中国老龄化也在不断加快。日本老龄人口退休之后要领退休金，社保基金就会出现赤字。相较之下，那么中国政府要做什么呢？可以增加资金池里的钱，保障退休人口有一个不错的生活。民间企业能做什么呢？可以做民间企业年金，把年金收益率提升起来。如果社会成了老龄化社会，我们的财政政策和金融政策都会发生变化。金融政策对工作的人才有效，人们通过工作和贷款，满足自给自足生活的同时做好工作，再去还贷款，形成良性循环，而且财政政策会再次显示一个良性的公共政策的作用。但是如果退休人员太多的话很容易失衡，所以日本通过这种民间企业的自助努力能够提升年金收益率，这样退休人口的退休费就会增加，从而进一步促进消费、促进国内经济大循环。

综上所述，中日韩三国在很多领域可以进行合作，包括政府层面的、大学层面的、民企之间的，还有国民之间的交流，努力形成三国之间良好的地区合作模式。

专家观点综述

一、对2021年东北振兴形势的总体分析

1. 继续引导好2022年经济向好发展的预期

夏德仁　全国政协经济委员会副主任

2022年“三重压力”中最重要的一个压力就是经济预期转弱的压力。预期代表着信心，信心代表着积极性和创造性。做好2022年东北经济工作，首先要提振信心，引导好预期，克服预期转弱问题。东北三省中的辽宁省去年底已经召开了党代会，三省又召开了省“两会”，各个方面积极性得到很大的提升，这本身就是一个向好的预期。要把党代会和“两会”激发出来的积极性落实到经济不断活跃，发展不断升温，各方面积极性、创造性能够得到不断发挥方面，进一步形成促进东北振兴发展的强大合力。

彭　森　中国经济体制改革研究会会长、国家发改委原副主任

要素市场化配置改革是当前我国深化体制机制改革的重要内容，也是东北振兴发展面临的一次重要机遇。东北地区要进一步解放思想，通过生产要素市场化配置改革的先行探索和创新试验，创造出一些在全国可复制可推广的典型经验，为东北的高质量发展带来根本动力。

乔　军　辽宁省人民政府研究室原主任

要着力优化营商环境，全面加强法治建设和信用建设，为金融体系服务实体经济，创造规范有序、健全稳定的金融生态环境。陈耀建议，东北地区要争创 RCEP 先行示范区，通过对标国际先进规则来优化营商环境，争取在跨境贸易的数据流通、国际贸易数据标准使用、设立公共海外仓、自贸区人才培养等方面先行先试。

迟福林　中国（海南）改革发展研究院院长

要抓住当前深化改革的契机，以改善营商环境为抓手，在解放思想、全面深化改革、优化营商环境方面有进一步的务实举措。

2. 持续培育好东北振兴发展的新动能

武献华　辽宁省政协原副主席

要把人才和创新作为东北今后发展的重中之重。针对当前东北人口流动情况。

刘云中　国务院发展研究中心区域经济研究部研究室主任

加强与流动人口的联系，为人口回流做准备；加强对东北重点城市的建设，提高地区公共服务水平。

李　凯　中国东北振兴研究院副院长

要坚定走创新发展的产业转型方向，抓住数字经济发展的重大机遇，大力发展战略性接续新产业以支撑未来发展，以产业的新结构构筑发展的新格局。

王爱丽　黑龙江省社会科学院原副院长

发展数字经济、生物经济是东北经济“进中提质”的长远之策。

黄群慧　中国社会科学院经济研究所所长

东北地区要抓住当前扩大有效投资的机遇，围绕着现代化经济发展方向，重点抓好促进经济转型升级、提高经济增长质量和效率的投资，挖掘经济循环的新动能，培育经济新的增长点，重点方向包括新型基础设施建设投资和制造业高质量发展投资。

丁晓燕　吉林省社会科学院副院长

要围绕“两新一重”工程加快重大项目建设，以项目建设稳增长调结构。

刘　威　吉林大学东北振兴发展研究院副院长

依托头部国有企业的优势，引导和带动各类所有制企业加大战略性新兴产业的投资布局力度。

二、融入“双循环”，推动东北地区制造业转型升级

1. 双循环作为东北振兴的重要机遇

笪志刚　黑龙江省社会科学院东北亚研究所所长

东北地区应对双循环能力不足，主要表现为应对中国区域格局竞争能力、应对产业合作升级竞争格局能力、应对产业科技人才竞争格局的能力的不足。在面对疫情下产业结构转型升级、数字经济新发展模式的历史机遇下，应该通过深化与东北亚国家的数字经济、共享经济等产业的合作实现东北地区的制造业转型升级。

丁晓燕　吉林省社会科学院副院长

双循环格局对东北地区产业强链补链延链是一个重要机遇。针对产业链供应链重组，应提升东北制造在全国产业链分工的地位；积极参与“国际大循环”，强化东北在我国高水平对外开放中的作用。一是要打造好我国向北开

放的重要窗口，逐步融入国际产业链；二是要建设东北亚地区合作中心枢纽，推动建立东北亚自贸区网络；三是要推进东北亚区域市场经济规则的先行先试。

赵　继　东北大学原校长

影响东北经济发展的原因，其中一条是东北经济转型相对滞后，制造业优势尚未发挥出来。应以新一轮信息技术和制造业高度融合为目标，以主攻智能制造、推行绿色制造、发展服务型制造为重点，促进制造业发展模式加速变革。一是要促进东北制造业融入以内循环为主的“双循环”大格局；二是要促进东北制造业融入中日韩“自贸区”大市场；三是要促进东北制造业融入国家“一带一路”大进程，加强与俄罗斯及东北亚地区的合作。

2. 东北地区产业变革与转型升级

王一鸣　中国国际经济交流中心副理事长

当前，新科技革命和产业变革正在重塑产业生态，数字化转型日益成为新动能成长的主要驱动力。加快东北经济数字化转型，提升产业链数字化和现代化水平，以数据流吸引人才流、资金流，释放东北经济的追赶潜能，实现“变道超车”，对东北振兴具有全局性战略意义。面向未来，东北地区要制订数字化转型战略规划，加快推进新型基础设施建设，推动产业互联网发展，加快制造业数字化转型，培育数字化应用场景，加强数字化人才培养和引进，加快培育数据要素市场，优化数字化创新生态，为东北经济高质量发展开辟新路径，注入新动能。

银温泉　国家发改委经济体制与管理研究所所长

东北地区制造业具有十分重要的地位，目前转型升级缓慢，产品结构、技术结构比较滞后，表面上来看是研发投入占比少、开放不足，但背后深层次的是体制机制原因，制度环境是制造业转型升级的关键。“十四五”时期，要推进四个方面的改革：一是要构建人民满意的服务型政府；二是要构建激发经济活力的制度政策；三是要构建推动创新的制度政策；四是要构建有利于高水平开放的制度政策。

陈永杰　大成企业研究院副院长

效率与效益是衡量国有资本管理水平的最根本、最主要的硬指标，而东北国有企业的整体效率与效益水平低于全国同类指标平均水平。提出五条东北国有企业改革的发展路径，一是树立一个大观念；二是开展一番大调整；三是推行一项大改革；四是改进一项大评价；五是推进一项大公平。

谢　峰　鞍钢集团总会计师

制造业是国家经济的命脉所系，要把实体经济，特别是制造业做实做优做强，加快转型升级步伐，打造竞争合作新优势，加速融入新发展格局。第一，建议加大区域内的钢企重组整合的政策支持力度，提高产业集中度。第二，建议降低铁矿石资源还有其他资源的税负。第三，建议进一步丰富发展资本市场，提高股权市场的活跃度，充分发挥多级资本市场在供给侧结构性改革中的重大作用。

第二篇

“十四五”：推动东北振兴取得新突破

遵循规律科学认识振兴东北经济发展成效和振兴要求

范恒山 国家发展和改革委员会原副秘书长

近十年来，东北经济在曲折中前行、在波动中发展，取得了许多新成就，但仍然面临着较大的困难。总体上看，东北正处于爬坡过坎、转型重塑的关键时期，实现全面振兴的任务依然繁重。

党的十九届五中全会提出，要推动东北振兴取得新突破，国家“十四五”规划提出新时期推动东北振兴的重点任务。东北振兴在实施过程中，伴随应对变化多端的复杂局面和经济运行的升降起伏，积累了丰富的实践经验。在立足新发展阶段、贯彻新发展理念、构建新发展格局形势下，推动东北振兴取得新突破，总结过去的实践成果，顺应经济发展特别是区域经济发展规律的要求，用科学的视角认识和把握东北经济振兴的核心要求与制约因素，并有针对性地采取措施化解突出矛盾。

一、遵循规律要求认识东北经济发展成效和振兴要求

当前，南北差距问题受到了广泛关注。一些专家学者基于经济总量和经济增长速度，包括南北方一些重点城市相关数据的对比变化状况，认定“南方全面碾压北方”，进而断言中国经济“南强北弱”“南盛北衰”。东北地区作为北方地区重要的经济板块，自然受到了特别的关注。特别是近十年来东北经济增长出现的比较明显的波动与下行状态，成为

论说“北方衰退”的重要例证。

应当怎样认识东北经济振兴的成效？大体上说，影响资源要素流动集聚从而影响经济发展状况的因素主要有：国家区域战略导向和政策指向；发展环境或营商环境，包括政府治理水平和市场完善状况；资源禀赋，包括地理区位、气候环境、资源储存等。在这三个方面中，前两方面体现了人的色彩，可调整、可改善的空间较大；而后一方面则较强地体现了自然特性，或者说更多的决定于客观因素，可调整、可改善的空间较小。显然，判断一个地区的发展状况，不能只看经济增长速度和经济总量，而应基于上述三个方面做深入观察分析，这会使之更为科学、准确，也更能反映品质要求、发展导向和客观实际。

就经济增长而言，东北地区 2013 年至今的波动与下行和 2003—2013 年的高增长形成了较为鲜明的对照，这种下行也使得东北地区与东中部地区的发展差距进一步拉大。尽管这一时期全国经济运行也呈现出下行状态，但东北经济下行有许多来自自身的原因。需要指出的是，其中有一些因素是负面的，主要与人的主观行为相关。但深入观察，我们能看到这样一些重要的进展：

1. 经济绿色化程度明显提升。推动经济发展的绿色意识显著增强，无视生态环境、竭泽而渔追求经济增长的行为得到强有力的抑制，发展方式的绿色化转型取得一定进展，山水林田湖草系统治理逐步展开，生态屏障保障地位得到进一步巩固。

2. 人民生活状况不断改善。最具标志性的状态是，在经济波动与下行的情形下，没有出现严重的失业问题，城镇新增就业仍然保持良好的水平；普通居民的生活水平保持提升态势，没有出现异常状况；脱贫攻坚取得显著进展，区域性整体贫困得到解决。

3. 结构调整进一步向深层推进。着力解决产业偏老、结构过重、链条较短的问题。在提升传统产业、发展新兴产业、谋划未来产业，推进产业链、供应链延伸和现代化发展方面取得了积极进展。推动产业转型并拓展接续产业，部分老工业基地走向新生。

特别重要的是，在经济波动或下行状态下，东北地区的比较优势不仅没有被削弱，反而有了一定程度的增强。有两点较为明显，一是农业发展特别是粮食生产基地的地位进一步得到巩固，2020 年粮食产量占据全国的 20.43%；二是在供给侧结构性改革背景下，重要原材料和装备制造业产品的供给质量得到了一定程度的提升。

从这些进展中，我们能够得到两个重要的认识：一是不能单以 GDP 增长和总量的状况来判定一个地区的发展成效，特别是判定与其他地区的发展差异，应当进行较为全面的比较分析；二是资源配置效率不能局限在某个区域内考虑，而应基于全国范围来考虑。这一点非常重要，从市场角度看，资源要素向适宜地区流动是经济规律，而资源要素通过自由流动配置在最适宜的地区或领域，才能获得最大的效率。资源要素与流动的状况不仅取决于区域战略导向和营商环境，在一定程度上还取决于资源禀赋。从政府角度看，依靠封锁把资源要素羁留在某一行政板块上，不一定有利于自身的发展，反而会屏蔽资源要素跨区域流动必然带来的互补效应和聚合益处，而且这种封锁对国家带来的损害是确定无疑的，它阻碍了资源要素通过自由流动在全国范围内实现优化配置。何况，国家需要根据各地水土环境、地质状况、资源禀赋等的具体情况，统筹进行空间布局特别是产业布局，以实现全国一盘棋发展。

这就是说，只有立足于发挥各地区自身的比较优势，才能使资源要素的市场驱动和行政推动达到完美的统一，而如果全国每个地区都充分发挥了比较优势，也就意味着在最好水平上形成了国家发展效绩，尽管就各地区 GDP 增长而言，有的可能上升很快，有的则可能出现下降。

这意味着，无论是从“市场有效”的角度看，还是从“政府有为”的角度看，都应该以推动形成并不断做强做优地区比较优势为导向或使命。因此评价一个地区发展状况如何，不能简单地以 GDP 论英雄，而应该以是否发挥了比较优势为基本标准。除特殊情况外，一个地区如果真正发挥比较优势，就等于占领了市场竞争和经济发展的高地，GDP 增长也不会太低。对东北经济发展成效的认识与评价，对实现东北振兴要求的把握与考量，应该聚焦到这个方面来，这样会更加客观、准确，也更为科学。

二、深入把握影响东北经济振兴的新因素

影响区域经济发展状况的因素可以归纳为区域战略政策导向、营商环境、资源禀赋三大方面，但这三个方面所体现的具体内容是十分丰富的，且不少内容是与时俱进或不断变化的。这些变化对推动经济发展可能带来机遇，也可能带来新的挑战，需要深入分析。

基于国内外形势发展变化所产生的两个方面的新情况，会对区域经济发展包括东北经济振兴产生直接的影响，需要科学把握与处置。

一是新一轮的科技革命与产业变革催生的数字经济手段和共享技术平台改变了传统时空的限制，为区域发展提供了新的空间与路径。一方面，它们削弱了历史与自然条件的自我束缚和制约力度，使区域能够超越现实发展基础和地理区位重构经济体系，这为落后地区实现跨越发展甚至领先发展提供了机会；另一方面，它们提供了跨区域利用资源要素的条件，有利于各地基于较为完备的数据信息，借助各种有效方式在更大范围内集聚、在更优水平上配置资源要素，从而不断强化比较优势，并进一步形成地区竞争优势和区域领先发展优势。数字经济手段和共性技术平台通过支撑资源要素的跨行政区利用和产业的融合创新加速了区域发展的进程。对于处在关键时期的东北地区，这是一种难得的机遇。

二是随着观念转变和经济发展，创业者、就业者对投资兴业环境的考量更加全面和严格，综合性营商环境的好坏对资源要素流动的影响日趋强烈。新发展理念的确立，绿水青山就是金山银山等思想的形成，经济发展带来的从满足温饱到全面建成小康社会、进而从追求富裕到追求幸福的转变，使投资者、创业者对区域工作环境的选择性明显提高：从仅仅看重投资机会发展到全面注重软硬环境，包括地理区位、生态环境状况；从单纯审视生产条件发展到同时重视生活条件；从一味考虑收益

回报发展为一并考虑子女教育乃至家庭幸福等。这种变化导致的资源要素流向的变化，会对区域经济发展产生决定性影响。对于处在关键时期的东北地区，是一种新的严峻挑战。

推动东北振兴取得新突破，应在全面把握、深刻了解这些新变化的基础上形成新思路、制定新举措。

三、紧扣关键方面推动东北振兴取得新突破

东北的振兴发展，既要有科学的思维、正确的思路，也要有适宜的路径、有效的举措，而所有这些都建立在对历史基础、现实状况、变化态势、运行规律等的精细把握和精准分析之上。基于上述认识，推动东北振兴取得新突破，应当进一步凝神聚气，抓准一些关键方面做文章，在这些方面取得了实质性的进展，则东北振兴应能呈现新的景象。

1. 紧紧扭住比较优势做优做强做大。比较优势是东北重振的基础和本钱。东北应立足于历史积淀、资源特征、自然条件等精细梳理比较优势，进而完善发展战略、细化操作方案。从主要方面看，应进一步做强农业，提高农业、农村现代化水平，加强农业与二、三产业的融合发展，努力打造世界最强农业发展高地。应进一步做强装备制造业，通过科技赋能和产业融合，建立具有国际竞争力的先进装备制造业基地。应利用有利环境，拓展冰雪产业链条，变“寒地”为“热土”，打造具有国际影响力的旅游特色经济。还应拓展能源经济，形成推动碳达峰、碳中和的新兴绿色经济。

2. 凝心聚力加快推进产业转型。产业竞争力不强、产业结构老化、产品创新性不足，是近些年东北经济存在的一个突出问题，也是东北经济难以振兴的直接原因。应把优化产业结构作为振兴东北经济的主攻方向，面向市场、面向人民美好生活需求、面向未来加快推进产业转型。东北经济能否振兴，取决于产业转型能否成功；东北经济能否加快振兴，取决于产业转型的效率与质量。从目前状况看，东北地区产业转型整体

上还比较缓慢，某些地区甚至错过了最佳窗口期，必须加大力度推进。推进产业转型要着力解决如下关键问题：一是要有政府正确的引导和有力的推动，而其基础是领导干部的精明睿智和积极担当；二是要有关键核心技术的有力支撑；三是要有市场主体的能动性、创造性。应紧扣这些方面进一步优化体制机制、完善政策措施。

3. 对标攀高大力优化发展的“软环境”。营商环境有软硬之分，硬环境不好“伤身”、软环境不好“伤心”，“伤身”可以恢复、“伤心”则难以修补。东北一些地方在营商环境的“软环境”建设上与东中部地区存在较大的差距，应以国内外先进地区为榜样，对标最好的做法，着力优化“软环境”。应重点解决对市场主体区别对待问题、公共服务“口惠而实不至”问题、行政治理用“限制”代替精管问题、市场契约与社会诚信履行不佳问题、乱设门槛烦扰民众问题。在这方面，要抓住关键做文章、盯着细节下功夫。

4. 建立高水平的新老基础设施体系。高水平的新老基础设施是推动经济加快发展和实现高质量发展的坚实支撑，对东北地区来说，通过便捷、智能、协同的新老基础设施，还能够对冲地理、生态、气候等方面存在的不利之处，方便各类企业、各种人才以灵活方式在东北投资兴业，也能够在更加广阔的空间利用生产资源和要素。国家应加大对东北地区新老基础设施的支持力度，东北各地区也应想方设法加快建设进程，在这方面要力争走在全国前列。2021 年 1 月，京哈高铁实现了全线贯通，这样的工程建设对推动东北经济发展会起到重要作用，在东北尽量多搞一点，建设的步子也应迈得再快一点。新老基础设施建设跟不上，会直接影响到营商环境，也会影响到东北产业结构的转换进程。

5. 进一步发挥重点城市和重要极带的引领示范作用。中心城市、都市圈、经济带、先导区、国家级新区、自贸试验区等是东北经济发展的支柱。应推动这些功能载体发挥特殊优势，围绕体制创新、产业转型、基础平台建设、科技协同创新、跨区域联动合作等方面进行积极探索与创新，以进一步提升自身活力、充分发挥引领示范作用。

抓住扩大内需机遇，谋划带动东北振兴的重大项目

郑新立　中国城镇化促进会常务副主席

发展是最大的安全，经济低速增长可能会带来不安全。对东北地区来讲，如何通过激发内在活力加快经济发展，是实现区域经济安全乃至全国经济安全的当务之急。2022 年整个宏观经济政策实际上将有一个重大转变。

2021 年底召开的中央经济工作会议，在分析当前经济问题的时候，强调了 12 个字，就是国民经济面临着“需求收缩、供给冲击、预期转弱”三重压力，这 12 个字非常准确和到位。2021 年经济增长速度逐季大幅下降，一季度 GDP 同比增长 18.3%，二季度增长 7.9%，三季度增长 4.9%，四季度增长 4.0%。经济下行压力加大，除受新冠肺炎疫情影响外，近些年在经济工作中往往把长期目标短期化、系统目标碎片化，把持久战打成攻坚战，是导致需求收缩、供给冲击、预期转弱的重要原因。

中央经济工作会议统一了大家的思想认识，2022 年的宏观调控和经济工作，将紧紧围绕破除这三重压力，实施有效的政策措施，在扩大内需上发力，从而创造一个良好的有利于稳定增长的经济环境。从 2022 年 1 月的商业银行数据来看，贷款出现了多年没有的增长速度，这对改变需求收缩局面是正确的必要的。目前各个省都在围绕产业结构升级、扩大内循环和供给侧结构性改革积极谋划重大项目。随着内需的扩大，经

济下行压力将会缓解，经济增速将实现止跌回升。东北三省应紧紧抓住这个机遇，积极谋划一批对振兴东北带动力强的建设项目，深化改革开放，引进资金和技术，改变低速增长状态。像今年这样的发展机遇是不多的。机不可失，失不再来。东北地区只有加大投资，才能增强发展动能，增加就业。具体来讲，应从四个方面谋划重大项目：

一是农业现代化带动乡村振兴。要加快农业规模化、现代化步伐。东北平原最适合大型农业机械耕作，应通过推进土地经营权流转，实施规模化经营，在全国农村率先实现农业现代化。黑龙江省80%以上的土地已经实现规模化经营，大部分转包给国营农场经营。围绕土地规模化经营发展大型拖拉机等农机工业，欧洲、美国的拖拉机最大500匹马力，国内最大只有200匹马力。这对东北农机工业也是一个发展机遇。东北发展畜牧养殖业大有可为。吉林省已下定决心成为全国养牛大省，为解决中国人吃牛肉问题做出贡献。据发达国家的经验，农产品加工增值可达到初级产品价值的十倍以上，农产品加工营销业可放在特色小镇里。农业包括畜牧养殖业的现代化和农产品加工业将成为东北经济的亮点，可在全国率先实现乡村振兴，并支撑东北振兴。

二是传统工业数字化转型。东北装备制造业应抓紧通过数字化转型，成为数字经济。包括汽车制造、电力设备、化工设备、船舶制造、高铁设备、加工中心等通过数字化改造，会形成带动力强的新增长点，并提高东北工业在国内外市场的竞争力。

三是现代服务业。软件是辽宁的优势产业，在数字转型中拥有广阔的市场，应抓住传统产业数字转型的机遇，把软件产业做大做强。发展科技市场、扩大科技服务，发展教育、健康养老、旅游产业，都有很大潜力。东北人冬季来海南的很多，同样，东三省可以变成度夏避暑的胜地，吸引全国全球的人到东北度夏。冬季可吸引国内外游客到东北从事冰雪运动。

四是新型基础设施。国家发改委把新型基础设施分为三类，包括信息基础设施、融合基础设施、科教基础设施，从这三个方面可以谋划出一大批建设项目，来争取国家的立项和资金支持。

从以上四个方面抓紧工作，谋划一批重大建设项目，就能抓住这一轮扩大内需的机遇。由于东北地区银行呆坏账多，金融生态不好，银行不给贷款，如何面对这一问题？推动企业兼并重组，请沿海地区的企业和外资企业去，搞项目的合资合作。要积极到资本市场融资，发展各类投资基金，扩大债券发行。只要有好的项目，总能找到资金。2022 年货币发行会有所松动，M2 的增速会提高，在全国扩大内循环的机遇中，希望东北不要错过。

双循环新发展格局下的东北全面振兴

迟福林　中国（海南）改革发展研究院院长、中国东北振兴研究院院长

构建双循环新发展格局，尤其是扩大内需，将全面提升对东北地区的需求。要服务于东北全面振兴的国家战略目标，从维护国家国防、粮食、生态、能源、产业安全的视角来思考东北振兴的新突破，加强政策统筹，实现重点突破。

一、优化调整东北国有经济布局

调整东北国有经济布局的战略目标是加大国有资本在国防安全、粮食安全、能源安全和公共服务领域的布局，加大国有资本对战略性、前瞻性行业的投入，充分发挥国有资本在重大基础设施建设中的重要作用。

1. 优化调整东北国有经济布局的重大任务。一是以提高产业集中度为重点实现国有经济产业布局的合理性。提升以装备制造业为重点的工业集中度，推动央企与地方国企的对接合作。例如，推进鞍钢、本钢的整合重组，鼓励国有企业与民营企业开展战略合作，推进国有资本有序流动等；二是从区域布局来考虑国有经济布局。以制造业为重点加强东北国资国企的分工合作，以统筹国资国企区域布局促进东北城市群建设，发挥国资国企在促进东北亚区域经济合作中的特殊作用等。

2. 统筹推进东北国有经济布局。建议由国务院国资委统筹推进东北国有经济布局工作，进一步完善以管资本为主的国资监管体制，充分发挥国有资本投资运营公司的平台作用。在国有经济合理布局的前提下，

国有企业改革才能与全局相结合。调整优化国有经济布局不仅是全面深化国企改革的基本前提，而且也是放开、搞活民营经济的重要基础。当国有经济布局优化调整合理之后，民营经济的进入和退出才能找对方向与重点。

二、推进东北经济一体化

当前，东北经济面临两大问题。第一，经济的同质性强、互补性弱，产业结构趋同问题逐步明显。东北四省区主导产业很多集中在钢铁、能源、化工、重型机械、汽车、造船、飞机、军工等重工业；在黑色金属、矿采选业、食品加工业等领域存在较为突出的竞争关系。第二，区域协调机制尚未建立。东北四省区经济同质性较强，产业一体化的要求更强，目前尚未形成一体化的机制性安排。在我来看，要加快推进东北经济一体化。一是以制造业为重点加强东北四省区产业分工合作；二是依托辽宁沿海经济带、黑龙江靠近俄罗斯等优势，合理培育若干个优势产业集群；三是推进东北地区管理标准与规则的全面统一。例如，对企业准入、人才资格等实现一地认可、四地通行等；四是以沈阳、大连、长春、哈尔滨四大城市为主体，加快东北地区城市群发展，调整优化行政区划设置，发挥中心城市和城市群的带动作用，建设现代化都市圈。

三、加强东北亚区域经济合作

在百年未有之大变局下，以大国关系为重点的世界经济政治格局调整，将是未来十年最突出的特征。我国的重要应对措施是坚持以多边主义为基础，以区域一体化来推动全球经济一体化进程。未来几年，以中日韩自由贸易区为重点的东北亚经济圈建设提速，将有条件形成东北扩大开放新动力。所以，推动形成东北亚经济合作圈，与东北经济的高质量发展联系密切。例如，在数字经济方面加强中日韩三方的合作，以数字经济推动制造业发展；依托东北地区独特的地理区位条件，以东北经济一体化为目标加快东北亚基础设施互联互通，加快实现中日韩口岸通关协调合作；探索建立东北亚地方政府间沟通协调机制。

中国东北全面振兴能否与东北亚一体化融合在一起，如果能够实现基础设施一体化，将有效促进东北亚区域经济合作。因此，形成东北亚区域合作的关键在于东北地区能否率先实现基础设施的一体化，并由此推动东北亚基础设施互联互通。

从东北地区中长期发展看，从国家对东北的五大安全战略要求来看，需要研究东北国有经济布局，需要研究东北区域经济一体化，需要以东北全面振兴推动形成东北亚经济合作圈。这是中长期发展的重大问题。只有在把握全局的前提下，抓住一些重大问题，比如如何深化国有企业改革、如何推动城市群建设、如何推动地方高水平开放找到新的出路等，找准东北地区的战略定位，才能争取方方面面对东北全面振兴的支持。

推动东北振兴取得新突破

张占斌　中央党校（国家行政学院）马克思主义学院院长

东北地区是我国重要的工业和农业基地，维护国家国防安全、粮食安全、生态安全、能源安全、产业安全的战略地位十分重要。党中央十分关心东北全面振兴发展，党的十八大以来，习近平总书记5次到东北调研，2次召开专题座谈会，研究推动东北发展问题。党的十九届五中全会提出“推动东北振兴取得新突破”，确定了战略定位。“十四五”时期，东北振兴要有新的战略举措，要放在高水平开放和全面开启社会主义现代化新征程之中加以谋划。

一、“十四五”东北振兴面临的紧要问题

在我国区域经济发展中，东北地区战略地位毋庸置疑，但发展动力亟待提升。在长三角、珠三角等地区已初步走上高质量发展轨道的同时，东北地区的发展仍面临较大困难，因此，“十四五”时期，要抓住紧要问题，用好用足国家能够给的政策，推动东北地区实现全面振兴。

1. 制造业走出困境问题

东北地区是我国制造业特别是装备制造业的生产基地。实施东北振兴战略以来，东北制造业在激发市场活力和推动转型升级上取得了积极进展，但面临的内外形势和竞争压力依然严峻。2019年，在全国31个省份GDP排名中，辽宁、黑龙江、吉林分别排在第15、24、26位。影

响东北地区经济发展的最重要因素就是工业转型滞后，制造业优势没有发挥出来。现在东北三省的制造业占经济总量高达30%左右，如果东北制造业转型成功了，就可以给东北全面振兴奠定坚实的基础。

影响制造业优势发挥的有这样几个方面。一是单纯依靠当地资源优势，战略性新兴产业规模较小。东北地区重工业和能源原材料产业比重较高，近年来因煤、铁、油等资源逐渐枯竭，以制造业为主的重工业资源优势已不再显现。东北工业增加值占全国比重，已由2012年的89%下降至2018年的53%。另外，东北战略性新兴产业以及基于互联网的新产业规模也比较小，发展进程也较慢，对经济发展贡献偏低。据统计，沈阳、大连、哈尔滨三个城市的高新技术企业，在总产值、企业数量、上缴税费等方面均位列全国15个副省级城市的末位，三市总和与武汉、成都持平。二是工业产品技术结构落后，升级缓慢。东北地区制造业具有非常重要的地位，目前转型升级缓慢，产品技术结构普遍而言较为落后，表面上看是研发投入占比少，开放不足等问题在作祟，但这些只是现象，关键的是背后深层次体制机制原因。产业的现代化，需要制度现代化为支撑。制度环境是制造业转型升级的关键，是第一位的影响因素。三是研发投入不足，品牌市场认可度偏低。东北地区研发经费投入占GDP的比重，均低于全国平均水平。从专利授权量来看，东北每万人专利授权量，也低于全国平均水平。此外，东北制造业的品牌知名度不高，市场竞争力和占有率也比较低。

党的十八大以来，国家重视制造业发展，东北振兴赶上了好时代。不能错过这班历史列车，重振制造业。应该说，东北地区制造业振兴的难度要小于美欧，因为美国、欧洲一些国家产业空心化，再回归非常困难。而现在东北制造业有很好的基础，制造业转型升级的难度要比它们搞“回归”的难度要小得多。

2. 进一步扩大开放问题

开放度低、开放滞后是制约东北经济发展的突出因素，也是东北地区构建以国内大循环为主体、国内国际双循环相互促进新发展格局的突出掣肘。这就要求东北以扩大开放倒逼改革，形成东北经济转型和可持续增长的新动力。

东北亚各国是我国重要的贸易合作伙伴，东北地区毗邻俄罗斯、朝鲜、蒙古国、日本、韩国五国，位于东北亚的核心地带，东北亚各国是东北地区重要的合作伙伴，东北地区在面向东北亚各国的开放中存在比较优势。

近年来，国际大环境剧烈变动和形势发展，对东北亚地区的和平发展，对东北地区的全面振兴带来机遇。对于东北来说，在大变局中面临着前所未有的历史机遇，要抓住机遇重振制造业，创造东北制造业的集成优势。作为中国的老工业基地，东北地区传统制造业实力雄厚，但总体上还处于全球制造业产业链的中低端，正处在转型升级进程中。日韩制造业大多处在全球产业链的中高端，与东北地区制造业互补性较强。东北地区要抓住中日韩推进自贸与产业链、供应链区域化的重要机遇，实现与东北亚产业对接。

中日韩经济联系紧密其中很重要的一个原因就是中国经济增长成为拉动东北亚地区，特别是中日韩经济合作的重要驱动力。在这个基础上，中日韩的官方合作也在逐步展开。随着中日韩经济发展关系的紧密，推动了一些经济圈的建设构想，但是，中日韩之间经济联系主要还是基于市场连接，中日韩官方合作虽然一直进行，但实质性成果还是比较少的，这个原因主要还是受到了中日韩三国非常复杂的政治关系的影响。日本公益财团法人环日本海经济研究所理事长河合正弘认为，中日韩三国经济联系密切，近两年中国对美国的贸易依存度急剧下降，但并没有向日本和韩国转移，而是转移到了“一带一路”沿线国家。他希望进一步推动中日韩三国经济往来程度。

从东北地区开放现状来看，还是偏向东北亚，偏向日本、韩国、俄罗斯。在 RCEP 结束谈判后，中日韩三方同意在 RCEP 的基础上，打造“RCEP+”，包括三个方面的内容：一是货物贸易领域，三方将积极探讨进一步降低关税水平；二是服务贸易和投资领域，三方同意将以负面清单模式开展服务贸易和投资市场准入谈判；三是规则领域，三方探讨进一步提升相关规则议题水平的可能性。这对东北来说是一个契机，完全靠内生发展不起来，必须有一个外援。外援在哪里？就是东北亚，这正是下一步 FTA 的重点。

3. 东北地区经济一体化问题

东北经济一体化已提出多年，在现实推进中面临诸多困难和挑战。东北三省城市之间经济联系不够紧密，没有形成错位发展的有效分工，中心城市建设和城市群经济发展明显滞后，严重阻碍了东北地区资源要素跨区域自由流动，对东北整体的振兴造成不利影响。

东北地区的城市化水平很高，东北的都市圈、城市群建设具有非常大的潜力。东北地区应该以中心城市引领东北大都市圈，以城市群的协同发展为基本模式推进东北区域经济一体化。现在东北地区中心城市联系不紧密，没有形成有效的一体化分工。东北地区城市群规划较多，缺乏统一的发展规划，地方政府间协作困难。应明确不同城市群的功能定位和发展重点，强化轴带引领作用，加强城市群内部和城市群间的分工协作。在制订城市群规划时，要将东北整体看作一盘棋，放在全国的经济布局中来考虑，否则会造成严重浪费而且效率很低。

未来 15 年，是智能制造新一轮工业革命发展的关键时期，东北地区应抓住机会，实现制造业的弯道超车。东北地区的制造业在区域经济一体化的进程中要做到协调配合，集中力量突破不同的产业方向，打造产业链的长板，形成更有创新力、更高附加值、更安全可靠的产业链。辽宁应突出金属冶炼、钢铁加工、智能制造、燃料化工、石油化工，吉林突出汽车制造、医药制造，黑龙江突出食品制造、医药制造，内蒙古突出钢铁制造和食品制造等。依托东北地区独特的地理区位条件，在加快东北亚基础设施互联互通中实现东北亚陆海联运，以东北经济一体化为目标加大东北地区基础设施建设的力度。

东北地区经济一体化最深层次的问题是经济体制问题，是政府和市场的关系问题，不能用行政的手段来实施区域经济一体化。对于东北经济一体化，应该保持积极的态度，等待一个合适的时机，用市场化的方式自然形成一体化。

4. 东北地区黑土地保护问题

习近平总书记在吉林省四平市梨树县考察时强调：东北是世界三大黑土区之一。一定要采取有效措施，保护好黑土地这一耕地中的“大熊猫”。习近平总书记的讲话，深刻揭示了加强耕地尤其是黑土地保护对粮食安全的重要性。

保障粮食安全的根本在耕地。耕地是我国最为宝贵的资源，我国人多地少的基本国情，决定了我们必须把关系十几亿人吃饭大事的耕地保护好，绝不能有任何闪失。黑土地是大自然赠予人类极为珍贵的战略性资源。黑土地是指拥有黑色或暗黑色腐殖质表土层的土地，土壤有机质含量是黄土的十倍，团粒结构好，水肥气热协调，是一种性状好、肥力高、最适宜农耕的优质土地。资料显示，每形成 1 厘米厚的黑土大约需要 400 年的时间，而且在很大程度上不可再生，一旦大规模破坏就很难恢复。

根据第二次全国土地调查数据显示，东北典型黑土区耕地面积约为 2.78 亿亩。东北是我国重要的商品粮基地，黑土区是东北粮食生产能力的基石，正如有专家所言，守住黑土地就守住了我国粮食的命脉，就守住了中华民族的未来。当前，我国黑土地面临严峻挑战。自 20 世纪 50 年代大规模开垦以来，东北黑土区逐渐由林草自然生态系统演变为人工农田生态系统。由于长期受翻耕、旋耕等传统耕作方式的高强度利用，导致有机质含量下降、理化性状与生态功能退化。

因此，要从战略上保护好这块珍贵的黑土地资源。按照规划到 2030 年，黑土地保护面积达到 2.5 亿亩，耕地质量平均提高 1 个等级（别）以上，建成一批集中连片、土壤肥沃、生态良好、设施配套、产能稳定的商品粮基地。

5. 资源枯竭型城市发展问题

实施东北振兴战略，通常被认为是一种旨在提振该地区经济发展的赶超战略，而把该战略实施多年之后东北三省的经济发展现状——增长率低于其他许多地区，看作战略成效不显著的表现。然而，东北的经济发展比赶超发达地区目标远为复杂，因为随着时间的推移，该地区既是赶超的对象也是赶超的主体，东北振兴战略的性质与在中西部地区实施的均衡发展战略应具有不尽相同的出发点和归宿点。

国家实施东北振兴的战略意图，是使相对落后的东北地区赶上发达地区的发展水平。所以，无论就其本质而言还是就其出发点而言，东北振兴战略就是赶超战略。赶超的理论依据是什么，或者说应该遵循什么样的基本理论和原则发展地区经济，才能实现对更发达地区的赶超。按照林毅夫教授的解说，落后国家的赶超战略分别遵循两种原则，一个是违背比较优势的发展战略，通常导致赶超失败；另一个是遵循比较优势的发展战略，成功实现赶超的案例通常属于此类。

“十四五”时期，东北振兴一定要遵循比较优势的原则。有一个例子可以说明一些问题。吉林省辽源市是资源枯竭型城市，十几年之前走上转型之路。现在辽源袜业已经誉满全国，蜚声海外。从其产业上看，辽源袜业今后会拓展其他纺织产品。作为资源枯竭型经济转型试点城市，辽源将袜业作为接续替代产业、支柱产业发展，不仅解决了就业问题，更为城市经济发展开拓出新的道路。从东南沿海地区发展制造业产品来看，辽源大力发展袜业园区的做法不仅解决了社会人员的就业问题，对城市扩容、轻工产品发展更是具有重大意义。

服务业蕴含在经济活动生产、交易、分配、消费的每一个环节。东北地区在产业升级和产业创新方面，须重视生产性服务业和生活性服务业的发展。生产性服务业是产业链和产业集群的中间需求，支撑其他产业发展，自身也产生强大的市场需求得以发展。近年来，东北地区主动作为，从战略高度制定优惠政策来扶持和培育生产性服务业做强。

二、“十四五”东北振兴的思路和方向

习近平总书记指出，“东北地区建设现代化经济体系具备很好的基础条件，全面振兴不是把已经衰败的产业和企业硬扶持起来，而是要有效整合资源，主动调整经济结构，形成新的均衡发展的产业结构”。东北地区形成新的产业结构，要从有优势产业中进行培育。一是要加快传统制造业改造升级，扬长补短，发展新技术、新业态、新模式，培育健康养老、旅游休闲、文化娱乐等新增长点；二是要促进资源枯竭地区转型发展，加快培育接续替代产业。

东北地区作为我国重要的工业和农业基地，拥有独特的自然资源和地理优势，在维护国家国防安全、粮食安全、能源安全、生态安全等方面具有重要的战略地位。“十四五”时期东北振兴主要是围绕以下方面进行布局，发挥比较优势。一是把东北地区建设成国家粮食安全的重要基地。现在东北地区为全国提供了20%的粮食产量、40%的商品粮和38%的大豆；二是把东北地区建设成我国北方生态安全的重要屏障。近年来，东北各项生态环保措施得到有效落实，通过行之有效的生态环境保护治理，松花江、辽河等重点流域水质明显好转，长白山、大小兴安岭生态保护和经济转型稳步推进，林业实现了从“全国林业采伐基地”到“祖国北方生态屏障”的历史性转变；三是把东北地区建设成能源安全的重要生产基地。东北地区是我国重要的能源和战略资源基地。石油资源有大庆油田、辽河油田和吉林油田。煤炭资源遍布东北三省和内蒙古。

1. 设立混合所有制改革试验区

东北是我国的老工业基地。当前，国有经济比重过高、重化工国有企业偏多、国有经济和国有企业竞争活力不足、民营经济发展不充分、新兴产业发展偏慢等问题和矛盾依然没有缓解。针对东北国有经济和民

营经济的发展不平衡不充分的矛盾，深化国有企业混合所有制改革是东北振兴的重中之重，因此应加快东北地区混合所有制改革的进程，加大东北地区混合所有制改革的力度。

在东北设立混合所有制改革综合试验区，符合党的十八届三中全会、十九大和十九届五中全会精神，要积极发展混合所有制经济，允许更多国有经济和其他所有制经济发展成为混合所有制经济。推进东北地区的国有企业混合所有制改革，实现国有资本、集体资本、非公有资本等交叉持股、相互融合的混合所有制经济发展，有利于放大辐射东北国有资本功能、保值增值、提高竞争力；有利于各种所有制资本取长补短、相互促进、共同发展，提高“东北域”整体资源的配置效率。

从本质上看，东北地区设立混合所有制改革综合试验区，可以有效释放国有经济改革红利。混合所有制改革最大可能地吸引国际国内新的高端生产要素，带动盘活区域内原有中低端生产要素，为国有企业和国有经济发展注入新鲜的“血液”，激活“休眠资源”并提高科技创新能力，推动产业转型升级，并持续提高全要素生产率。应该可以为东北地区国有企业改革蹚出一条实践性较强的新路子。

2. 巩固提升农业综合生产能力

东北地区作为粮食主产区，肩负着维护国家粮食安全的重大政治责任。保障国家粮食安全是一个永恒课题，任何时候这根弦都不能松。东北振兴必须把保粮食安全作为重中之重，落实“藏粮于地、藏粮于技”要求。农业是东北地区最大优势，推进现代农业建设必须全面实施黑土地保护利用工程、农村三次产业融合发展工程、高标准农田建设工程、优势特色产业壮大工程、数字农业和科技创新工程、农产品品牌建设工程、畜牧业优质安全提升工程等。

要抓住实施乡村振兴战略的重大机遇，坚持农业农村优先发展，夯实农业基础地位，强化农业科技和装备支撑，深化农业供给侧结构性改革，着力解决农业发展中存在的深层次矛盾和问题，重点在优化农产品结构、增强抗风险能力、提高农业现代化水平上发力。

要完善提高东北农产品质量标准体系。要适应当前我国居民消费升级的需求，参考日韩等国经验，从生产环境、农药使用到加工、储存、质量标识等各环节对东北农产品生产进行全面规范，以更高的标准提高农产品的品质。

要打造一个高效可靠的农产品质量监管和信息查询体系。建议增加资金支持，用政府购买服务的方式，委托社会监督检验机构对农产品生产、加工、销售和质保防伪各环节进行全面监督抽查，保证产品质量。同时，充分利用互联网技术，建立起便捷的质量信息查询系统。

3. 以扩大开放形成东北振兴新动力

东北地区市场化水平不仅低于东部省市，而且低于很多中西部省区。这不仅反映出东北市场化改革的滞后，也反映出了东北对外开放的滞后。当前，要促进东北制造业融入中日韩“自贸区”大市场。中日韩作为东北亚地区三个大国，GDP 总量已达到 15 万亿美元，占全球 GDP 的 20%，占东北亚 GDP 的 90%，已超过欧盟，但三国之间的贸易量只占三国对外贸易总量的不足 20%。如果中日韩能够达成自贸协定，最直接带来的应该是东北经济的发展。

多措并举推进东北亚区域经济合作。要加强新型基础设施建设领域的规划和战略对接与合作，促进区域经济稳定和可持续发展；要促进“补链型”相互投资，构建安全稳定的区域生产网络，增强区域产业整体的国际竞争新优势。

东北制造业要融入国家“一带一路”倡议。东北地区要加强与俄罗斯及东北亚地区的经贸合作，促进装备制造、工程服务、旅游业、农业等领域的深度合作。利用国家实施“一带一路”倡议的大机遇，依托东北在轨道交通、汽车制造、航空装备等领域的优势产能，加快与欧洲的国际产能合作，促进东北地区进出口贸易实现。

三、打造市场化法治化国际化营商环境

优化营商环境，是构建新发展格局、把制度优势转变为治理效能的重要抓手。打造市场化法治化国际化营商环境，永远在路上。东北振兴，尤其需要在这些方面发力。根据对企业和东北的调研，提四点建议：

1. 把优化营商环境作为政府推动发展的首要任务

加强“放管服”改革的系统整体性建设，减少政策执行标准不明确、摇摆多变的不确定性，防止政策“打架”。从制度上规范政商“清亲”规则，完善官方政企常态化沟通渠道，健全政府官员容错机制。探索数字政府服务经济和社会治理新形态，在互联网教育、医疗和金融科技等领域，开展政企协同创新试点。依托第三方评估机构，深化城市营商环境评价，以评促改。用好自贸区先行先试制度优势，形成可复制可推广的经验和做法。

2. 全面依法保护各类市场主体的合法权益

依法严肃查处各类侵害企业合法权益的行为，继续加大力度甄别纠正一批侵害民营企业产权的错案冤案，健全涉及产权冤错案件有效防范和常态化纠正机制。严格区分企业和企业家的法律责任。规范对企业经济纠纷与刑事责任的认定标准，尽可能用行政规章规范调整企业行为，不因企业家个人涉法涉诉而冻结、查封企业资产。厘清司法机关办案界限，解决企业刑事案件属地管辖等问题。将公安机关跨省侦办民营企业犯罪案件的涉案款项归属权、支配权收归中央有关部门。加大知识产权保护力度，加快制定商业秘密保护法，注重对侵犯知识产权和商业秘密等案件的处理。

3. 持续努力并切实降低市场主体运行成本

结合国家财政收支情况，对抗疫纾困政策进行评估，期限能延则延，范围能扩即扩，呵护市场主体。继续加大清理政府部门、大型企业拖欠中小企业账款工作力度，建立解决企业拖欠账款的长效机制。强化金融对实体经济和中小微企业支持，鼓励并规范金融机构利用金融科技发展普惠金融，降低中小企业融资、用能、上网、物流等成本。研究建立电力普遍服务补偿机制，合理降低工业用电单价。加大对装备制造业合理减税降费，对涉及国防建设的重大项目产品给予专项政策。全面落实国家增值税改革等减税政策，降低城镇土地使用税等税额标准。规范第三方有偿服务。继续整治行业协会商会乱收费。加强对垄断行业收费监管。优化简化企业退出流程。

4. 强化基础性制度保障公平竞争的市场环境

全面落实市场准入负面清单制度，制定处罚教育前置、轻微违法免罚清单等制度。全面落实公平竞争审查制度。探索制定经营者承诺制度等规则。将公平竞争审查情况纳入政府绩效考核和营商环境评价。优化事中事后监管。规范监管执法，减少入企检查次数。处理企业慎用关停“一刀切”。加快完善互联网平台经济的法律和治理规则，依法合理界定互联网平台责任。打击不正当竞争，强化反垄断和防止资本无序扩张。建立健全个体工商户的法律法规，加大保护力度。建立劳动者诚信档案。

新视角、新思路、综合改革三方面推动东北振兴取得新突破

曹远征　中银国际研究有限公司董事长

在新形势下，东北振兴确实应该有新突破，而且正在新突破。

第一，在新形势下，东北振兴需要从全新的视角审视。现在世界经济正处在大变局的时代，地缘政治、地缘经济都在发生变化。这也十分突出地表现在东北亚地区的格局变动上，使东北振兴面对的外部环境与过去大不相同。与此同时，为应对世界经济大变局，我国也适时提出了要加快构建以国内大循环为主体、国内国际双循环互相促进的新发展格局。这也使东北振兴面对的国内环境与以往不同。这些带有历史意义的背景变化为东北振兴问题赋予了新的意义，需要重新加以思考。正是因为这个背景变化，“十四五”规划，在阐释东北振兴的新突破的时候，区别于以往的视角，提出要从维护国防、粮食、生态、能源、产业安全的战略高度加强政策统筹，实现重点突破。由此，东北不仅仅是一个工业发展问题，还有维护国家安全、生态安全、粮食安全的重大责任，在这个基础上如何创造东北竞争新优势成为一个全新的课题，值得中国东北振兴研究院深入研究。

第二，新视角决定新思路，东北振兴需要思路的突破。按照“十四五”规划，东北要形成新的均衡发展产业和竞争优势。过去在讨论东北振兴时，经常说东北问题核心是产业结构单一，国有企业比重高，所以通常讲东北的改革发展，似乎就是装备制造业、国有企业的改革发展，

似乎东北振兴就是装备制造业老工业基地的振兴。但现在看来不完全如此，东北要在均衡发展的产业结构的过程中创造新的竞争优势。“十四五”期间是中国跨越中等收入陷阱，进入高收入社会的时期。可以预见，随着居民收入的提高，居民生活水平也会相应提高。在肉食品消费增长的同时，高耗粮的高品质肉食品，如牛肉会增长更快。玉米作为饲料的重要性日益显著。发展饲料不仅仅是扩大玉米种植面积，而且要发展饲料工业，并且要在玉米种植上形成突破。这就形成了上下游一条龙的“种加养”新品工业的产业链，在丰富产业结构的同时，创造价值新优势。再如，“十四五”规划中特别提到在东北发展冰雪旅游、生态旅游等，这也是一个服务业发展的问题。随着居民收入的提高，人们对美好生活的向往日益丰富，推动着中国经济由工业化社会向服务型社会转型。冰雪、生态旅游不仅仅是增加农民收入的富民工程，而且是产业链。冰雪运动器械、服装、设备的生产以及教练员的培养都会形成品牌，在全国，甚至东北亚乃至全世界造就独特的竞争优势。在这样一个思路下发展产业，东北的产业结构就不再单一，而成为有弹性的丰富多样化了。因此，对中国东北振兴研究院来说，下一步，要在全国乃至全球的范围内，从产业发展的角度，逐个比较来定位东北产业优势，并着力发展之，使潜在优势尽快转化为现实的比较优势。

第三，改革也要有新突破。这虽是老生常谈的问题，但必须强调，在“十四五”规划中，特别提到东北要加快转变政府职能，深化国有企业改革攻坚，着力优化营商环境，大力发展民营经济。产业结构单一和国有企业独大是东北的一个传统问题，“十四五”期间，在这方面要下大功夫、花大力气，取得突破性进展。首先，在培育多元的产业结构上，民营经济是必不可少的，构造适合民营经济发展的这样一个营商环境十分重要。在营商环境问题上，东北三省政府要通力协作，政策一致，步调一致，形成一体化安排，并加大执行力度，共同营造好的营商环境。其次，在国有企业改革攻坚方面，东北虽然整体突破不大，但多年来也已经积累了一些经验教训，同时也形成了很多好的做法。这里，我想特别指出，随着经济的发展，产业也在转型中，装备工业不再仅仅是制造，而是制造与服务的融合，甚至是生产服务引领的制造。其实，由工业企业向工业服务业转型，也是振兴东北经济装备制造业的一个关键环节。尤其在当下，为应对国外技术对中国的“卡脖子”问题，关键设备和技术的进口替代已成为必然。这是东北装备制造业振兴的一个机会窗口。通过改革，使东北的国企对市场更加敏感，就会抓住这一机会窗口，并在随后的持续跟踪服务中，带动东北装备制造业的转型升级和技术进步。

寻求东北振兴治本之策

田雪原　中国社会科学院学部委员

关于东北振兴包括安全与发展，我的阐述有两个基本思路：一是把重大命题分在各个点上逐一突破；另一个思路是把点分析以后加以综合。

在东北发展过程中，安全与发展早有涉及，这个问题早已引起重视。比如新中国成立初期，钢都建在哪里？当时就有不同的意见，一部分人主张建在鞍山，一部分人主张建在本溪。资源配置鞍山远比不上本溪，铁矿石、焦煤、石灰石这三样最基本的炼铁原料，本溪自己完全可以自给。石灰石采好后，不用装车直接用索道运送到高炉上面倒下去，效率很高。但是朝鲜战争爆发，本溪在安奉线（现沈丹线）上不安全，就选择了鞍山。关于安全与发展关系，可以这样概括：发展是硬道理，发展得越好就越安全。

关于东北振兴，我想阐述四个方面的问题，其中，重点是振兴点放在哪里：重振两个雄风——工业和农业；重构两个高地——人力资本和生态文明高地。

1. 以改革更新基础工业为引领，重振东北“共和国长子”工业基地雄风。早期东北工业是以资源型开采和原材料加工为主的基础工业。日本侵略东北，殖民地式地建立一些基础工业。新中国成立之后，扩建改造重点首先也在基础工业，造就了钢都、煤都、煤铁之城、汽车城、石油城、木材城等一系列在全国屈指可数的产业。不只是产值产量名列前茅，也培育了一批专业人才和熟练劳动者。改革开放以来受到冲击，煤炭等资源枯竭显现。更多企业和市场经济难以整合。中央几届领导都非常关心东北振兴，做出很多决策。取得某些成效。但总体上，这些政策效果不甚明显，振而未兴，走了下坡路。我认为，只要认真推动市场化改革，投资跟上，就可以焕发青春，重振“共和国长子”基础工业的雄风，带动整个工业高质量发展。东北工业振兴的关键，首先是基础工业，起牵一发而动全身的领头羊作用。

发展经济学最有价值的一点为比较优势理论。基础工业至今仍是东北工业的比较优势，包括基础设施优势、产业优势、人才和人力资本优势，振兴东北工业应从此切入，带动老工业基地翻身解放和复兴发展。打造基础工业为根基的现代化工业新高地。

对此，我的建议是：设立沈阳直辖市。发挥作为国家超大规模直辖市功能作用。完成辽中环线半小时基础工业经济圈，包括抚顺、本溪、辽阳、辽中；一小时基础工业经济圈，加上鞍山、铁岭。形成新超级工业中心，发挥振兴东北工业的引领和榜样作用。

2. 以规模经营现代化农业为引领，改革构建重振东北商品粮基地雄风。与工业一样，东北是我国工业和农业的重要基地，农业也是重要基地。东北平原是全国第一大平原，盛产大豆高粱。新中国成立以后，规模经营、国营农场领跑全国。黑龙江友谊国营农场是第一个现代化、美式机械装备的农场。我了解那个农场，喷灌机 42 米宽，作业效率非常高。当前的农业态势有变化。东北向来以人少地多著称，现在出现新的情况，人口由过去“闯关东”净流入，到现在转变为净流出。城市化加速，辽宁、黑龙江城市化率高出全国 1. 25、1. 72 个百分点，吉林和全国的数据差不多。农村并村、农转非腾出大量的土地，流出劳动力承包土地撂荒很多。东北人口负增长，走出去人口多了。整体来看，不好的方面有，有利的方面也有，为发展东北大农业机械化提供了条件。这表明东北农业发展呈现了新的格局。以规模经营、国营农场机械化现代化为主导，坚定不移地走以提高劳动生产力为主的农业发展路子，而不是增加劳动力。重建东北以粮食为标志的农业基地，重展现代农业的雄风，是可能的。

3. 推进尊重知识、尊重人才立德树人科教改革，重塑东北人力资本积聚高地。新中国成立后，中国医科大学、哈军工、哈工大以及东北人大、东北工学院、大连工学院等，培养了一批又一批教授、专家和学有专长的大学生。多年来经济发展不景气，人才流失比较严重。所以，留住和吸引人才是东北振兴的关键，重中之重。具体建议为：一是推进立德树人教育改革，培养德才兼容的人才。实现现代化，科技是关键，基础在教育。振兴东北要把教育摆在重要位置，不断增强人力资本集聚作为发展第一要务。改革开放以来证实了这一点，邓小平总设计师首先召开科学大会、教育大会，抓培养人才，十年树木百年树人。要想发展，人才是第一位的，当代社会最重要的发展根基在人力资本集聚。二是引进人才要有用武之地。为他们创造研究和工作的良好条件。三是筑巢引凤。尊重知识、尊重人才，为他们提供可靠的学习、生活保障。

4. 推进可持续发展战略落地生根，加快生态屏障建设，重塑东北生态文明高地。经过 70 多年大开发式发展，东北资源短缺显现。森林、煤炭资源接近枯竭，铁矿石等矿产短缺严重，空气、淡水、土壤、城市等污染引人注目。近年来随着资源枯竭型城市转型，林木砍伐转为天然林保护工程启动，若干环保措施出台收到一定成效，总体环境质量有所好转。对此，我的几点建议：一是带头也有条件实现国家碳排放达峰、碳中和目标，力争走在全国前列。二是重点掌控好以基础工业为引领发展的污染排放。尤其是以沈阳为中心的辽中碳排放，政府市场双管齐下务求收到实效。三是高质量发展。运用市场机制加快由传统基础工业“傻大黑粗”向精细型的转变。坚持提质增效可持续发展。四是加强以小兴安岭为主的北方生态屏障建设。营造惠及东北、影响全国的生态环境。五是打造集生态景观于一体的环境旅游名片。像长白山天池、五大连池、沈阳故宫、本溪水洞等已有的著名景点，使绿水青山就是金山银山。还要开发新的风光锦绣、文化名城，如列入联合国教科文自然遗产名录的辽宁桓仁五女山、环龙湖、枫叶谷等，发展观感旅游业相结合产业。这里还是国歌“义勇军进行曲”原创地，最早高句丽国发祥地，文化底蕴丰厚。

“十四五”如何推动东北振兴取得新突破

李　凯　中国东北振兴研究院副院长

“十四五”时期，东北振兴形势能不能发生较大的变化，能不能取得新突破，我们对此进行一个基本判断，并由此展开论证、判断。

一、“十三五”以来东北经济发展情况

2020年，虽然东北经济增长速度在全国排名靠后，但从总体上来看，东北承受住了疫情的考验，没有因为疫情的叠加使以前的体制机制问题复发，基本跟上了全国的发展形势，这是一个基本判断。

“十三五”时期，全国GDP增长了47.79%，东北三省平均增长率22%（其中辽宁情况稍好，“十三五”期间增长24.27%），仅相当于全国平均增长率的一半，所以从增长率上来看，东北还是处于相对落后的状态。从指标上来看，东北三省的部分指标在“十三五”期间的表现稍好于全国平均水平。一是在规模以上工业企业利润方面，辽宁增长8%，全国平均为-2.5%；二是在财政收入方面，辽宁增长24.8%，全国平均增长20%；三是在固定资产投资方面，黑龙江增长12.5%，全国平均为-6.18%。

从时序GDP增长率来看，东北三省2016年和2017年与全国平均增长率的差距较大，从2018年开始恢复态势明显，与全国平均增速的差距逐渐缩小，但仍然低于全国平均水平，导致东北地区在全国的经济地位持续下滑，GDP占比从改革开放初期的13.98%下降到2020年的

5.03%。这个现象是一个长期现象，也是一个相对的趋势，这个趋势可能还要再延续一段时间。

从投资的情况来看，自2016年辽宁出现固定资产投资“断崖式”下跌，“十三五”后期东北三省的固定资产投资稳步恢复。2020年，全国固定资产投资（不含农户）增长2.9%，分区域看，东部地区投资比上年增长3.8%，中部地区投资增长0.7%，西部地区投资增长4.4%，东北地区投资增长4.3%，高于全国平均水平。

从财政收入的情况来看，“十三五”后期，东北和全国的财政收入增速均出现不同程度的下滑。其中，辽宁和吉林情况稍好，黑龙江财政压力较大。

从对外贸易依存度的情况来看，整体上东北地区与全国对外贸易依存度相差10~15个百分点。分区域来看，辽宁对外开放程度最好，基本接近全国平均水平；黑龙江在“十三五”期间对外开放有向好的趋势，吉林在“十三五”期间对外开放程度反而有所下降。

以上是东北地区“十三五”经济发展的基本情况，从这些分析可以得到以下判断：

第一，东北经济发展还处于相对落后状态。“十三五”期间，与全国平均水平尤其中部地区的差距越来越明显。第二，东北的恢复态势明显，尽管有疫情影响，但东北三省基本上稳住了经济的恢复态势。第三，尽管“十三五”期间东北地区的经济发展形势不好，但积累了有利因素，地区经济发展出现了一些亮点。例如，近些年，朝阳市对接京津冀，多项增速走在全省前列，产业结构实现了优化再造，从经济落后地区“逆袭”并走向振兴前线；以东北制药为代表的国企改革试点取得显著成效；营商环境初步改善，吸引了一批大企业投资建厂。

东北振兴一方面要靠有利因素的积累；另一方面要靠重点领域的突破。“十三五”期间已经积累起一些有利因素，“十四五”期间若能在此基础上实现重点突破，就为振兴提供了条件，就有可能在“十五五”或“十六五”实现振兴目标的基本实现。

二、“十四五”时期东北振兴面临的机遇与挑战

东北地区拥有明显的区位优势、人才优势、科教资源和基础设施优势，担负着维护国家“五大安全”的光荣使命，但由于在体制机制、经济结构等方面存在问题，导致这些潜在优势难以充分释放。总体的判断是，“十四五”期间，东北虽然不能实现全面振兴，但具备重点突破的条件。“十四五”时期，东北既面临严峻挑战，也面临难得的发展机遇，机遇与挑战并存，机遇大于挑战。

1.“十四五”时期东北振兴面临的机遇

（1）国家向北开放和打造对外开放新前沿的机遇。目前经济全球化正遭受“单边主义”“贸易保护主义”逆流冲击，但以我国发起或以我国为重要参与方的多边经贸合作机制在一定程度上对冲了“逆全球化”的消极影响。我国倡导的“一带一路”取得积极进展，RCEP 成功签署，中东欧合作快速推进，中欧投资协定完成谈判，中日韩 FTA 谈判取得实质进展，预示着“十四五”期间东北乃至我国参与“国际经济循环”将会有较好的体制机制保障。

（2）新产业、新业态为“数字经济”发展提供广阔空间。随着互联网、大数据、云计算、5G 等一些重大颠覆性技术创新正在大幅创造新产业、新业态、新动能，显著扩大了产业与市场空间。

2019 年，我国“数字经济”规模已达到 31.3 万亿元，居世界第二位；共享经济快速崛起，2019 年市场交易额达到 8.1 万亿元，较 2016 年增长 1.3 倍。

“十四五”时期，新一轮技术革命和产业变革既有利于发挥辽宁传统产业基础雄厚的存量优势，推进特色化产业升级；又可能将辽宁同国内其他先进省区置于同一“起跑线”，使辽宁获得“弯道超车”机会。

（3）“新发展格局”助力装备制造业摆脱低端困局。国家部署“新

发展格局”、强调“以国内经济大循环为主”，势必要优化宏观政策取向，以“补短板”“强弱项”，改变我国装备制造业发展的被动局面。

改革开放、特别是加入 WTO 以来，我国经济实力持续增强，能够发挥劳动力资源丰富、低廉比较优势的消费品工业得到长足发展，但像装备制造业这样“比较劣势”明显的生产资料工业，相当程度上仍然被排斥于“国际产业链”之外，这是东北的发展机会。

2. “十四五”时期东北振兴面临的挑战

（1）人口老龄化问题比较严重。东北人口老龄化问题比较严重，全国 65 周岁及以上人口占比 12.57%，远超国际标准，东北地区 65 周岁及以上人口占比为 14.52%。其中，辽宁老龄化最为严重，60 周岁以上人口约占总人口的四分之一，65 周岁以上人口约占总人口的六分之一，吉林、黑龙江 65 周岁以上人口占比分别为 13.29%、13.78%。另外，东北地区人口外流情况较为严重。2015—2019 年，东北三省人口净流出近 154 万人。

（2）产业发展竞争严重。在经济陷入新一轮低迷、总需求萎缩的大背景下，我国经济转型升级也将进入关键阶段。随着国内产业规模的快速扩张，长期积累的产业“同构化”“同质化”“低端化”问题日益突出，短时期内又难以根本解决。在这种情况下，东北产业结构调整面临较大困难。

（3）传统优势减弱。长期以来，国内区域间发展不平衡矛盾持续发展。“东北”“北方”板块占全国比重在持续下降，而“东部”乃至“南方”板块比重持续上升，使东北的“追赶式”发展处于相对不利的境地。

（4）经贸合作空间受到挤压。受美国发起贸易摩擦及金融动荡等因素的影响，全球经济增长下行风险加大，2019 年全球经济增速降至十年来最低水平，未来经济走势的期望不容乐观。

尽管中日韩经贸合作已取得显著进展，但三国间“历史认知”“领土争端”等传统矛盾依然存在，加之美国的影响，预计“十四五”时期三国间难免会遇到更多的“政治”“安全”纠纷，势必在一定程度上影响经贸合作。

三、“十四五”东北振兴的突破点

“十四五”时期东北振兴的目标就是要在若干领域实现重点突破，如果实现了就可以让大家看到东北振兴的希望，就有了东北振兴的新形势。要达到这些目标会有难处，但如果能抓住发展机会，工作得力，这些突破是可以实现的。

1. 在区域布局、中心城市建设上要有新突破

遵照习近平总书记区域协调发展的新思想谋划区域发展重大战略。在现有区域战略基础上，要进一步突出中心城市战略，进一步明确将中心城市作为增长动力源的发展思路，壮大哈、长、沈、大四个中心城市。在发展步骤上，要先发展壮大中心城市，再拉动城市群、城市带。

应将沈阳定位于大规模中心城市，将大连定位于高水平开放城市和国际服务业开放城市。这些中心城市不仅要在东北地区内部有优势，在全国也要有优势，能够具有人才、资本、产业的全国竞争力，形成具有全国竞争力的动力源。

2. 产业结构调整要有新突破

正确理解国家安全产业、大规模主导产业、未来高新技术产业的关系。保证国家安全产业、重点支持支撑产业，哺育先导产业（精细化、多元化、消费化）。根据自身比较优势，实行可靠的产业政策，发展大体量的劳动密集型产业、消费品工业、服务业。要大力发展服务业，未来10~20年内，中国发展最迅速的行业将是服务业，服务业是最大的产业结构调整机会。

做好改造升级“老字号”、深度开发“原字号”、培育壮大“新字号”三篇大文章，尽快形成多点支撑、多业并举、多元发展的产业发展新格局。

3. 对外开放要有新突破

以深化开放作为发展动力，面向东北亚，深耕日韩，兼顾全面，打造对外开放新前沿。

向南开放：将大连作为东北对外开放的高地，以服务贸易为重点，深化同日本、韩国的经济贸易合作，建设“东北版上海”。

向北开放：将哈尔滨建设成对俄开放新高地，推进与俄罗斯交通基础设施的新通道，推进与俄罗斯合作的新领域。

向东开放：将丹东建设成东北新型开放城市（开放特区），将珲春打造成图们江区域国际经济合作示范区，沿鸭绿江、图们江将对朝俄口岸打造成贸易往来“珍珠链”，将沿乌苏里江流域口岸打造成对俄往来的“黄金水道”。

向西开放：依托中蒙俄经济走廊（华北通道）深化同蒙、俄合作。

4. 营商环境改善要有新突破

要在“十三五”期间营商环境改善的基础上，将“办事方便”提升到“法治良好”，在“十四五”期间建成更高层次的营商环境，形成广泛影响。

5. 要坚定不移推进市场化方向的改革

通过市场化的改革来释放活力，用市场化改革的思路和办法来破解当前遇到的问题，为长远发展打下制度基础，包括营商环境和市场主体建设。

“十四五”东北地区在融入“双循环”中重塑新优势

丁晓燕　吉林省社会科学院副院长

形成“以国内大循环为主体、国内国际双循环相互促进的新发展格局”，是事关全局的系统性深层次变革，是我国“十四五”期间发展的重点战略和未来一段时间经济发展的战略主轴，必将对我国乃至世界经济发展产生重大而深远的影响。“双循环”新格局背景下，东北地区应抓住机遇，补齐短板，重塑新的发展优势。

一、针对产业链供应链重组，提升东北制造在全国产业分工的地位

疫情冲击之下，我国产业链供应链过长、过细以及对个别国家过于依赖的弱点暴露无遗。特别是“十四五”时期，中美经贸摩擦可能走向常态化、极端化，不排除美国采用极端手段，对我国进行全方位打压，包括滥用“长臂原则”对我国部分企业实施技术和相关产品封锁。美国和西方国家对我国技术和投资限制将进一步增强，我国可能存在被迫陷入“技术闭环”的风险。中美之间的角力将伴随着我国社会主义现代化建设的全过程，“十四五”时期将是我国应对中美贸易摩擦并进行战略性布局的关键期。

“十四五”我国产业链供应链将加速重构，产业链、价值链、供应

链布局由成本至上转向成本、市场、安全等多因素并重，在市场开放优势与国家安全需要之间寻找新的平衡，进一步增强产业安全性和抗风险能力，新产业链、供应链未来可能会出现本地化、分散化、多中心化和区域化趋势。

“双循环”新格局背景下的产业链重构，对东北地区产业强链补链延链是一次重要机遇。一要提升主导产业在国内大循环的地位，鼓励东北企业走出东北，在全国更大的范围内参与产业分工；二要补齐产业链供应链关键环节，加大产业链招商力度，吸引产业的关联企业到东北投资设厂，减小供应链半径，形成内需主导下长期稳定的产业链供应链；三要形成以技术为核心的产业链闭环，找准产业发展中存在的薄弱环节，从政策、人才、市场等方面加大扶持力度，加强技术攻关，通过补技术短板的形式提高核心技术能力，着力打通“基础研究—成果转化—商业应用”的创新体系。

二、借势数字经济赋能，培育东北在新格局中的新动力

新一代信息技术改变了传统的生产生活方式，数字经济成为引领“十四五”时期经济发展的重要力量，在数字化带动下，制造和服务加快融合，个性化、定制化、智能化生产将逐渐成为主体形态。“双循环”新格局的背景之下，利用数字经济促进消费、拉动投资，将成为促进经济行稳致远的共识，有助于在内循环中加快供需双升级的步伐，巩固和拓展内外循环的多元纽带，有望成为畅通双循环的关键。

人类进入文明社会以来经历了四次工业革命，第一次工业革命是以蒸汽技术为代表，第二次工业革命是以电力技术为代表，第三次工业革命是以计算机及信息技术为代表，当前的第四次工业革命是以人工智能及数字技术为代表。可以说东北错过了信息技术时代发展的机遇，目前东北还缺少具有一定规模和影响力的信息技术企业。

“双循环”格局背景下，东北地区应该抓住第四次工业革命的机遇，认

真研究国家《新时期促进集成电路产业和软件产业高质量发展的若干政策》，在数字产业领域形成自身优势，围绕“人、车、星”，培育新的增长点。一是机器人及智能制造装备领域。加快工业机器人、洁净机器人、移动机器人、特种机器人、服务机器人的开发和产业化进程，支持传感技术、人工智能等技术开发，并加快在机器人本体及智能装备上的应用；二是汽车电子信息产业领域，聚焦汽车产业电动化、网联化、智能化、共享化发展方向，推动电子信息产业与汽车行业融合发展，加快构建集代步、学习、工作、生活、休闲、娱乐等功能于一体的未来汽车全新智能移动空间；三是卫星及航天信息产业，促进航天信息产业由以遥感方向为主向通信、导航、遥感、服务一体化方向发展，构建新型空天地海一体化信息网络。

三、正视区域经济布局新趋势，明确东北地区新时期的新定位

在“双循环”新格局下，我国必须充分挖掘战略纵深，充分发挥国内市场优势，这意味着要素自由流动程度的上升和区域整合与发展速度的加快。由于基建投资效率不断下降，原有以基建带动的区域平均发展战略将会相应调整。

具体来看，粤港澳大湾区、长三角、京津冀、中部三角（郑州、武汉、长沙）和西部三角（成都、重庆、西安）等五个区域在资源禀赋、发展程度、外向型程度方面具有一定的比较优势，有望形成我国“双循环”的重要依托。其中，粤港澳大湾区、长三角、京津冀为第一梯队，中部三角、西部三角为第二梯队，其他区域为第三梯队。通过逐级传递与扩散，实现区域优先发展之后的全国协同发展。

在全国区域布局中东北地区如何寻求自身发展定位。一是加快东北全面振兴全方位振兴，应围绕“五个安全”，加强东北地区的协同发展，整体提升东北三省的发展能级；二是加强与粤港澳大湾区、长三角、京津冀等区域合作，全力抓好战略对接，规划建设产业合作与创新转化平台，推动发展飞地经济，承接中高端产业转移。

四、积极参与“国际大循环”，强化东北在我国高水平对外开放中的作用

面对全球化的历史性困局，我国提出了“双循环”应对战略，这既是我国着眼解决中长期问题、做好打持久战准备做出的重大决策，也是实现稳增长和防风险长期均衡的重要途径。但“双循环”并非走向“闭关自守”，而是选择通过向内发力，为高水平开放打开对外空间。一方面，基于“内循环”的高质量发展，中国将与全球经济缔结新的利益纽带，强化“外循环”中双向开放的动力；另一方面，我国将会继续推动区域经济一体化，包括加强同东亚经济体的合作和继续布局“一带一路”，为融入全球体系打造新的战略支点，从而优化“外循环”的国际分工路径。

东北地区应积极参与“国际大循环”系统的建设。一是打造好我国向北开放的重要窗口，在“一带一路”倡议下，与沿线国家形成良好的沟通与互动，实现生产、分配、流通、消费等各环节的交流，发挥好国家级新区、自由贸易试验区、综合保税区、国家级重点开发开放试验区等对外开放平台的作用，积极开展国际产能合作，提升东北产业在全球市场上的分工地位，逐步融入国际产业链；二是建设东北亚地区合作中心枢纽，加快中蒙俄经济走廊建设，做好朝鲜全面对外开放的准备，加快构建东北亚区域经济合作的大通道、大平台、大布局，推动基础设施投资合作和互联互通，促进装备制造、工程服务、旅游业、农业等领域的深度合作，推动建立东北亚自贸区网络；三是推进东北亚区域经济的市场经济规则建设的先行先试。新一轮高水平对外开放的核心在于，改变过去40多年以“门槛式”开放即市场准入为主的做法，加强以规则、体制和制度安排为主要方向的改革。我国与各国、各地区之间贸易、投资协议的谈判大多是针对市场准入壁垒进行的，有关市场规则、制度等领域的交涉很少。建议在东北亚自贸区建设中进行市场规则、制度等方面的先行先试。

对构建新发展格局下的东北振兴的几点思考与建议

笪志刚　黑龙江省社会科学院东北亚研究所所长、东北亚战略研究院首席专家

关于构建新发展格局下东北振兴与东北亚周边开放与合作，可以用四个关键词加以概括。

第一个关键词——三个格局。“不谋全局者不足以谋一隅”。一是百年未有之大变局下的中美博弈走势常态化。中美关系的大变数将带动其他双边乃至多边的中变数和小变数，中美关系走势的长期化、复杂化、尖锐化下的中美博弈“常态化”将涵盖次区域乃至全球所有的热点、焦点、难点问题，很多问题会集聚东北亚，影响东北亚开放与合作，所以说中美关系常态化也将带来东北振兴外部环境的某种常态化。当然这并不意味着中美将呈现“新冷战”，这也是两方都需要避免的。二是新变化下的经济发展新格局。围绕东北振兴及适应发展新格局，大家都提了很多意见，我认为立足国内大循环为主体、国内国际双循环相互促进新格局下的经济增长压力和挑战的“常态化”将使东北面临的某种压力也常态化，未来适应外部环境下，区域竞争与产业创新能力及人才优势将是决定性因素。三是新冠肺炎疫情的常态化走势的不确定性。现在新冠病毒反复变异及全球防控苦乐不均背景下的疫情存续“常态化”，不仅对全球经济，对区域尤其是东北亚各国的影响也显而易见。现在全球感染已经达到 2.38 亿人，死亡 485 万多人。东北亚的俄罗斯 780 多万人，死亡 20 多万人；日本 170 多万人，死亡 1.7 万人；韩国感染也达 30 万

人，死亡 2600 多人；蒙古国感染也近 30 万人，死亡 1200 多人，朝鲜宣称零感染和零死亡。疫情带给经济发展、交流合作等的突发压力将会进入常态化，对东北地区深化对东北亚的开放无疑会产生诸多不确定性。之所以阐述这三个格局，是想强调我们在考虑东北振兴外部环境时，不能单独考虑其中一个问题，而要把这三个局面三位一体联动考虑才符合当前乃至未来的外部形势研判需要。

第二个关键词——两个大势。“宏观立势，中观立局，微观立型”。一是全球合作挑战与机遇并存，未来大国博弈、世界经济、区域合作、产业重组将夹杂更多非经济因素，挑战大于机遇，风险大于合作，摩擦大于交流将是大势所趋。多边合作“阵营化”，区域合作“俱乐部化”，产业合作“圈子化”，人文合作“意识形态化”将更加凸显和严峻。这里针对未来我国面临的国际合作、交流的态势某种意义上说大概率会呈现挑战大于机遇，风险大于合作，摩擦大于交流走势。二是周边合作机遇与挑战互现，周边合作、跨境合作和边境省份还拥有明显的优势，机遇大于挑战，合作大于风险，交流大于摩擦也将是大势所趋。之所以强调东北所处环境，周边合作机遇大于挑战，因为未来东北乃至东北亚地区不仅是一个“冷战”时期的地缘或地理概念，东北和蒙东地区对东北亚的历史也好、经贸概念也罢，实际是涵盖大量跨境地方政府，民众的往来和发展诉求的，历史文化也支撑这种交流与合作，东北的沿边省份这种历史、文化、边疆地区民族交往等诸多纽带和联系是有形乃至无形的资源与优势。

第三个关键词——四个优势。东北地区机遇大于挑战，历史积淀和现实条件优越，关键看怎么把握和去利用。这种背景下，如何发挥好四个优势至关重要。一是区位、政策、产业三位一体要突破。东北地区的区位、政策和产业摆在一起，单看都是不错的优势，但是组合绑在一起，就不那么见效。未来突出塑造区位、竞争性政策取向和产业新模式新业态，我们有三位一体突破的优势和可能。二是通道、平台、资源三位一体要突破。东北地区的跨境通道在全国比例比重都较高，但是通道、平台，包括跨境合作区这些平台很多，怎么和各种资源绑定，既有传统货物贸易资源的绑定，也有怎么和服务贸易等新资源绑定的选择和优化，突出通道与平台互动，与资源结构优势互补我们也有突破的优势和可能。三是人口、人才、人流三位一体要突破。我们要正视资源收缩性地区的趋势，人口萎缩性的大概率走势，在老龄化和少子化视角下，考虑人流重组带来的信息流、资金流等谋划。四是历史、现状、潜力三位一体要突破。比如说，我们怎么摆脱历史束缚，怎么排除现状困扰，挖掘可行潜力。有专家专门谈了东北文化，我觉得文明、文化、文脉确实是东北振兴的一个不能忽略的重大现实因素。习近平总书记说“文明因为交流而丰富，文化因为借鉴而精彩”。东北振兴乃至对外交往中的文化层面面临着文化重塑，面临文脉的基因再造，也就是摆脱历史束缚也好，厘清现状困扰也好，挖掘潜力走向也好，文化振兴与经济振兴都是殊途同归的重大选择。

第四个关键词——五个突破。一是东北开放必须在融入“一带一路”合作上实施路径突破。在“一带一路”提出八周年的今天，要按照总书记最新的“‘一带一路’为合作之路、健康之路、复苏之路、增长之路”的指示，从绿色、可持续、命运共同体构建上发挥东北将“一带一路”效应引向东北亚地区的开拓作用。二是东北亚外向开放需要依托区域一体化的突破。这里包括东北三省的省际一体化、附属县域的一体化、对俄蒙朝的跨境一体化，对接东北亚的生产要素、劳动要素、创新要素及人才要素全域流动一体化意识与思维。三是县域高水平开放的突破。过去说“郡县活，则天下安”，还有“东北兴，天下安”等说法，其实“县域活，东北兴”。我国县域占比面积 94%，人口 73%，GDP 60%以上，就业 80%以上，东北的比例应该也基本差不多。县域经济对东北国民经济和社会发展来说，堪称基础经济、民生经济、固本经济、生态经济、稳定经济，没有县域高质量开放，没有县域对外合作的突破，东北全面全方位振兴无从谈起，县域的开放乃至经济振兴才是东北振兴的风向标、晴雨表和压舱石。四是口岸经济的突破。东北地区口岸占比非常大，120 个沿边口岸中东北最多。如何在对外贸易创新，对外合作高水平提高等方面瞄准特定国家，发挥前沿引领作用非常重要。也是东北高水平开放，支撑高质量发展的关键环节和重点领域，现在东北口岸互相支撑、境外相互协作，抱团走出去合作等面临优势整合和分工协作。五是统筹发展与安全的突破。安全是发展的前提、发展是安全的保障，发展是安全的基础，安全是发展的条件，安全也是发展的手段。近年来，总书记一直强调总体国家安全观，东北地区担负国家安全的重任。黑龙江省有国防、粮食、能源、生态及产业的五大安全定位。未来东北振兴在统筹安全与发展的同时，首先从国防上要夯实东北为国家固边，服务统筹安全的再定位。另外还要用东北经济的切实振兴来为国家经济可持续增长打造名副其实的新增长极，实现东北既要兴边、富边和立边，还要整体振兴开放，塑造区域文化软实力的开放带来的各种变化的目标。

希望关于上述四个关键词的一点思考和突破建议，对促进新发展格局下东北地区高水平开放合作，挖掘东北地区对东北亚新的和潜在的合作优势，塑造东北地区高质量发展新愿景。

专家观点综述

一、“十四五”：东北面临难得的发展机遇

1. “十三五”以来，东北经济发展取得重要的进展

夏德仁　全国政协经济委员会副主任

东北振兴战略，从2003年开始启动，多年来有很大的进展，但是振兴的道路十分曲折，爬坡过坎，困难重重，需要我们树立信心，咬牙坚持，克服困难，久久为功。

范恒山　国家发改委原副秘书长

虽然过去10年来，东北在发展中面临着一些困难，经济呈现出下行状态，但仍然在曲折中前行、在波动中发展，取得了许多新成就。

李　凯　中国东北振兴研究院副院长

“十三五”时期东北地区经济发展不乏亮点，朝阳市从经济落后地区“逆袭”成为振兴前线，东北制药国企改革试点取得成功为东北振兴蹚出了一条新路子，营商环境初步改善吸引一批大企业投资建厂。

赵晋平　国务院发展研究中心对外经济研究部原部长

东北地区这几年的经济发展进入了一个新的阶段，营商环境的建设也取得了新的进展，2020年，在疫情的严重冲击下，吉林GDP增速2.4%，高于

全国平均水平，吉林工业增加值增速5.7%，辽宁实际利用外资额增长13.7%，均远超过全国平均水平。

2. “十四五”时期，东北面临的挑战与机遇

迟福林 中国（海南）改革发展研究院院长

在RCEP生效的机遇下，一要借助关税减免措施和投资便利化安排，充分利用更加灵活的原产地规则，以装备制造、智能制造等为重点强化与日本、韩国的产业链供应链合作，构建更加安全稳定的东北亚产业链供应链；二要加快推进东北参与东北亚的基础设施互联互通，力争未来5~10年建成覆盖东北主要节点城市和口岸城市，联通东北亚各国的国际交通网络体系，以促进东北亚经济走廊建设进程。

张　飞 中国（海南）改革发展研究院副院长

争取实现中俄东北—远东地区经贸合作的新突破。一是充分利用现有平台深化中俄东北—远东地区经贸合作；二是发挥东北在中俄能源合作中的重要作用；三是扩大中俄东北—远东地区农业领域合作；四是探索建立中俄边境自由贸易区；五是持续推进中俄东北—远东地区基础设施互联互通；六是加快中俄东北—远东地区人文交流。

张燕玲 中国银行原副行长

东北地区在创新中俄结算支付方式上机不可失，需抓住有利时机发展中俄结算方式，其中东北的几个边境城市，应成为中俄贸易合作、民间交流的重要基地。

笪志刚 黑龙江省社会科学院东北亚研究所所长

“单边主义”“贸易保护主义”严重冲击经济全球化，但以我国发起或以我国为重要参与方的多边经贸合作机制一定程度对冲了“逆全球化”的消极影响。

赵晋平 国务院发展研究中心对外经济部原部长

RCEP 成功签订，中日韩 FTA 谈判取得实质进展，给东北营造了良好的外部发展机遇。

范恒山 国家发展和改革委员会原副秘书长

新发展理念强调综合性的营商环境，软环境的建设对资源要素流动的影响日趋强烈，给东北地区经济发展带来了严峻挑战；但数字经济手段和共享技术平台加速了资源要素流动速度和广度，这又给东北经济发展带来了难得的机遇。

李 凯 中国东北振兴研究院副院长

“十四五”时期，东北既面临严峻的挑战，也面临难得的发展机遇，机遇与挑战并存、机遇大于挑战。

二、“十四五”：形成东北全面振兴新思路

1. 从维护“五大安全”的战略高度加强政策统筹

曹远征 中银国际研究有限公司董事长

在国际大变局和中国双循环新格局情境下，需要用全方位的视角考虑东北在全球、在全国格局中的地位，从维护国防、粮食、生态、能源、产业安全的战略高度，加强政策统筹，实现重点突破。

笪志刚 黑龙江省社会科学院东北亚研究所所长

东北地区在打造国家向北开放的窗口时，要服务好国家“五大安全”的定位，要处理好发展和安全、发展和开放，以及开放和安全之间的关系。

2. 做强做优比较优势，培育新的竞争优势

范恒山 国家发展和改革委员会原副秘书长

在经济波动或下行状态下，东北地区的比较优势不仅没有受到削弱，反而有了一定程度的增强。一是农业发展特别是粮食生产基地的地位进一步得到巩固，2020 年粮食产量占全国的 20.43%；二是重要原材料和装备制造业产品的供给质量得到了一定程度的提升。

李　凯 中国东北振兴研究院副院长

老工业基地遗留下来的重工业基础、优秀的产业工人是东北地区的比较优势，较高的城市化水平、较好的教育卫生公共资源，以及较强的科研水平也可以转化为战略优势，建议沈阳市做强做大机器人产业。

曹远征 中银国际研究有限公司董事长

应该在全球范围内重新考虑东北新优势，重新定位东北的农业优势，将其培育成新的竞争优势。

3. 以绿色化转型发展释放东北振兴新动能

赵　继 东北大学原校长

碳达峰、碳中和是中国经济发展面临的特殊考验和现实问题，绿色制造是未来经济发展的重要方向，需要做好产业的顶层规划和制度安排，建议东北设立低碳生产国家区域创新研究中心，扶持配套产业发展，通过科技赋能和产业融合，建设具有国际竞争力的先进装备制造业基地。

范恒山 国家发展和改革委员会原副秘书长

虽然过去一段时间东北推动经济发展的绿色意识显著增强，发展方式的绿色化转型取得一定进展，但东北重工业的产业特征决定了仍存在较大的环保压力。

迟福林 中国（海南）改革发展研究院院长

可依托消费结构升级促进绿色产业发展，适应消费结构绿色转型的大趋势，加快绿色产业发展，走出一条绿色发展的新路子，将为我国实现碳达峰和碳中和打下重要基础。

曹远征 中银国际研究有限公司董事长

低碳生产是目前国际规则，我国在低碳方面与发达国家不存在代差，东北地区是减少碳排放的重点地区，建议从低碳的角度形成完整产业体系，例如打造绿色金融、绿色旅游等。

4. 以数字化作为突破口倒逼东北振兴

夏德仁 全国政协经济委员会副主任

数字中国建设为东北地区真正实现跨越发展弯道超车创造了一个千载难逢的好机遇。要实现三个倒逼，一是通过数字经济发展倒逼经济转型，推动智能制造，构建现代化智能化生产流通体系，并催生新型数字产业发展；二是通过数字社会建设倒逼社会转型，扎扎实实推进智慧城市智慧社区建设，促进社会资源优化和合理配置，提高社会服务水平，促进社会和谐稳定；三是通过数字政府建设倒逼政府改革。

笪志刚 黑龙江省社会科学院东北亚研究所所长

2025 年数字经济的产值将超过 60 万亿元规模，东北地区必须抓住数字经济的发展机遇，加大在跨境电商、数字贸易等领域的投资。

姜晓秋 辽宁社会科学院原院长

要促进东北地区数字经济的发展，一是要构建东北地区联合作战的科创体系；二是要补齐社会领域数字技术和相关数字化转型的工作。

赵晋平 国务院发展研究中心对外经济部原部长

东北应该将对外贸易和数字经济相互融合形成数字贸易，培育数字贸易国际竞争合作新优势。

三、“十四五”：推动东北改革工作取得新突破

1. 国有企业改革方面要有新的突破

陈永杰 大成企业研究院副院长

东北的国企效率低于全国平均水平，建议用加减法推进市场主体变革，以效率和效益为目标决定国有资本的流向；用乘除法推进企业质量变革，完善国有企业市场化薪酬分配机制。

刘尚希 中国财政科学研究院院长

东北振兴不力的核心问题是东北国企的市场化改革滞后，资源错配，投入产出比偏低，效率提升缓慢，东北发展要对接好新发展理念，转化形成适合东北的一种新理念，立足新发展阶段和构建新发展格局来推动国资国企的改革。

迟福林 中国（海南）改革发展研究院院长

优化调整国有经济布局，是深化东北国企改革的重大突破口，也是维护国家“五大安全”的重大任务，“十四五”时期，要加大国有资本在国家安全、粮食安全、能源安全和公共服务领域的布局，加大国有资本对战略性、前瞻性行业的投入，充分发挥国有资本在重大基础设施建设中的重要作用。

2. 营商环境建设方面要有重大突破

夏德仁 全国政协经济委员会副主任

营商环境建设的突破是决定东北振兴战略成败的关键，要加快政府职能转变，提高行政效率，打造最大限度地吸纳国内外先进生产要素和资源的优良环境。要加快数字政府或电子政务建设，通过推行网上审批和网上服务，扩大非接触服务范围，绕开一些部门的官僚作风，回避权力寻租，使政府服务规范化透明化。

常修泽 中国宏观经济研究院教授

东北地区的官本位较重，要向人本位转型。

范恒山 国家发展和改革委员会原副秘书长

东北在营商环境的“软环境”建设上与东中部地区存在较大的差距，应以国内外先进地区为榜样，对标最高标准，着力优化“软环境”。

张占斌 中央党校（国家行政学院）马克思主义学院院长

优化营商环境，是构建新发展格局、把制度优势转变为治理效能的重要抓手。应该把优化营商环境作为政府推动发展的首要任务，全面依法保护各类市场主体的合法权益，持续努力并切实降低市场主体运行成本，强化基础性制度保障公平竞争的市场环境。

3. 以数字经济和智能制造引领产业结构调整

夏德仁 全国政协经济委员会副主任

这次在“十四五”规划纲要中提出了数字中国建设，应当引起各级政府的高度重视，这是一个大战略，是发挥中国的制度优势，打破现有世界格局和大国力量对比，实现现代化强国目标的一个重大战略。

常修泽 中国宏观经济研究院教授

东北地区具有良好的智能制造产业研发能力和发展基础，拥有哈工大、中科院沈阳自动化研究所等国家级创新资源，新松机器人等多家骨干企业，能够代表我国机器人研发和生产的最高水平，建议辽宁发展智能制造产业。

四、“十四五”：推动东北对外开放取得新突破

1. 对外开放取得新突破是双循环新发展格局对东北的必然要求

张占斌 中央党校（国家行政学院）马克思主义学院院长

开放度低、开放滞后是制约东北经济发展的突出因素，也是东北地区构建以国内大循环为主体、国内国际双循环相互促进新发展格局的突出掣肘。东北要以扩大开放倒逼改革，形成东北经济转型和可持续增长的新动力。

夏德仁 全国政协经济委员会副主任

东北需要通过对外开放促进体制机制转换，要把辽宁沿海经济带开发开放战略贯彻好，积极融入“一带一路”倡议，在欧亚大通道和东北亚经济走廊建设中发挥重要作用。

赵晋平 国务院发展研究中心对外经济部原部长

在双循环新发展格局下，东北开放型经济发展优势培育应遵循以下路径，一是要推动国内国际市场的融合发展；二是要推动出口和进口的融合发展；三是要推动对外贸易和数字经济的相互融合；四是要推动货物贸易和服务贸易的相互融合，五是要坚持贸易和投资的融合发展。

2. 面向东北亚，推动东北全面振兴

张占斌　中央党校（国家行政学院）马克思主义学院院长

东北亚各国是我国重要的贸易合作伙伴，我国经济增长成为推动东北亚地区，特别是中日韩经济合作的重要驱动力，东北地区在面向东北亚各国的开放中存在比较优势。

笪志刚　黑龙江省社会科学院东北亚研究所所长

未来东北地区要抢抓地方经济合作的契机，建议构筑东北亚经济圈，把东北定为国际移民特区，解决东北的人口问题，并深化东北地区与东北亚地区的国际人才交流合作。

迟福林　中国（海南）改革发展研究院院长

可依托东北地区独特的地理区位条件，以东北经济一体化为目标加快东北亚基础设施互联互通，加快实现中日韩口岸通关协调合作，探索建立东北亚地方政府间沟通协调机制。

李　凯　中国东北振兴研究院副院长

应当把握东北亚区域经济合作、中央向北开放战略等机遇，争取在教育、医疗、金融、技术服务等领域开放试点，形成重点面向东北亚的高技术产业和服务业的开放新格局。

迟福林　中国（海南）改革发展研究院院长

东北地区经济同质性强而互补性弱，产业结构趋同问题明显，区域协调机制仍有待进一步完善。要强化政府间协调，消除区域内市场壁垒。可以把东北视为一个整体，就发展规划、产业布局、开放开发、基础设施建设、环境保护等方面加强协调。

范恒山　国家发展和改革委员会原副秘书长

中心城市、都市圈、经济带等是东北经济发展的支柱，具有强大的带动功能，应推动这些功能载体发挥引领示范作用。

李　凯　中国东北振兴研究院副院长

“十四五”时期，经济增长的动力源会从沿海向中心城市转移，东北地区应该在现有区域战略基础上，突出中心城市战略，进一步明确中心城市增长动力源的发展思路，壮大哈、长、沈、大四个中心城市，形成东北振兴的动力源。要先发展壮大中心城市，再拉动城市群、城市带。

曹远征　中银国际研究有限公司董事长

东北地区的城市化率较高，城市之间经济联系不够紧密，没有形成错位发展的有效分工，中心城市建设和城市群经济发展明显滞后，阻碍了资源要素跨区域自由流动，进而对东北整体的振兴形势造成不利影响。

迟福林　中国（海南）改革发展研究院院长

加速东北经济一体化，可使东北地区更好地参与双循环，在扩大内需中发挥作用。东北经济一体化与东北亚区域经济合作是一个问题的两个方面，东北经济一体化是东北亚区域经济合作形成的重要前提，实现东北经济一体化可以形成东北的整体优势对接东北亚。

第三篇

市场化动力：推进东北经济一体化

东北振兴要充分释放市场化改革的动力

彭　森　中国经济体制改革研究会会长、国家发改委原副主任

关于全球“战疫”下的东北振兴，我从“全球‘战疫’下的东北结构调整与产业发展”“新形势下东北全面深化充分释放市场化改革的动力”，进一步推动东北振兴的角度进行论述。

第一，正确估计当前抗击疫情的形势，也要正确估计当前经济形势。2020 年既是全面建成小康社会的收官之年，又是“十三五”的决胜之年，还是“两个一百年”承上启下的关键一年。但是，2020 年 1 月暴发的疫情为这些目标的实现带来很大的冲击和不确定性。在党中央的坚强领导下，我国疫情防控已经取得阶段性成果，为了巩固来之不易的成果，需要我们进一步增强忧患意识，做好更为坚实的应对准备，绝不可轻易言胜。本次疫情确实被公认为新中国成立以来我国面临的最大公共卫生危机，也是我国改革开放以来遇到的最严重的一个挑战。从世界范围来看，现在国际上普遍认为，新冠肺炎疫情是“二战”结束以来人类社会面临的最大挑战或者是最大灾难。新冠肺炎疫情可能将永久改变国际经济政治秩序，全球经济衰退难以避免，人类历史发展面临很大不确定性。所以在这种情况下，一定要保持一个清醒头脑，进一步增加忧患意识，坚持底线思维，千万不可有丝毫的盲目乐观的情绪。

第二，正确总结我国抗击疫情过程中的经验教训，应对公共危机的高度集中的某些办法不能照搬到经济领域，更不能将之常态化。这次抗击疫情能够取得重大阶段性的成果，归功于党中央、国务院的及时有效应对、全国上下共同努力、公共卫生医疗体系的强大动员能力。同时也

要归功于改革开放40多年以来，特别是市场经济体制下，经济社会发展尤其是公共卫生医疗体系长足进步和发展，这个给我们抗击疫情打下了良好基础。抗击疫情既有政府的作用和力量，体现了有形的手的作用；但也千万不要忘记或者忽视社会与市场的作用和力量。

第三，充分释放市场化改革的活力和力量，推动经济发展的恢复与东北振兴。2022年4月9日，中共中央、国务院发布《关于构建更加完善的要素市场化配置的体制机制的意见》，是进一步应对疫情冲击、恢复经济社会秩序的重要战略部署，也是落实党的十九届四中全会精神，完善社会主义市场经济体制的重大决策。我们在应对危机挑战时，还要坚持市场化改革方向、坚持全面深化改革，这个我觉得是非常重要的。一方面，要通过进一步增强忧患意识、底线思维，既要有所作为，又要实事求是，对当前的形势有正确的估计；另一方面，用改革的办法，特别是市场化改革的思路和办法来破解当前我们遇到的危机和一些问题。

在这种情况下，今后改革工作可以从四个方面着手：一是坚持方向。就是坚持改革40多年来，特别是党的十八届三中全会以来，中央确定的全面深化改革、全面依法治国，加快推进市场化改革的方向。二是放松管制。讲的是政府和市场的关系，进一步厘清政府和市场的边界，按照这次9号文件要求，真正落实要素的自由流动和市场化配置，发挥市场在资源配置中的决定性作用，政府对微观经济的干预要最小化，要最大限度地减少政府对资源配置、对微观主体的干预。全面落实公平竞争审查和市场准入负面清单。三是有效激励。有效激励实际上就是搞清和重启改革动力源。改革初期动力和激励机制非常清楚，逻辑关系也清楚，动力源也清楚。结合这次应对疫情要进一步处理利益分配关系。比如，在整个国民收入分配方面，国家和整个社会的分配关系，首先一条就是要减税让利清费，让企业、让市场主体在大的危机下、大的灾难面前能够生存下来，可以长期健康发展。另外，要改变国有企业、民营企业在要素配置方面的一些不公平、不正当的做法，包括资金的配置方面，在这些方面要重点予以解决。还要进一步调整中央地方关系，也要总结这次抗击疫情过程中出现的一些问题，地方正常的治理能力和快速反应是非常重要的，要考虑将地方的权利、责任、义务结合起来，对公共危机能够快速有效地作出反应，中央集中决策成本还是比较高的。所以要强调有效激动，要提供各方面的激励措施。四是释放活力。释放活力不光释放市场主体的活力、地方的活力、各个要素的活力，包括市场的活力和社会的创造力，这方面都要有一系列的措施出台，通过这样的一些成套的、系统的体制机制方面的安排，来促进我国经济社会发展在抗击疫情以后加快恢复，也为完善中国特色社会主义制度，包括社会主义市场经济体制做出贡献。东北振兴也是在这个大背景下进行的。希望东北的同志既要考虑产业的振兴、东北亚合作一体化，更要重视市场化的改革，落实好中央 9 号文件精神，向市场化改革要动力，向高水平对外开放要动力。要重树东北的形象：东北市场化改革的旗帜举的是最高的，法治建设和社会公平正义的环境是最好的。如果这些工作做到位，东北振兴大有希望。

从改革入手为东北振兴注入新活力

郑新立　中国城镇化促进会常务副主席、中央政策研究室原副主任

我认为，东北地区的改革工作要从四个方面着手，一是要进行国有资产管理体制改革，从管企业为主向管资本为主转变；二是要对国有企业实施混合所有制改革；三是要实施乡村振兴战略，实现城乡融合；四是要实施政府服务体系的改革。

东北应通过改革来实现振兴。东北振兴取得的成绩在于改革迈出了步伐，而当前遇到的一些困难和问题，也是因为改革还不到位。所以，应当从改革入手来为东北振兴注入活力。

一、从管企业为主向管资本为主转变推进国有资产管理体制改革

对涉及国家经济命脉和经济安全的重要领域，特别是一些自然垄断性行业，可以加强管理，一竿子插到底。但对多数国有企业来讲，应以管资本为主，这方面可以借鉴新加坡淡马锡的经验。考察发现，淡马锡发展 30 年以来平均年投资回报率 15%，每年为新加坡每一个人可以提供 3000 美元的利润。我国这些年盈利比较好的项目许多都有淡马锡的投资，雇用的员工大都是中国人，效率非常高。企业完全建立起了现代企业制度，自主决策、自主经营，真正使国有企业回归市场。

比如一汽，全国民营汽车企业领导人和技术管理人员有许多都是从一汽出去的，离开一汽后干得很好。李书福虽然自己过去没有干过汽车，

但聘请了大批汽车制造方面的人才。他领导的吉利在成功兼并沃尔沃之后，现在又成为奔驰第一大股东。像李书福这样能干的人在一汽能找到一大批，但是这些人为什么不能在一汽发挥出作用呢？

有一个正面的例子，汇金公司管了几十万亿元资产，大型国有商业银行都有它的股份，在开发银行里也有。但汇金公司基本不管国家开发银行的日常经营，真正做到把经营权都交给商业银行。汇金公司人员不多，却把这么大规模的资产管理得很好。国有资产管理委员会、国有资产管理公司应当从汇金公司获得启发和经验，真正把资本管好，把经营权还给企业，仅对企业的利润指标、资产指标、技术进步指标进行考核，并根据国家发展战略，调整资本配置，支持战略性新兴产业发展。

二、深化国企改革，建立混合所有的股份制公司

除了国有资本投资公司和国有资本运营公司以外，多数的国有企业应当实行混合所有，吸收民营资本和外资入股，建立规范的股份制公司，形成股东会、董事会、经营层相互协调和制衡的科学的公司治理结构。凡是实行混合所有制的企业，允许员工持股。国资委已经提出，混合所有制企业国有控股的比例不低于34%，员工持股的比例不高于总股本的10%，这两个比例非常好。过去搞混改，国企一定坚持要控股51%，合并报表，这样民营企业是不敢进来的。现在这个标准放低了，为民营经济甚至外资进入国企建立规范的股份制公司提供了条件。并且，只有企业的管理层、技术骨干、经营骨干持股，才能改变企业的经营决策机制，使企业真正注重技术研发和长远发展，充分发挥国有企业在技术创新中的骨干和带动作用。

沈阳机床厂两次破产，就是因为改革不彻底。第一次破产以后，第二机床厂没了，把好多提供零部件的公司拖垮了。要真正按照混合所有、管理层持股的要求，建立现代企业制度。大连冷冻机厂就值得学习，其模式应该在东北国有企业里普遍推广。

三、以城乡融合推动乡村振兴

东北最有条件在我国率先实现农业现代化。首先是黑龙江省土地规模化经营的比例已经达到80%，在全国最高。其次是新疆，土地规模化经营的比例达到70%。因为黑龙江有国营农场，新疆有建设兵团。他们采用大型拖拉机，统一播种，统一灭虫，单产增加30%。现在这两个省的农民都愿意把承包地转让给他们耕种，因为土地转包费比自己种的纯收入还高。农民从土地上解放出来，进城务工，获得比种地高得多的务工收入。前年我到黑河地区调研，那里是当年上海知青集中的地方，老知青介绍农民到上海打工，从事社区服务，夫妻二人打工一年能挣10万元以上，再加上土地转包费收入，农民家庭年收入稳定达到十几万元，进入中等收入家庭。

整个东北都是大平原，特别适合大型农业机械作业。应加快推进农地三权分置改革，深化宅基地改革，把耕地经营权、宅基地使用权与承包权和资格权分开，通过有偿转让经营权和使用权，获得财产性收入。东北一个大屯子住几千人，可以搞成农产品加工特色小镇。发达国家农产品加工增加的价值相当于农产品初级产品价值的10倍以上，10倍以上的加工增值放在农村的特色小镇上，农民就能很快富起来。以城乡融合带动乡村振兴，东北应该走在全国前列。

四、深化政府服务体系改革

应学习借鉴深圳经验。深圳政府办了两个公司——风险投资公司和贷款担保公司。在深圳成长起来的高科技企业95%以上在成长初期或者是遇到困难的时候都得到过这两个公司的支持。东北的省、地级市都要建立类似于这样的公司，国有资本要有所担当，承担一部分创新创业的风险。对于那些初创企业和技术成果工程化、产业化的企业，由国有投资公司选择成功可能性大的予以投资支持，等到被扶持企业上市了再退出，可以获得溢价收入，不仅可培育出本地的高科技公司，国有投资公司也能做大做强。办好这类国有投资公司，关键是选好人才，赋予管理人员相应的权责利。

新理念、新国企、新建议

陈永杰　大成企业研究院副院长

辽宁“十四五”规划的坚持新发展理念，把新发展理念贯穿振兴发展的全过程和各个领域，积极服务全国构建新发展格局，切实转变发展方式，推动质量变革、效率变革、动力变革，我特别赞成。提出“三大变革”，实现更高质量、更有效率、更加公平、更可持续、更为安全的发展。我对这三个变革的理解有几点体会。

其中，动力变革在哪里？在要对整个市场主体进行大调整，市场主体就是我们的企业，我们的各类企业，大中小企业、国有企业、民营企业、外资企业，还包括个体户，这些市场主体大调整是我们动力的来源。

而质量变革就是经济的量和质要大提升，而只有全要素生产效率质和量大幅度提高了，我们整个经济社会质量才能提高，才能实现质量的变革。

全面提高东北的各种生产要素的整体效率与效益，要树立大的观念。企业新发展理念要进行加减乘除，要着眼于东北整体生产要素，重点是着眼于整体资本要素的效率与效益的总体提高，对低效率、低效益，特别是那些负效益的资本，要坚决进行调整，该退的必须退，该并的要并，该支持的要支持，不管这种资本是什么资本。有一点一定要明确，东北地区党委与政府，要从这个角度着眼于各类生产要素的整体效率效益，而不是单纯的哪种生产要素的效率效益。

开展一番大调整。用加减法推进市场主体变革，着眼于提高国有资本整体效益效率，大规模、广泛深入调整国有资本的行业结构、地区结构和企业分布结构，对那些 5 年至 10 年以来，效率和效益长期明显低于全国国有企业效率和效益平均水平的，特别是那些长期亏损的国有控股企业，不管处于什么行业，不管规模大小，不管历史名气有多大，历史上作了多大的贡献，通通将这些企业当中的国有资本逐步退出，退出后投到效益效率等于和高于全国国有企业平均水平的其他的国有企业当中去，这是第一个选择。第二个选择是投资到有高效率和效益的本地的民营和外资企业当中去，这叫资本退出后再重新进入。

推行一项大改革。用乘除法推进企业质量变革。对仍然保有的国有控股企业，该调整的调整、该淘汰的淘汰、该退出的退出，仍然保留的国有企业，除了少数属于自然垄断的企业以外，以混合所有制改革为基础，全面推行国有民营的企业内在制度改革，企业管理层全面实行全社会公开招聘制。实行经营目标责任制，实行市场薪酬制，实行股权激励制，严格推行优胜劣汰，企业原有员工，全部实行与民营企业同样的劳动合同制和社会保障制，老员工过去的工龄全部转化为新的社保工龄，并给予相应的补偿。东北在这方面过去做了不少。国家“十四五”规划提出来要按照完善治理、强化激励、突出主业、提高效率的要求，深化国有企业混合所有制改革，深化转换经济机制（这是针对国有企业提出来的），推进经理成员任期制和企业化管理，完善市场化薪酬分配机制，灵活开展多种形式的中长期激励，完善国有企业市场化薪酬分配机制，普遍实行全员绩效管理，这是“十四五”规划的内容，我刚才提的东西跟“十四五”规划方向是一致的。

改进一项大评价。用乘除法推进企业动力变革。对国资部门、国有投资公司、国有资本运营公司和国有控股企业的经济考核，这一共几个层次，以其所管辖或管理的国有资本的效率与效益提高为根本标准，评价国有资本管理机构这是最根本的一个标准。效率是万元（亿元）国有资本创造多少营业收入，带动了多少人的就业、带动了多少社会资本的参与、创造了多少新技术新产品等；效益是万元（亿元）的国有资本创造了多少利润、贡献了多少税收、增加了多少所有者权益与资本、提供了多少优质产品和服务，这个很重要。国资部门在宣传国家“十三五”期间的发展时候说，国有企业增长是什么，特别强调国有资产增长了多少多少，但是你如果把国有资产增长的速度和它的总量，与它形成的营业收入、提供的利润、创造的税收进行比较的话，若干年来，整个国有资产的效率是大幅度降低的，效益也是降低的，我有充分的数据支持这一判断。

推进一场大公平。这个公平是什么呢？要基于公平观念，通过规则公平、机会公平、过程公平、评价公平实现结果的公平。在这种情况下，境外资本与境内资本、外地资本与本地资本、国有资本与民营资本，在行业进入、企业进入、产品进入、服务进入、地区进入以及税费政策、金融政策、外经政策、工资政策、人才政策、社保政策等各个方面完全平等。公正平等，中央已经说了 20 年了，但是现在还是有很大的差距，这方面东北的差距可能更大一些。东北要振兴，推动多方面的公正平等更加重要。

论东北振兴“新突破”的结合点与突破口

常修泽　中国宏观经济研究院教授

关于东北振兴，引发了我三点思考：

第一点，“十四五”东北振兴的战略诉求或着力点是什么？我认为，要害是东北振兴要取得“新突破”。当然，原来早该突破至今还没有突破的，应该接着突破，同时要增加新的“突破点”。恰好，今天东北振兴研究丛书问世并在会场展示，其中有我一部专著《中国东北转型通论》，书中提出了“三重锈带突破说”。很巧，这个“突破说”提法与“十四五”东北振兴“新突破”文字不谋而合。

第二点，“东北振兴”应有哪些新突破？怎么取得“新突破”？我认为，下一步东北要打“三个翻身仗”，一是体制转型的翻身仗；二是结构转型的翻身仗；三是文明方式转型的翻身仗。打好“三个翻身仗”旨在突破裹在东北身上的“三重锈带”即“体制锈带”“结构锈带”“文明方式锈带”。

第三点，这“三大翻身仗”（书中理论“三个转型”）的结合点或突破口选在哪里？我研究的结果，这个结合点或突破口应该是“要素市场化配置改革”。

基于以上思考，我引申以下观点。

一、把要素市场化改革作为东北三大转型的结合点或突破口

这里涉及三大理由：

理由一，东北体制转型（深化改革）的必然要求。经过多年努力，全国的商品市场化程度已达97%，但是在要素市场化改革方面普遍滞后。东北更是“短板”，辽宁也不例外。辽宁与要素市场化相关的资金、劳动力、技术人才等排序比较靠后。如非国有经济就业的劳动力占比排在全国第22位；信贷资金分配的市场化排在第17位；技术人员供应情况排在第18位等。特别是影响整体市场化进程的“政府与市场关系”，问题更为严重，“减少政府对企业的干预”指数，辽宁排在全国第27位。从此角度来看，政府对企业经济活动的干预度很高。正是基于此，我主张下一步应该把推进要素市场化作为改革的“重头戏”。

理由二，结构转型的必然要求。现在东北的发展不仅遇到了体制性矛盾，而且遇到了结构性矛盾。一是半封闭的对外结构，对外开放度低。东北对外贸易总额占GDP的比重为16.74%，低于全国平均水平约17个百分点。这种格局与开放前沿角色是不相称的；二是板结的内力结构，新旧动能转换难。据统计，东北GDP占全国的8.4%，而高技术企业在全国的占比只有4.5%，高科技的主营业务收入，占比只有3.65%；三是失衡的产业结构，现代服务业和新兴产业滞后。上述三方面结构问题，都与要素市场化改革滞后密切相关。这需要挖掘要素市场化蕴藏的潜力。

理由三，促进“人的发展”的必然要求。东北“文明方式”之“锈”，突出表现在“官本位”严重、“契约精神”淡薄和“生态文明”缺乏。

这些都涉及人的自身发展，尤其涉及知识、技术、劳动力和管理等“人本要素”的问题。从人的解放和发展角度谋划要素市场化改革，是一个新的视角。

二、把要素市场化改革作为东北三个转型的结合点或突破口

我们把七个生产要素（土地、资本、数据、知识、技术、劳动力和管理）分成两组来分析：一个“物本线”；一个“人本线”，从而进行

“双线推进”。

第一组，把土地、资本、数据可列为“物本线”（数据比较复杂，有一部分跟人有关，大部分跟物有关）；另外四个要素——知识、技术、劳动力和管理，我视为“人本要素”。我曾系统论述“人本要素产权”：知识产权、技术产权、管理产权、劳动力产权。这四个都是人本产权。未来“人本要素产权”的价值将会空前升值。

“人本要素产权”应沿着“价值显性化”的道路进行运作。

东北的同志可关注济南的人力资本产权“身价”赋能试验——对“各类知识、技术、管理等人才有价”的试验。

另外，就是“职务发明”成果的“产权分割”问题。对于职务发明成果的产权可分为两部分，一部分为该单位公家所有；另一部分由技术人员持有。

改变、优化东北经济生态

刘尚希　中国财政科学研究院院长

东北振兴是20世纪90年代提出来的。一些改革试点，如增值税的转型就首先从东北开始的。应当说，国家对东北振兴是高度重视的，但从东北振兴的成效来看可能还不尽如人意。我认为，这作为一个区域发展现象，大家称之为“东北现象”。具体来讲，东北经济问题，站在区域经济这个角度来看，我觉得还是经济生态问题。

一、东北经济是一艘要靠风的帆船

东北的经济生态有什么特点？就是国企国有经济占比大，民营企业民营经济占比小，这些年来也有些变化，但是跟全国比起来，东北国有经济的占比比较大。具体来讲，东北的民营企业，不少是依附于国有企业成长发展起来的。民企从成立到成长，依据市场变化、产业结构的调整而独立发展起来的不多，所以东北的民营经济很重要的特点是依附于国有经济，民营企业很多是依附于国有企业，这是一种特殊的经济生态。在这种情况下，国有经济好，民营经济也就好；国有经济不好，民营经济也不行。东北的经济生态缺乏自我更新发展的能力。国企主要是技术水平不领先的原材料工业、大型装备工业，处于上游，市场全都在东北之外，与全国投资形势的联动性很强，且物流成本高。民企对国企的依附关系，加上就业和社会稳定对国企的依赖，造成了一种特殊的经济生态、社会生态和当地政治生态，使得东北的经济发展，实际上是依赖于全国的经济形势，它的内生动力是不足的。

在这种经济生态下，还要进一步剖析，东北的国企是不是真正的市场主体。从我们调研的情况来看，国企也是在不断调整转型，但东北的国企改革跟全国比起来是相对滞后的。例如，国企的“三供一业”的问题，国企办社会的问题等，这些问题很突出。这不仅仅是企业的包袱，而且也是当地财政的包袱，因为负担很重，尽管国家给了不少的支持政策来帮助解决“三供一业”等问题，但走得很慢。东北国企还谈不上是真正的市场主体，它和政府机构、政府的行为实际是紧紧绑在一起的。从这点来看，东北国有经济的市场化改革是相对滞后的，形成了一种特殊的区域经济生态。

早期国企改革的时候，改革成本比较高，难以下决心。现在，老龄化加速，加上人口、人才和青壮年劳动力外流，经济脆弱，财政上要靠中央转移支付，养老金发放要靠中央调剂金，要改变东北经济生态和激发东北活力已经难上加难。

东北国企的市场化改革滞后、资源错配，投入产出比偏低，效率提升缓慢，从整体上拖累了整个东北经济振兴。

二、东北国企改革任重道远

东北国企改革步履艰难。要下决心进行彻底的改革，这对当地政府来说还是巨大的考验和能力的检验。地方政府的行为是一种自然的反应，有各种各样的历史因素和非常复杂的社会因素交织在一起，构成了改革的羁绊。

那么，要改变东北的这种经济生态，让没有动力的帆船变成有动力的帆船，既能靠风，又有自身动力，千条万条计策，我觉得最重要的核心问题就是国资国企的改革，真正让企业变成市场主体，同时宏观层面的国有资产管理体制改革，从管“资产”真正转到管“资本”，从宏观上在国有资产管理体制上，为国有企业变成真正的市场主体保驾护航。

只有在这方面下定决心，进一步来推动国企国资的改革，一点一点去改变东北的经济生态；同时，大力鼓励、扶持、保护和规范民企的创办和发展，使东北民企的发展不再依赖于国企、依附于国企。这也是让东北就业、社会稳定不再依赖于国企、依靠政府的根本之策。国企大，很多民企跟国企配套、协作，有的也是通过各种关系搞起来的，不完全是一种市场化的分工协作，所以这种依附于国企的民企发展状态是东北特色，其实不由自主地也犯了国企的一些同样的毛病。区域经济生态的改变不是一朝一夕的，不是单独的一个政策措施能解决问题的，需要综合施策。

三、振兴东北要从“产权是市场经济的基石”入手

综合施策，改变东北经济生态，关键的一点就是要解放思想，悟深悟透“产权是市场经济的基石”这一新论断。产权是市场经济的基石，这里讲的是产权，它不仅仅是所有权，也包括经营权，也包括了《民法典》讲的用益物权、担保物权，以及我们常说的债权、股权等，这都是产权。产权不等同于所有权，核心思想是能取得收益，所有权、经营权可以分开，所有权中的占有权与用益物权中讲的使用权、承包权、地役权等等，这些都是财产权利，是可以分离的，不能把观念吊在“所有权”这棵树上。也就是说，任何所有权都可以结构化、社会化，这也是现代市场经济发展的内在要求。从这个角度去考虑国有企业的改革，这样就可以把所有权人、出资人、经营者，通过适当的方式分离开，从而形成不改变所有制条件下的市场化改革。如通过建立投资运营公司或者说控股公司来担当出资人资格，按照市场规则来保护所有者的财产权利，而又不直接经营，避免政府直接干预企业经营带来的廉政风险和背离市场风险。国资国企的改革不是一个简单的“放权”的问题，实际上是一个体制机制重塑的改革。

所以，东北发展要对接好新发展理念，转化形成适合东北的一种新理念，立足新发展阶段和构建新发展格局来推动国资国企改革。

重新发现优势：换一种眼光看东北振兴

刘　威　吉林大学东北振兴发展研究院副院长

在现实中，一谈到东北、东北振兴，人们说的全是问题。我们为什么不转换一下视角去挖掘或者重新发现东北的优势？这种问题思维形成的机理是什么？它会带来什么样的后果？我们如何实现从问题思维到优势视角的转变呢？

第一，新旧东北现象的变与不变。东北现象是20世纪90年代后的问题，一直延续到现在，又出现了新的东北现象，或者叫东北振兴现象。东北的辉煌历史为现在出现的问题埋下了伏笔（实际上，过去的辉煌历史就是问题的端绪）。清朝晚期开放封禁，大量年轻移民涌入，农业快速发展，以及后来日本占据、苏联接管，带来城市化、工业化崛起。1945年，东北产值已经占到全国的80%。抗战胜利之后，苏联虽然撤走了机械设备，但是留下了专业技术人才和工人，所以东北生产很快恢复起来。中共以东北为基础，解放战争打得非常顺利。解放之初，东北依然是中国工业的基础和摇篮。苏联156项援华项目，其中三分之一落户东北，并且为了支援三线建设，国家抽调了大量人才和劳动力输送到东北。我们也发现，很多的国有企业像飞地一样，缺乏对当地的辐射和带动作用。但总体上，改革开放前后，东北仍然是国家的工业基地，同时也是粮仓。

20世纪90年代中期后，东北经济出现了衰退，诸如运输成本高、设备陈旧、退休人员增多等，离退休职工与在职职工之比上升，难以继续以薪养老，单位制的负功能进一步显现。国有企业和集体企业大面积亏损，下岗待业和失业现象严重。技术工人南下，人力资本严重流失。民营企业规模小，市场发育不足。城市建设滞后。腹地缺少，大城市缺少支持。国家大量注资，但经济增速仍然不尽如人意。所谓的东北现象就诞生了。为了应对这些负面效应，国家启动了东北振兴战略。第一轮东北振兴战略实施十年以后，我们发现在2012年左右东北经济增速发生断崖式下滑。国家开始启动新一轮的东北振兴战略，这次叫全面振兴、全方位振兴，但是又快过去十年了，我们发现经济数据和排名仍在下降。所以，国家又开始启动“十四五”时期的东北振兴，叫东北振兴新突破。

第二，东北振兴的问题思维。无论是过去的辉煌历史还是后来的衰退，抑或重振，我们都沿着一种经济维度，没有看到经济以外的社会文化领域。正是依循这一唯经济论的价值取向，我们把一个地域的衰退等同于经济产业的衰退或资源的枯竭。我们沿着经济路径，去寻找解决问题的办法，而我们找到的解决东北问题的手段当然是经济手段。当然，当经济手段解决不了问题的时候，我们开始把经济的归因转移到文化或者制度的归因。

当第一轮、第二轮一系列东北振兴措施都无法彻底解决东北现象时，就出现了一种普遍的唱衰机制。我们把这个区域的衰退，特别是产业经济的衰退和当地居民的制度文化和生活方式绑定在一起。

所以，在东北现象出现的时候，大部分人认为原因在哪里？原因是产业结构单一，国有工业企业“一业独大”。因此，启动了第一轮东北振兴战略，但是之后发现“越振越衰”，我们又认为不完全是产业的原因，还有体制机制原因，因此，我们又实施了新一轮的振兴战略，发现还是不奏效，所以我们又开始把原因推及东北人不行或东北文化不行，就出现了一种全面的唱衰声音，这就是唯经济论所带来的后果。

总之，我们要将问题思维转化为优势视角，超越经济的单一维度。

第三，从问题思维转向优势视角。首先，据“七普”数据，每10万人口拥有的各类受教育程度的人数显示，东北地区的受教育程度远高于全国平均水平，所以东北人才储备是充分的，我们怎样发挥人才优势？“七普”数据显示，15 岁以上人口平均受教育程度的年限，黑吉辽也高于全国平均水平，这说明东北具备人才优势。如何把人才优势转化为发展动力，这需要我们思考。

其次，城镇化率。东北城镇化率远高于全国平均水平，辽宁超过了 70%，正是因为较高的城镇化率，东北可以发展现代服务业和新兴产业，发挥城市的聚集效应。

最后，人口年龄构成。大部分人看到人口年龄分布数字的时候会觉得东北老龄化程度太高了，实际上这是未来我国发展的一个必然后果，银发时代必将到来。所以我觉得东北实际上已经抢占了发展康养、养老、医疗产业的先机，如果我们能够将这些产业培育落地，这就是一个朝阳产业。

关于幸福指数，尽管东北经济拼不过江浙，打不过珠三角，但是东北幸福指数非常高，幸福指数来源于哪里？我们需要去挖掘，为什么东北经济不发达，但是居民主观幸福感强，生活质量较高。

关于优势，英国的格拉斯哥、法国的洛林、德国的鲁尔以及美国的锈带，实际都经历了长期的衰退过程，现在慢慢走出阴霾，转型发展至少经过 50 年。我国东北在较短时间内已经取得了一些振兴成效，令人振奋鼓舞。我们不仅要学习和借鉴国外的经验，实际上我想告诉大家的是，现在东北振兴还有极大的时间优势。在从衰退到振兴的“U 形曲线”中，东北的转型阶段可能还没有到谷底。

第四，东北振兴新思维与再出发。无论是比较优势理论还是竞争优势理论，它们都主张国家或地区通过发掘优势来提升竞争力。但是，如前所述，各界多以问题思维分析东北现状，即关注如何消除劣势、补齐短板。实际上，问题思维源于病理学研究，认为只有解决和消除“问题”，个体成长、地区发展才能回归正轨。与问题思维不同，优势视角认为“问题”的存在只是暂时的、表面的、人为赋予的，人们可以激发自身优势和潜能予以化解。因此，它强调运用更积极的眼光看待区域发展危机，跳脱出经济的单一维度，从社会文化多元化视角激发地区优势和潜能，找寻东北社会的自性。

在优势视角中，东北振兴需要新思维，需要整装重新出发。

首先，东北转型发展需要外嵌式的制度创新（“无中生有”）和内源式的产业升级（“有中更优”）。为什么东北拥有过去的辉煌成就？我认为，它是一种外嵌的制度创新模式。清朝政府开放封禁，输入大量青壮年劳动力，日本的占据，还有苏俄的技术、产业植入，以及国家为了支援三线建设，调动大量人才和劳动力来到东北，实际上这些都是外嵌式的制度创新。新时代，东北要想实现突破发展，必须使用非常规手段，选择一种“无中生有”的制度创新、制度设计，东北不能走按部就班的常规发展道路，要从顶层或外部植入新制度，推动颠覆性创新，用制度突破来引领人才流动、技术创新和资源配置。另一方面，东北产业发展要走内源式发展道路，在选择产业升级转型的时候，要基于原有的产业基础，实现“有中更优”。有些专家提出，东北要发展轻工业，这是南辕北辙。东北的问题不是工业发展过度的问题，是现在工业发展不强的问题，我们要在原有的基础之上把东北的工业制造业做大做强。

其次，重新定位东北振兴的目标，积极展现内生优势。东北振兴从“十一五”到“十三五”再到“十四五”的目标（五大安全是底线思维），我们看到国家对于东北的预期、目标的定位好像越来越低了，我认为不是这样的，它实际上是一种重新定位，目标越来越明晰了。基于以上优势视角，我认为未来东北振兴是不是可以换一种提法，不叫振兴东北，因为一提到振兴东北，实际上就是唱衰东北，好像东北越来越不行了。我们可以叫什么？根据前述优势分析，我们可以叫“建设幸福东北、建设康养东北、建设生态东北、建设创新科教东北（东北是大学科研院所的聚集地）”。这样表述是一种优势视角，不是去展示东北问题。我们需要直面问题，但我们更需要一种积极向上的思维。

再次，东北没有“满天星”（县域经济、民营企业），但有普照大地的月亮（中心城市）。“星星月亮”理论，是受到赵继校长的启发，他在沈阳调研时提到南方广东等地的发展既有星星也有月亮。我觉得东北的发展没有像南方那样的满天星，东北县域经济不发达，民营企业发展不充分，但是我们要集中力量，着眼于发展哈、长、沈、大等区域中心城市，把月亮造出来，来辐射和带动区域整体发展。

最后，东北振兴首先在于思维的突破。要想实现突破性发展，首先要解放我们的思想，解放思想是为了大胆的制度创新，制度创新绝不是我们自己搞出来的，要通过顶层、外部来植入，进行前所未有的制度创新和突破，通过制度创新来释放技术能量和产业优势，以及留住人才，用好人才。我们要建立人才特区，财税、产业特区，把东北能量发挥出来。当然，东北振兴是一个漫长的过程，我们需要耐心和勇气。

疫情冲击下的东北经济一体化

迟福林　中国（海南）改革发展研究院院长、中国东北振兴研究院院长

当前，疫情在全球蔓延重创全球经济增长，冲击经济全球化走势。坚持底线思维，要把基于内需导向的结构调整作为应对疫情冲击的重点。

面对疫情冲击，东北更需要通过整合资源实现优势互补，在分工协作中推动产业升级和结构转型，以东北经济一体化为东北振兴注入动力。尽管东北经济一体化已提出多年，但受制于自身的体制性、机制性和结构性矛盾，在现实推进中面临诸多困难和挑战。疫情冲击下，东北经济一体化的现实需求全面增强。

一、加快推进东北产业一体化进程

1. 东北三省产业同构的问题仍比较突出。总的来看，东北的产业同构和同质竞争，是导致产业核心竞争力不强和企业成本居高不下的重要因素之一。以汽车产业为例，长春、沈阳、哈尔滨都建有汽车制造厂，长春与哈尔滨都曾提出要延伸汽车产业链条。2018 年，我国汽车零部件市场有 4 万亿元规模，最大的 6 家汽车零部件企业，没有一家在东北地区。要提高东北汽车产业的竞争力，既需要汽车行业转型升级，也需要在东北三省完善汽车供应链、产业链，提升价值链水平，并降低整车制造成本。

2. 疫情冲击下东北产业一体化的需求明显增大。疫情冲击下，全球可能出现产业链、供应链区域化、本土化的趋势。东北作为比较完整的地域经济综合体，具备一体化发展的地域优势和产业条件。同时，东北

地区在维护全国产业链、供应链安全中具有重要战略地位。2019 年，东北四省区粮食总产量达到 17464 万吨，约占全国粮食总产量的 26.31%；2018 年，东北四省区畜产品产量占全国畜产品比重为 19.63%。应对疫情冲击，坚持底线思维，确保国家粮食安全和基础工业安全，对东北产业一体化提出新需求。

3. 在产业链整合中实现产业转型升级。习近平总书记在 2019 年 12 月对东北结构调整作出重要指示，强调“全面振兴不是把已经衰败的产业和企业硬扶持起来，而是要有效整合资源，主动调整经济结构，形成新的均衡发展的产业结构”。从东北的情况看，产业发展高度依赖资源，资源产品与延伸加工产值之比为 1：0.69，而全国为 1：2.84，这表明东北地区产业技术结构水平不高，产品技术含量和附加值较低。应对疫情冲击，迫切需要东北地区推进基于内需的产业转型升级，形成具有区域特色的产业链、供应链。例如，在工业领域，推进东北制造业的跨区域优化重组，形成东北三省的纵向分工，重构以装备制造业为重点的产业链，提升东北制造的核心竞争力；在农业领域，以推动农业跨区域合作拉长东北地区农业产业链，推进东北农业与工业、服务业的融合发展。

二、加快推进东北旅游一体化进程

1. 以旅游一体化应对疫情冲击。近年来，旅游业逐渐成为东北地区重要的支柱产业之一。疫情冲击下，人流、物流受到极大限制，首当其冲受到重创的是以旅游为重点的线下服务业。以吉林为例，2020 年一季度旅客人数同比下降 74%，预计旅游收入减少 1100 亿～1200 亿元。面对疫情的冲击，东北三省应推动省际的旅游联合，整合和共享旅游资源。例如，发展生鲜电商、网络直播带货、云旅游等基于互联网技术的旅游服务，全面提升东北旅游产业一体化水平。

2. 推动东北旅游经济一体化进程。一方面，东北山水相连，拥有冰雪、森林、史迹、民俗等共性旅游资源；另一方面，东北也曾联手成立了振兴东北旅游合作联盟和东北文化旅游推广联盟。在这个基础上，要进一步整合东北旅游资源，推动以健康旅游、生态旅游为重点的跨区域合作，编制区域发展规划，实现资源共享、信息互通、客源交流，加快推动东北旅游一体化进程。

3. 促进并融入东北亚旅游合作圈。2012 年以来，东北亚旅游论坛已经在珲春连续举办八届。疫情后区域旅游合作有望成为东北亚经济一体化最具潜力的领域之一。要充分利用“大图们倡议”框架下东北亚地区旅游合作圈多边合作机制，开发跨国旅游产品与线路；推动东北亚区域共同简化旅游签证与通关手续，提高旅游通关效率，提升旅游服务便利化水平；推动各国在旅游标准对接、人员跨境流动、跨境旅游线路设计等领域尽快实现重要突破。

三、加快推进东北基础设施一体化进程

1. 东北地区的新老基础设施建设空间巨大。加大对新老基础设施建设项目的投资是拉动增长、扩大内需的重大举措。在这方面，东北大有潜力。从现实情况看，东北仍需要补齐传统基础设施建设短板。例如，2018 年，东北三省铁路路网密度为 234 公里/万平方公里，低于东部（342）和中部（281）地区。同时，东北推动战略性新兴产业的发展，对新基建的依赖性全面增强。2017 年，东北地区的高新技术产业产值占工业总产值的比例仅为 12.8%，约为全国（25.5%）的一半。以新基建促进东北地区战略性新兴产业的发展，应当说潜力还很大。

2. 统筹形成东北地区新基建合理布局。目前，亟须着力提升东北新基建的竞争力，以形成对产业升级的重要支撑。新基建具有网络型和共享型的重要特征，需要形成区域的合理分工，同时也需要调动社会投资。建议在国家相关部委的支持下，尽快形成《“十四五”东北新基建发展规划》，统筹谋划东北全域 5G、特高压、城际高速铁路和城际轨道交通、新能源汽车充电桩、大数据中心、人工智能、工业互联网等新基建建设，

全面放开新基建领域内外资市场准入，形成新基建领域 PPP 融资计划。争取“十四五”期间，使东北的新基建竞争力明显提升。

3. 推动实现东北基础设施一体化新格局。目前，东北三省在基础设施建设上，远未全面形成优势互补、资源共享、利益共有的一体化格局。例如，大连、沈阳、哈尔滨、长春都在谋划打造东北亚枢纽。由此，存在枢纽资源分散配置、重复建设等现象。这就需要打破行政壁垒和地区分割，共建共享重大基础设施，优化资源配置，加强分工协作，统筹推动东北基础设施一体化进程。

四、加快推进东北城市群合作发展进程

1. 城市群发展是东北振兴的重要推动力。未来 5~10 年，我国正处于经济转型升级的重要阶段。城市群、都市圈发展和城乡一体化等是支撑我国经济增长的重要因素，也是疫情冲击下稳定增长的重大举措。特别是城市群的发展，对于释放消费潜力具有重要作用。2018 年，东北三省最终消费支出对 GDP 增长的贡献率均低于同期全国平均水平。此外，城市群的发展有利于为东北服务业发展提供重要空间。统筹推动东北三省城市群发展，将为促进居民消费结构升级和服务业发展提供重要推动力。

2. 以沈阳、大连、长春、哈尔滨为主体，形成东北城市群经济合作新格局。由于区域市场化程度不高，与京津冀、珠三角、长三角相比，东北三省城市之间经济联系不够紧密，没有形成错位发展的有效分工，中心城市建设和城市群经济发展明显滞后。东北四大城市在强化本省协同发展的同时，要从推动东北经济一体化出发，打破行政壁垒，推动资源要素跨区域自由流动，实现优势互补和合理分工，以中心城市紧密合作加快推动东北经济一体化进程。

3. 以城乡一体化推动东北都市圈发展。城市群、都市圈的发展，在相当大程度上依赖于城乡一体化进程。东北地区是我国城镇化起步较早

的地区。2018 年，辽宁城镇化率为 68.1%，位列全国第八，黑龙江城镇化率为 60.10%，超过全国平均水平。总的来看，东北以城市群为主体，有条件推进居住证取代城乡二元户籍制度进程和省际居住证制度的相互衔接，以充分释放城乡一体化的巨大潜能。

五、加快推进东北经济一体化与东北亚经济一体化合作进程

1. 疫情冲击下，东北振兴与东北亚合作对接是一个重要选项。疫情冲击下，以中日韩为重点的东北亚经济一体化进程有可能加快推进。东北作为我国向北开放的最前沿，与东北亚地区的经贸联系十分密切。东北要利用与东北亚经贸联系更加接近的条件，在对接东北亚共同发展过程中促进东北振兴。例如，通过融入中日韩自贸区，在以生产性服务业为重点的服务贸易上取得重要突破，以为东北制造业的转型升级注入新动力。

2. 抓住东北亚区域合作新机遇，以产业链、供应链合作为重点推进东北经济一体化。面对疫情对经济全球化的严重冲击，以中日韩为重点的东北亚地区携手促进贸易投资便利化，保障产业链、供应链的稳定和安全成为区域经济一体化的战略选择。我国东北与日韩运输距离较近，具有一定的合作基础。要利用地缘优势加强与东北亚周边国家的产业链、供应链的合作，推进东北产业结构转型升级；加强同东北亚国家的经贸、投资、人员往来和文化交流合作，支持东北承接日韩产业转移，提升东北制造业和生产性服务业的竞争力。

3. 适应东北亚合作新趋势，加快推进东北基础设施一体化进程。东北地区资源丰富，若能通过东北亚基础设施互联互通实现东北亚陆海联运，将大大降低东北资源的物流成本。例如，通过加快推动图们江地区国际合作开发，“珲春-扎鲁比诺-宁波”内贸外运航线可比传统线路缩短近 800 公里。此外，韩国积极参与亚投行、大图们江开发方案和与中蒙俄经济走廊相关的项目，推出的“新北方政策”重点在于与“一带一路”倡议对接和与我国东北开展协作。抓住东北亚区域合作新机遇，统

筹利用东北的港口、自贸区等优势条件和出口渠道，建设面向东北亚开发开放的基础设施网络，推进“图们江开发开放”与“东北亚经济走廊”建设。同时，加快实现中日韩口岸通关协调合作，提升东北多式联运水平。

疫情冲击下推进东北经济一体化，既需要加强顶层设计，又需要发挥市场在资源配置中的决定性作用。

从产业和人口的角度看东北振兴

卓　贤　国务院发展研究中心发展战略和区域经济研究部副部长

过去十几年，东北地区占全国 GDP 比重下降了 3.5%以上。与此同时，东部地区的上海、广东、浙江等地占全国 GDP 的比重也在下降，而中部和西南地区占全国 GDP 的比重上升 13%。因此，东北地区占全国经济比重的下降源于其发展速度慢于中西部的后发地区。2020 年，东北三省人均 GDP 已全部低于全国平均水平，如黑龙江人均 GDP 低于贵州，吉林低于四川，辽宁低于重庆。人均 GDP 最低的省份是甘肃，但人均城镇可支配收入最低的省份是黑龙江，黑龙江和吉林人均城镇可支配收入都低于甘肃。

在疫情冲击下，近两年制造业订单回流到国内，但各个区域抓住产能流入的能力和表现大相径庭。在这个过程中，区域发展呈现出的一个积极迹象是，南北的差距得以初步缩小。2020 年前 7 个月，北方在全国出口的比重由 2019 年的 17.5%上升至 21%，扭转了长期以来南北出口差距拉大的形势，山东、河南、山西等地出口明显提升。其中最突出的是山东。山东出口占全国的比重比 2019 年提高 1.2 个百分点，山东有 100 多个细分产品的出口增长位列全国前三名。但在订单回流的大背景下，东北地区并没有很好地抓住这次制造业回流的机会，只在集装箱、呼吸机、赖氨酸等少数几个产品上出口增长进入全国前三名，辽宁、吉林出口占全国的比重下降。

现在讨论影响东北发展的因素有很多，包括市场环境、文化、气候等，但这些因素都是长期存在的慢变量，并不足以解释东北近十年来超预期的发展放缓。因此，我想从产业和人口的角度对东北振兴做一个分析。

首先，从产业角度对东北经济做一个诊断。东北工业偏重于上游，下游领域没有太多知名品牌，在国内外市场具有定价权和品牌影响力的产品较少。一般而言，下游产业的增速快于上游，因此一个地区上游产业比重偏高，则其经济增速相对偏慢。东北地区重工业比重偏高，近20年来其下游产品占全国比重出现比较明显的下降。而在原来具有优势的上游产业，东北地区的竞争力也在逐渐弱化。原来东北地区向全国提供机器设备和资源能源。随着全国对外开放程度的提高，处于产业链下游的南方各地更深度接入全球生产网络，直接向欧美国家引进上游的机器设备。在引进先进装备的过程中，南方各地也注重技术的吸收和转化，比如湖南的重型机械、广东的工业机器人产业等，这些产业的竞争力已逐渐超过东北地区。

此外，技术创新层面，下游的研发投入强度也要高于上游。我国规模以上工业企业研发强度平均在1.3%左右的水平，但是上游产业低于1%，而下游产业研发强度则普遍高于2%。因此，偏重于上游的产业结构也使得东北地区研发投资强度长期低于南方地区，产业转型创新的动力相对比较弱。

其次，从人口和人力资本的视角来观察东北的发展。东北具有良好的人力基础，也有非常好的高校和科研机构。但从人口数量来看，东北总人口已经不足一亿。在全国总人口增长放缓的背景下，未来人口在区域间的流动速度会加快，东北人口仍将面临比较严峻的流失压力。从人口结构看，东北劳动力年龄人口下降的速度会更快。这带来了两个问题：一是东北的老年抚养比高于全国，辽宁、吉林、黑龙江排名前三；二是因为劳动力流动带动了家庭迁徙，育龄妇女规模下降，使得东北的少儿抚养比较低，未来东北将面临新一代劳动力不足的压力。

在劳动力数量下降的背景下，东北还面临高质量、高技能人才流失的问题。之前有一种观点认为，总人口的流失不要紧，因为人均财富、人均要素资源会因为人口下降而增加，人均GDP增长速度反而有可能会提升。

但实际上，人是各类要素的持有者，流出的人口往往是流动能力更强的群体，人口的流失会带走资金、技术、企业家精神等有形和无形的资源。

如果实施有效的政策干预，一个气候比较严峻、工业相对衰弱的地区可以被安上“降落伞”，使人均 GDP 保持增速发展。1994 年，日本东北部和我国东北地区的 GDP 占各自国家的比重都在 10.8%左右。为应对区域发展差距拉大，日本提出了东北振兴和农村再生计划两项政策。此后，虽然日本东北部也出现人口流失、GDP 总量比重下降，但人均 GDP 仍然保持较快的增长。

为推动东北全面振兴，应在以下三方面重点施策。

一是提升东北地区的全生命周期的营商环境。在国内，相关部门对各个地区营商环境进行量化评估是非常有必要的。从目前一些机构发布的营商环境评估来看，东北似乎并不差。但很多评估方式更多着眼于对前置的准入环节评估，只管“生”，不管“死”。可以考虑用民营企业 3 到 5 年存活率、外来资本流出率、创新型企业研发效率等指标，来评估和诊断东北地区全生命周期的营商环境，并提出相应的政策举措。

二是发挥都市圈和城市群的作用。在 2010—2020 年，东北只有三个城市人口增长，即大连、沈阳、长春。有观点担忧这三个城市发挥虹吸效应，吸引了其他城市的人口。我认为，不用担心东北地区中心城市对周边的虹吸效应。东北中心城市对人口的集聚能力和产业集群能力不是太强了，相反是相对滞后的，否则人口和产业不会流失到省外。在政策、财政资源有限的情况下，还是应该发挥东北中心城市的集聚能力，通过都市圈、城市群的扩散效应来支持东北全面振兴。

三是以跨境电商为抓手提升东北地区开放活力。近两年，在全国各地区承接海外回流新产能的过程中，跨境电商起到非常大的作用，但主要集中在东部沿海地区，广东、浙江、江苏、福建在新增跨境电商贸易占了七成，东北地区跨境电商发展还相对滞后。跨境电商不仅在需求端能够开拓市场渠道，还能在供给端提升激活更多下游市场主体建立自主的品牌和供应链。未来，跨境电商应成为东北地区产业转型和扩大开放的抓手。

当好东北振兴发展排头兵

谢　峰　鞍钢集团总会计师

制造业是国家经济命脉所系。习近平总书记强调“要把实体经济特别是制造业做实做优做强”，为东北地区制造业高质量发展指明了方向。新发展理念是建设现代化经济体系的战略指引和重要遵循，也是东北地区重塑制造业优势、实现振兴发展的必由之路。作为东北工业制造业的典型代表，鞍钢坚持以践行新发展理念为引领，加快转型升级步伐，打造竞争合作新优势，加速融入新发展格局，不断增强国有经济竞争力、创新力、控制力、影响力、抗风险能力，努力当好东北振兴辽宁振兴的排头兵。

一、聚焦“五个转型”，厚植鞍钢高质量发展新优势

贯彻新发展理念，推动制造业发展，必须坚持质量第一、效益优先，以转型升级为引擎，为高质量发展赋能。

坚持市场化转型，激发企业活力。坚决破除体制机制障碍，形成同市场完全对接、充满内在活力的体制机制，是推动东北老工业基地振兴的治本之策。近年来，鞍钢坚持市场化改革方向，完善企业治理结构和经营机制，企业内在活力不断增强。特别是2020年以来，推出“授权+同利”市场化改革模式，激发了各级市场主体活力。朝阳钢铁在2016年首轮改革一举扭亏、持续盈利基础上，实施市场化改革升级版，实现逆势大幅盈利，主要技经指标创历史最好水平，成本竞争力位于行业排名前列，成为“民营机制”的国有钢铁企业样板；鲅鱼圈分公司建立对市

场反应灵敏高效的经营机制，向世界一流沿海钢铁基地迈进；重机公司、矿业东烧厂等企业结束连续多年亏损历史，实现经营效益明显增长。同时，举全集团之力推动涉及37万多人的厂办大集体改革和退休人员社会化管理“两项改革”，目前改革平稳推进，预计今年年底完成改革工作；加上去年完成的“三供一业”分离移交，鞍钢三大历史遗留问题将彻底解决，将以崭新形象迈入“十四五”。刘鹤副总理和王勇国务委员对鞍钢改革工作给予充分肯定，并做出批示。

坚持智能化转型，提升发展质量。新一代人工智能作为推动科技跨越发展、产业优化升级的驱动力量，正在深刻改变世界。鞍钢把智能制造作为优先战略选择，突出“智慧管理、智能生产”，加快推进智慧鞍钢建设。建成国内首个基于5G+云平台带钢表面监测系统。鞍钢矿业实现采选全流程智能控制和信息化管理，成为国家智能制造标杆企业。攀钢重轨数字化产线被评为制造业与互联网融合发展试点示范。积微物联成为西南最大、行业领先大宗商品产业互联网平台。

坚持科技化转型，积蓄发展动能。制造业是技术创新的主战场，必须加快形成以创新为主要引领的发展模式。鞍钢始终把创新作为引领发展的第一动力，服务国家战略，年投入研发经费近百亿元，建立科技分红机制，一批基础性和共性关键技术取得重要突破。鞍钢冷轧家电用钢、铁路用钢、军工用钢销量位居国内首位，造船用钢、核电用钢、汽车用钢、桥梁用钢、集装箱用钢、石油石化用钢、压力容器用钢等国内领先，产品广泛应用于国产航母、四代核电、“复兴号”动车组、“蓝鲸一号”海上钻井平台、港珠澳大桥等重大工程项目，撑起大国重器的“钢铁脊梁”。

坚持成本化转型，释放发展潜力。成本领先是企业获取竞争优势的核心。鞍钢把降本增效作为企业的永恒主题，突出成本费用管控、转变资金运转模式，实施全员全系统对标降本，2020年以来，全集团降成本45亿元。千方百计降杠杆、减负债，通过压控“两金”占用、增加企业内源资本，大力开展市场化、法制化债转股，引入外部权益资本，最大限度优化集团债务和资本结构，提高资金使用效益效率。资产负债率近年间降低近 14 个百分点，运营质量显著提升。

坚持绿色化转型，擦亮生态底色。加快我国制造业绿色发展，既是大势所趋更是发展需要。鞍钢实践“绿色钢铁”理念，打好污染防治攻坚战，近年累计投资 80 多亿元，实施 400 多个节能减排项目，被授予节能减排突出贡献企业称号。推进花园式工厂建设，厂区绿化率 40.5%，生态恢复面积2000 多万平方米，可复垦率 90%，鞍钢矿业获评全国生态文明优秀企业、攀钢西昌钢钒获评绿色发展十大先进企业，打造天蓝、水清、草绿的美丽鞍钢。

二、聚焦做强做优做大，全力提速“十四五”发展

经过“十三五”不懈努力，鞍钢盈利能力不断增强，发展基础逐步夯实，发展活力持续提升。特别是 2020 年 1—9 月，顶住疫情冲击等不利因素叠加影响，不仅实现利润正增长，而且已经超额完成国务院国资委全年净利润考核目标。“十四五”是我国开启全面建设社会主义现代化国家新征程的重要时期，也是鞍钢实现高质量发展的战略机遇期，鞍钢将以新发展理念为引领，以加快产业链供应链发展为基点，做强做优做大，努力向具有全球竞争力的世界一流企业迈进。

一是改造升级“老字号”，打造最具竞争力的钢铁旗舰。推动企业战略性重组和专业化整合，是加快实现钢铁产业结构转型升级的战略需要。鞍钢统筹规划钢铁产业布局，将加快实施区域内兼并重组，并通过推进鲅鱼圈二期建设、兼并重组、挖掘存量资源价值等路径，打造国内第二、世界第三，规模和盈利水平国内领先、最具行业竞争力的钢铁旗舰，为辽宁振兴、东北振兴贡献鞍钢力量。

二是深度开发“原字号”，打造世界级绿色智慧矿山企业。鞍钢是我国最具资源优势的钢铁企业，有效掌控着丰富的铁矿资源，拥有世界最大的产钒企业和我国最大的钛原料和重要的钛白粉生产基地，将变资源优势为产业链竞争优势，加快矿山规模化、产业化、绿色化、智慧化

建设，打造世界级绿色智慧矿山龙头企业；加快以高端应用为主的钒钛新产品、新技术开发，保持钒产业生产规模世界第一，钛产业在国内市场占据主导地位，具有国际竞争力。

三是培育壮大“新字号”，打造以新经济为代表的多元化经营。鞍钢将以市场需求为导向，大力发展氢能源、磁技术、金融产业、互联网等新业态、新经济，推动商业模式创新和业态创新，打造行业隐形冠军，形成多点支撑、多业并举、多元发展的产业发展新格局。

三、对政府部门的政策建议

加大区域内钢企重组整合政策支持力度，提高产业集中度。降低铁矿石资源税税率，提高铁矿石企业竞争力。进一步丰富、发展资本市场，提高股权市场活跃度，充分发挥多级资本市场在供给侧结构性改革中的重大作用。

辽宁的智能化道路与对策

赵　继　东北大学原校长、中国东北振兴研究院原院长

实施“数字辽宁、智造强省”战略，是辽宁省委、省政府做出的重大决策部署，如何用数字化、网络化、智能化为传统的冶金、石化、装备制造、农产品加工等产业赋能，并使其在传统产业中发挥主导作用，将是辽宁实现全面振兴、全方位振兴发展新突破的重中之重。中国东北振兴研究院研究人员深入沈阳、大连等市远大企业集团、特变电工沈阳变压器集团有限公司、冰山集团有限公司等多家省内装备制造企业进行专题调研，形成如下报告和建议。

一、国内外装备制造产业智能化升级的经验

要高质量推进装备制造业智能化转型升级，就必须认真学习借鉴国内外成功经验，找准自身定位，树立发展目标。

1. 发达经济体装备产业数字化改造的主要经验

美国利用技术创新推动装备制造产业向智能化升级。美国装备制造产业的智能化升级，主要依赖于美国国家制造创新研究机构和创新型企业。目前，美国已经形成制造业创新网络，涵盖包括增材制造、数字化、网络化、智能化制造等领域。位于俄亥俄州的美国制造创新中心，通过增材制造3D打印重塑自己橡胶产业优势地位，其余制造业创新中心机构也在数字化、网络化、智能化转型升级之中。

日本装备制造产业依托产业集群进行智能化升级。日本各大装备制造公司将整个城市及周边，都与其紧密联系在一起，实现所谓的“智能横向集成”并形成产业集群，通过智能化手段连接供应链、客户、经销商等，实现数据实时存储、处理、共享等，助力销售、服务、联网等智能集成。

德国政府通过更新德标制造业体系推动智能化转型。为适应智能化发展需要，德国加快推进电气工程领域从电气一体化向电/机一体化、智能化转型发展。德标制造业体系也加大对产业标准的主动干预，推动基于 CPS 的工业 4.0 等数字化、网络化、智能化与标准化的深度融合。

2. 国内部分地区装备制造产业智能化升级的态势

上海市发挥人才优势，以创新驱动装备产业智能化转型。目前，全国 52%的 5G 人才、40%的集成电路人才、33.7%的人工智能人才聚集在上海。截至 2020 年，上海已打造了宝信、上海电气“星云智汇”等 15 个具有影响力的工业互联网平台，带动 12 万中小企业在平台上运行，工业互联网的核心产业规模已达到 1000 亿元。

广东省以产业集群为切入点，打造企业智能化转型样板。广东省政府明确智能化转型和赋能方向，重点打造集群企业中数字化、网络化、智能化转型标杆，着力培育战略性数字产业集群，建设智能工厂、智能车间，培育推广智能产品、智能生产、智能服务以及网络化协同、个性化定制等新业态新模式。

浙江省对标德国制造，以制造标准引领装备产业智能化升级。浙江省把聚焦节能环保、交通设备、智能制造装备等 9 大领域，作为产业标准编制计划的重点。省内各市区也都纷纷出台数字化制造标准，在促进多层次企业合作、获得国际市场认证等方面取得显著成效。

3. 国内外成功经验带给辽宁的启示

一是需求导向和完善体系是推进装备制造产业数字化、网络化、智能化升级的内生动力。以需求为导向，通过制定标准、搭建平台、完善体系对智能化升级至关重要，有助于我省装备制造企业得到技术支持，吸引国内外先进制造企业直接投资。目前，全省尚有大量以传统装备产业和装备产品为主的制造企业，需要加快明晰数字化改造的标准规则。二是有效融合是我省推进装备制造产业智能化升级的主要路径。我省大部分企业还处在装备制造业数字化、网络化的“初级层次”，相当多的企业甚至还处于数字化的初级阶段，真正进入数字化、网络化、智能化“三种范式”高级阶段的企业凤毛麟角。企业需要重点聚焦、有效整合供应链上下游资源，推动全产业链条和产品全生命周期中装备产品与数字化、网络化、智能化深度融合，带动产业升级和产业结构调整。三是科技创新是推进我省装备制造产业数字化、网络化、智能化升级的战略支撑。要加快推进辽宁制造业智能化升级，应当认真学习借鉴发达地区成功模式和经验，并在此基础上结合省情大胆创新。利用数字化、网络化、智能化赋能传统产业，促进装备制造产业转型升级，为辽宁制造业高质量发展注入新的强大动力。辽宁装备制造企业只有通过智能升级和自主创新，加快向价值链中高端延伸，才能实现向数字化、网络化、智能化融合发展的转变，才能加快培育壮大新的动能。

二、辽宁装备制造产业智能化升级的现状及问题

1. 总体现状及成果。2020 年，辽宁规模以上工业增加值比上年增长 1. 8%。在规模以上工业中，装备制造业增加值比上年增长 1. 3%，占规模以上工业增加值的比重为 29. 5%。

近 3 年，我省通过装备产业数字化转型降本增效取得明显成效。目前，全省已有 109 个智能制造重点项目完成建设，通过推进数字化改造，企业生产效率平均提升 21. 2%，运营成本平均降低 15. 6%，产品研制周期缩短 28. 3%，不良率降低 21. 2%。本溪工具股份有限公司通过数字化转型，建设了本溪第一家 5G 智慧工厂，使公司人员减少五分之二，现

有员工薪酬增加了近一倍；产品产量提高1.5倍。抚顺新钢铁有限责任公司初步建设了国内先进的一体化管控中心，实现涵盖冶金流程六大领域的集中控制。各工序成本连续三年大幅下降，盈利能力优于行业平均水平。沈阳恒安科技公司自主研发多能互补储能型冷热联供三端一体化智慧系统，与传统燃煤供暖相比，减少能源浪费和运营费用30%，运维人工减少90%，年节标煤1055吨，减少粉尘排放717吨。与此同时，辽宁省在推进数字化赋能装备制造企业方面也取得积极进展。全省规模以上企业数字化研发设计工具普及率和关键工序数控化率，已分别达到75%和51.81%；数字赋能推动1万户工业企业上云，新建5G基站2.5万个。大连光洋科技集团通过自主研发的“大数据+互联网+物联网+人工智能+智能供配电+智能环境监控”技术产品，实现了机床设备、物流设备以及各类传感器等互联互通。新松机器人公司开拓数字化物联新模式应用，工业机器人已成功应用于国民经济重点领域，移动机器人打破国际垄断，特种机器人满足高端重点领域需求，服务机器人销往全球。鞍钢集团自动化有限公司在炼钢转炉上安装新型设备采集各项指标参数，再依托5G技术和云计算，使转炉实现了智慧自主的炼钢操作。辽宁三三工业有限公司打造大国重器，让盾构机成为“中国名片”，矿用TBM产品模型也应用5G网络通信、大数据、云计算、工业互联网等前沿科技成果。

2. 存在问题及原因。与南方经济发达省份比较，辽宁省多数装备制造企业开展数字化、网络化、智能化升级中尚处于初级阶段，数字化产出水平还比较低，发展也不平衡，绝大多数企业还限于内部的数字化改造，企业间的网联互通和端到端的智能集成还为数不多，智能横向集成还刚刚萌芽。具体表现为：一是数字化改造缺乏政策支撑。辽宁省与数字化改造有关的政策指导性文件颁布相对较缓，装备制造企业内部数字化程度目前无确切的衡量标准。二是数字化改造缺少内在助力。辽宁省同样存在高端专业人才资源外流现象，从事智能制造等复合型人才出现缺口。其中高中级技术人员尤为缺乏，员工年龄也整体偏高，尤其是90

后技术熟练员工严重短缺。各级政府及省内金融性企业对装备制造产业数字化改造资金支持有限，影响企业数字化、网络化、智能化转型。三是数字化改造技术自主能力不足。将近80%企业生产所需设备的核心部件和技术需要从国外进行采购，对外依赖度较高，核心技术受制于人。装备制造产业价值链长、产业间关联度高，产业核心链条存在缺失现象。大部分国有装备制造企业生产的产品为初中级产品或产业链条中间产品，最终消费品比重较低，企业的产品同质化严重，核心竞争力不强。四是智能化升级体系有待完善。相当比重的装备制造企业尚不能充分利用现有平台进行合作交流，企业间缺乏协同意识，无法形成产业集群。由于装备制造企业间尚未形成规模化产业集群，因此没有发挥出产业集群的优势，装备制造企业间信息不对称，不仅数字化改造成本增加，而且限制了智能化产业生态体系的构建。

三、主要对策与建议

1. 出台装备制造产业智能化升级政策。一是制定装备制造产业数字化转型衡量标准。学习南方经济发达省份经验，将装备产业智能化转型成果作为市、县政绩考核的一部分。出台智能制造相关指导意见、企业数字化转型和智能化升级绩效评估体系。定期召开省内外“制造业智能化升级交流会”，交流成功经验，达成升级合作。二是出台相应的智能化升级激励政策。设立专项基金，分层级、分阶段、分种类阶梯化对数字化转型和智能化升级给予相应补贴，并对转型成功的企业给予相应奖励。积极促进地方政府与企业之间形成“政商联盟”。装备制造企业数字化转型成功与地方政府的政绩相辅相成。三是加大装备制造产业监管力度。完善相关行业准入条件及法规政策，鼓励、保障装备产业数字转型和智能升级驱动发展。大力扶持装备制造各细分行业的“专尖特新”龙头企业，再由龙头企业扶持本行业的中小企业。龙头企业可以以技术入股或资金入股，只投资不控股。

2. 完善智能化人才储备和融资体系。一是人才引进来：装备制造企业与高校达成合作关系，在本科、研究生初期“定向培养”“联合培养”相关人才。企业给予相应的奖学金、助学金，省政府给予相应的人才补贴政策。提供医疗、住房、教育支持，从外部吸引人才。采用人才参股的方式，给予核心人才一定的股权激励；二是人才走出去：在数字化、网络化、智能化水平较高的地区和走出去的重点地区，有计划地增设辽宁省政府代表机构，构建企业“走出去”的支持性网络；三是完善融资体系：由政府为企业作担保向银行贷款，通过现金流借贷模式为“专尖特新”的中小企业融资，无须抵押资产。充分发挥政府的力量，引导投资主体向装备制造企业数字化转型和智能化升级提供优惠利率贷款。目前，鞍山市采用“市科技局+科技融资担保公司+银行”借贷模式，成功帮助科技型企业解决融资难问题，这个办法值得全省推广。

3. 打造装备制造产业信息共享平台。鼓励政府及企业在同等条件下优先采购本省装备制造产品，帮助本省装备制造企业打开产品销路，形成良性循环。通过整合省内国家重点实验室和科研院所，共同解决装备制造业共性关键技术问题。借助物联网产生数据，打造数字时代工业互联网云平台，将其与人工智能、大数据、区块链等新兴技术结合产生出新效果，形成“装备制造+”数字化、网络化、智能化体系，实现信息技术共享，降低专利交易费用等。

4. 成立产学研技术合作联盟。推动装备制造龙头企业与高校成立校企联盟，组建辽宁智能制造联合体，各细分行业与研究院所、高校组成基础研究、技术开发、成果转化的智能制造中心和智能化转型服务中心。围绕核心制造企业进行集聚布局，吸收核心制造企业、上下游企业、提供配套服务的中小企业等主体，强化核心制造企业与关联企业之间的经济、技术交互，构建研发、制造、应用和服务的数字化、网络化、智能化产业链。如，大连冰山集团联合大连理工大学、大连交通大学等知名院校牵头成立大连市冷热技术中心；沈阳新松智慧产业园融合产业、金融、教育、创新等多个关键要素，打造智能产业生态和平台系统，这些做法和成果应在全省予以推广。

5. 增强数字化创新应用能力。一是成立全国首家“辽宁大数据银行”。充分利用大数据管理局，实时检测保护企业的数据，根据数字化转型咨询公司提供的项目估值收取相应比例的费用，提供“数据保险柜”服务。二是成立全国首家“辽宁制造业智能化升级咨询服务公司”。由政府、企业、高校、金融机构、社会媒体等共同参股，聘请职业经理人运营管理，为我省有转型升级需求的装备制造企业提供咨询服务、估值服务。三是举办全国首届“高端装备低碳智造论坛”。由省市政府及省内数字化、网络化、智能化和低碳转型升级较为成功的装备制造企业，共同筹办论坛和工业智能应用成果展等，展示所有参加论坛的装备制造企业的资料、模型和信息，供相关企业学习借鉴。

综上所述，充分发挥场景资源和数据资源优势，推动数字化、网络化、智能化与制造业深度融合，应该成为装备制造产业转型升级的优先考虑。加快对装备制造产业数字化转型和智能化升级的超前布局，应该成为辽宁未来经济高质量发展、可持续发展的政策取向，成为辽宁乃至东北全面振兴、全方位振兴的主攻突破口和经济发展的战略支撑。

专家观点综述

一、东北振兴与全面深化改革

1. 东北地区高质量发展归根结底要靠深化改革

乔　军　辽宁省人民政府研究室原主任

2014 年 7 月，习近平总书记提出两个“归根结底”的重要论断，科学地回答了“十四五”乃至今后时期，事关东北实现全面振兴、全方位振兴一系列带有方向性、根本性、战略性、全局性的重大问题，是贯彻党中央“十四五”规划《建议》中“推动东北振兴取得新突破”的根本遵循。

李　凯　中国东北振兴研究院副院长

习近平总书记的这一论断，是对东北问题根源的根本性判断，是思考和解决东北问题的一把钥匙。目前东北遇到的困难和问题的根源，在于经济体制机制原因以及相互交织的结构原因，其中体制转型问题更加突出一些，所以要求东北地区要从深化改革入手，建立起完善的市场经济体系，使东北地区的振兴发展具有制度保障。

张占斌　中央党校（国家行政学院）马克思主义学院院长

当前，东北地区国有经济比重过高、重化工国有企业偏多、国有经济和国有企业竞争活力不足、民营经济发展不充分、新兴产业发展偏慢等问题和矛盾依然没有缓解。针对东北国有经济和民营经济的发展不平衡不充分的矛盾，深化国有企业混合所有制改革是东北振兴的重中之重，因此应加快东北地区混合所有制改革的进程，加大东北地区混合所有制改革的力度。

2. 制度创新是全面深化改革的关键

乔　军　辽宁省人民政府研究室原主任

"十四五"推动东北振兴取得新突破，要靠高水平的制度创新成果来解决体制机制、深化改革问题，要靠高质量的投资发展项目来解决产业结构、经济结构问题。高水平的制度创新成果用来改革调整优化社会生产关系，高质量的投资发展项目用来激活夯实壮大社会生产力。培育高水平的制度创新成果，是关系东北振兴发展具有战略性、全局性、基础性的重大工程，市场化法治化国际化的营商环境，是高质量投资项目落地的前提要件和制度保障，所以，破解当前东北振兴发展战略全局的重大问题，首先要在培育高水平制度创新成果上取得新突破。

张占斌　中央党校（国家行政学院）马克思主义学院院长

改革是东北振兴的根本出路，要抓住供给侧结构性改革的机会，下大气力推进体制机制创新。东北要振兴必须实现体制机制的创新，特别是国有企业改革要走出新的道路。供给侧改革不仅仅是要求企业来提供更好的产品和服务，也要求政府提供更好的产品和服务，政府提供的产品和服务在很大程度上体现在体制机制上的创新，更好地在投资、金融、土地、科技、人力资源、社会保障等方面的体制机制上做出新的创新。

二、培育高水平制度创新成果的政策建议

1. 转变思想观念和认识问题

乔　军　辽宁省人民政府研究室原主任

"十四五"时期东北面临的最大的差距与挑战是思想观念问题和认识问题。破解制约发展战略全局重大问题，要着力培育具有时代特色、高水平的制

度创新成果，在培育高水平制度创新成果上取得新突破，以高水平的制度创新促进东北高质量发展。

张占斌 中央党校（国家行政学院）马克思主义学院院长

应该在东北设立混合所有制改革综合试验区。推进东北地区的国有企业混合所有制改革，实现国有资本、集体资本、非公有资本等交叉持股、相互融合的混合所有制经济发展，有利于放大辐射东北国有资本功能、保值增值、提高竞争力；有利于各种所有制资本取长补短、相互促进、共同发展，提高“东北域”整体资源的配置效率。东北地区设立混合所有制改革综合试验区，可以有效释放国有经济改革红利。混合所有制改革最大可能地吸引国际国内新的高端生产要素，带动盘活区域内原有中低端生产要素，为国有企业和国有经济发展注入新鲜的“血液”，激活“休眠资源”并提高科技创新能力，推动产业转型升级，并持续提高全要素生产率。

2. 寻找东北地区的自身优势

张蕴岭 中国社会科学院学部委员

东北地区的 GDP 等经济指标跟南方相比不具优势，要根据东北地区的优势，以及未来的发展趋势，构建科学的评价指标体系，制定适合东北特点的发展指数，形成对东北振兴的理论指导，提振新形势下东北振兴的信心。

迟福林 中国（海南）改革发展研究院院长

从国家层面强化东北四省区跨区域协调机制，建立多层次的跨省区合作机制。推进东北经济一体化，需要打破现行行政体制的束缚，建立高规格的跨区域行政协调机制，并由此形成东北地区整体融入东北亚的合力。建议参照粤港澳大湾区的经验，在现行四省区行政首长联席会议机制的基础上，形成由国家发改委牵头、各省区市主要领导参与的高层次协调机制与高效的工作机制。由东北四省区政府主要领导牵头，工作机构设在各省区发改委，由商务、交通、农业、能源、矿产相关部门参与，在基础互联互通、强化产业互补、促进产业开放等方面形成新的合作机制。

常修泽　中国宏观经济研究院教授

加入 CPTPP 对我国各个方面影响都很深，申请加入 CPTPP 的过程可能时间比较长，在这个进程中应该主动做一些准备工作，建议在辽宁筹建中国申请加入 CPTPP 进程先行探索区。从地理历史角度看，辽宁具有地缘优势和与日本交往的历史渊源；从与国际规则“接口”的角度看，在辽宁筹建先行探索区比其他地区更具有典型意义；从现实条件来看，辽宁省体制创新的积极性很高，这是先行探索区必须具备的内在条件。

卓　贤　国务院发展研究中心发展战略和区域经济研究部副部长

提升东北地区的全生命周期的营商环境。国内相关部门非常有必要对各个地区营商环境进行量化评估。从目前一些机构发布的营商环境评估来看，东北似乎并不差。可以考虑用民营企业 3 到 5 年存活率，以创新型企业研发和投入和研发成果之间比例的关系等，来反映全生命周期的营商环境改善。

刘　威　吉林大学东北振兴发展研究院副院长

东北振兴首先在于思维的突破。东北要想实现突破性发展，必须要解放思想，使用非常规手段，选择一种“无中生有”的制度创新、制度设计，不能按部就班地走常规发展道路。制度创新绝不是自己搞出来的，要从顶层或外部植入新制度，推动颠覆性创新，用制度突破来引领人才流动、技术创新和资源配置，通过制度创新来释放技术能量和产业优势，留住人才、用好人才。建议建立人才特区，财税、产业特区，把东北能量发挥出来。

李　淳　海南中改国浩自由贸易港法律研究中心主任

法治是最好的营商环境，法治是最好的政策保障，法治是东北全面振兴的必由之路，法治是东北全面振兴的战略选择。东北全面振兴，重在法律保障。建议适时制定《东北振兴法》。

第四篇

双循环格局：推动东北经济转型升级

以数字化转型推动东北新旧动能转换

王一鸣　中国国际经济交流中心副理事长

当前，数字经济正在成为经济发展新引擎，新一代信息网络技术推动网络互联的移动化、泛在化和信息处理的高速化、智能化，促使人类活动全面数据化。物联网、云计算、大数据等新技术构建“人-网-物”互联体系和泛在智能信息网络，推动人工智能向自主学习、人机协同增强智能和基于网络的群体智能等方向发展，信息网络技术加快向智能化方向发展，带来众多产业领域的深刻变革和创新。

智能制造进入加速的拓展期，信息网络技术与制造业深度融合，先进传感技术、数字化设计制造、机器人与智能控制系统等日趋广泛应用，制造业生产流程、研发设计、企业管理乃至用户关系都出现智能化趋势，正在重新定义制造业部门，成为重塑制造业竞争力的关键因素。

信息数据正在成为核心生产要素。随着信息技术的突破性发展和信息基础设施的不断完善，信息数据逐步成为产业发展的核心生产要素。度量产业体系现代化程度，主要体现在由信息数据要素投入而导致的边际效率改善和劳动生产率提升的程度。

产业形态发生深刻变化。生产组织和社会分工方式向网络化、扁平化、平台化转型，适应消费者个性化消费需求，大规模定制生产和个性化定制生产日益成为主流制造范式，企业组织边界日益模糊，平台经济和共享经济获得更大发展空间。

劳动力结构发生深刻转型。自动化设备对劳动的替代，导致劳动力市场的两极分化，即程序化工作的需求减少，非程序化工作的需求增加。

人与机器将从以往的互补关系变成替代关系。

数字化转型成为区域变局的重要力量。新冠肺炎疫情加速以数字技术为基础的新产业、新业态、新模式异军突起，展现出强大的抗冲击能力和发展韧性，重塑各地区竞争力消长和区域发展格局。东北应抓住数字化转型的战略机遇，加快培育数字经济，推进新旧动能转换。

新一轮东北振兴战略实施以来，东北三省初步扭转经济快速下滑局面，营商环境明显改善，一批关系国民经济命脉的“大国重器”加快升级，为构建新发展格局提供支撑。但也要看到，东北在全国的位势仍在下降。东北经济总量较小，经济增速从2011年开始急剧下降，近年来有所回升，但仍处于四大板块的最低水平。随着国际市场需求萎缩，国内人才、科技等竞争加剧，东北发展仍面临严峻形势。新动能偏小偏弱，经济发展仍主要依靠汽车、石化、钢铁、电力装备等传统产业，新旧动能转换仍然迟缓。科技人才、创业人才等高端要素流失严重，创新创业孵化平台不完善，投融资服务水平低，难以形成创新创业的良好生态。

面向未来，在新一轮科技革命加快发展和我国数字经济迅速兴起的背景下，抓住国家推动新型基础设施建设的战略机遇，加快东北经济数字化转型，提升产业链数字化和现代化水平，对东北振兴具有全局性战略意义。应该看到，东北地区信息化总体水平不高，消费互联网发展滞后，企业管理信息化水平低，高端信息技术人才不足，投资环境吸引力不强，数字经济新动能尚未形成。迫切要求抓住国家新基建带来的重大机遇，加强战略谋划和统筹协调，筑牢制造业数字化转型的基石。为此，我提出八个方面的建议：

第一，把数字化转型作为振兴东北的战略支点。面向经济数字化转型的战略需求，围绕新型基础设施建设、关键核心技术研发、产业数字化转型等进行战略规划，形成政府与企业推动数字化转型的合力。

第二，加快推进新型基础设施建设。加快以5G网络、数据中心、人工智能、物联网等为核心的新型基础设施建设，为产业互联网发展和产业数字化转型奠定基础。在传统基建中，政府是主要投资方，融资渠道比较单一。在新基建中，要鼓励市场主体广泛参与，推动政府和社会资本合作，以更好对接终端需求，提高投资效率和技术先进性。

第三，推动工业互联网建设。相对于消费互联网，工业互联网对数据采集精度、传输速度、存储空间、计算能力和智能化加工应用的要求大幅提高。要引导行业龙头企业建设多样化服务功能的工业互联网平台，从增值服务中按使用效果适当收取租金以补偿基础业务投入，推进产业数字化转型，进一步发挥和释放东北的产业优势。

第四，加快制造业数字化转型。东北地区是我国制造业特别是装备制造业的生产基地。加快推进制造企业数字化，要在数据交换、数据接口、开放模式、数据安全等方面统一标准和规范，打通产业链上下游企业数据通道，并将生产过程与金融、物流、交易市场等渠道打通，促进供需精准对接，推动形成制造业数字化转型的产业生态。

第五，培育数字化应用场景。以工业互联网、车联网为重点推进垂直行业场景应用，建设人工智能开源开放创新平台，集中推出“AI+医疗”“AI+政务”等一批应用场景。

第六，加强数字化人才培养和引进。依托哈工大、东北大学等高等院校，加大数字化高端人才培养，依托数字化平台留住和引进一批高端信息技术人才。通过高等院校调整专业设置，加强数字化专业技术人员和产业工人培养，为数字化转型提供高质量人力资源。

第七，加快培育数据要素市场。数据已成为数字化转型下的核心生产要素。要加强对数据产权的合理界定，对个人数据、政府数据及商业数据的产权进行分类界定，促进数据安全自由流通，为培育规范的数据交易市场创造条件。

第八，优化数字化创新生态。进入数字化转型阶段后，技术进步和产业发展的不确定性增大，需逐步减少选择性创新政策，更多运用普惠性政策，构建以竞争中性为原则的政策环境，减少选择性政策的“挤出”效应，避免简单以企业规模、盈利状况、专利数量等设置政策门槛，防止出现对不同企业的政策歧视，提高政策公平性。

把优化产业结构作为振兴东北经济的主攻方向

范恒山　国家发展和改革委员会原副秘书长

这些年，东北地区的经济发展一直是社会关注的热点、人们议论的焦点，也是专家学者们研究的重点。2014 年东北经济出现较大的滑坡，经过艰苦的工作，2017 年、2018 年开始平稳，但 2019 年又出现下降。2020 年一开始就面临着一场波及全球的重大疫情，疫情对我国经济发展产生了一系列不利影响，自然也给东北经济的发展带来了较大的冲击。东北经济出现波动，面对着这样的冲击，无异于雪上加霜。但我们也要说，无论有没有疫情，都不会改变国家振兴东北经济的决心；无论有没有疫情，都不会影响最终实现东北振兴这样一个结果；无论有没有疫情，都不会动摇我们去完成一些重大任务，以推进东北经济向好发展。只是当前面对重大疫情，我们致力于振兴东北经济，情要更切、谋要更准、力要更大。我就“战疫”环境下推进东北经济发展阐述四点看法。

第一，无论是计划经济时期还是市场经济时期，东北地区都创造过经济发展的辉煌，因此我们有充分理由肯定，东北地区一定能够实现振兴发展。在计划经济时期东北是我国经济发展的重要支撑，尤其为构建我国完整的工业经济体系和国民经济体系做出了重大贡献。以 GDP 而论，当时东北三省在全国的排名是很靠前的。资料表明，1978 年，辽宁 GDP 居全国第三位、黑龙江居第八位、吉林居第十八位。而排名前十的城市中东北就占四个：长春居第五，哈尔滨居第六，沈阳居第七，大连居第九，都很靠前。1978 年，整个东北地区的经济总量在全国的占比接近 14%。计划经济时期，东北的发展对于全国来说可谓举足轻重。在市场经济发展时期，东北地区也同样出现过快速发展的局面。2003 年，中央提出东北振兴战略后，东北地区发展打破转型的困境取得了新的成就，2003—2012 年，平均年度经济增长超过 10%。尤其是在 2008 年增速超过东部，2008—2012 年，平均增速达到了 12.5%，明显高于全国的平均水平，这是东北发展的又一个辉煌时期。只是 2013 年开始下降，2014 年出现较大幅度的下滑。这表明，东北在不同的体制环境下都实现过超常的发展。所以，即使今天东北发展面临着一个较为困难的局面，我们也不能丧失信心。只要思路正确、措施得力、实施到位，眼前的困难是可以克服的，东北发展能够走在稳定向前的道路上。

第二，虽然 2003 年前和 2013 年后东北经济都面临着困难，但导致困难的原因并不相同，深入认识这一问题有利于我们厘清思路、把握关键。2003 年前或者说是 1978 年改革开放后，东北经济发展曾经出现过较大的困难。但这种困难是计划经济体制向市场经济体制转变所形成的一种必然结果。主要原因有两点：一是沉重的社会负担影响了企业在市场上的活力。在计划经济条件下的一套做法，比如企业办社会，员工吃“大锅饭”等，造成企业冗员过多、社会包袱过重进而导致了企业运行成本高而效率低下；二是体制机制不对接使企业难以有效运作。老的体制仍然存在或被打破，新的体制还没有及时或完整建立起来，企业与市场之间正在磨合或对接，因而会在市场面前显得手足无措，这个磨合的过程会伴生很多问题，最终都会影响到经济发展。但当时产业结构、产品需求的问题并没有凸显出来。其原因，一是当时的市场需求还主要体现为基本的和必要的社会需求，人民美好生活需求的比重还比较小；二是市场没有充分放开，国内市场一体化程度不高，国际国内市场也没有全面对接，并非所有有竞争力的产品都能够自由流动。在这种情形下，东北的产业结构与社会需求和市场竞争是基本适应的。所以，通过改革减轻了负担，搞活了机制，企业的活力就出来了，经济社会也就能够加快向前发展了。正因为如此，在这个时期内，产业结构并没有实现较大程度的优化升级，仍然是“原”字头、“初”字头占据主要地位。所以

2013 年以后，东北经济开始出现新的困难，这个困难的形成除了有非经济方面的一些原因外，主要就是产业结构和产品质量不适应变化了的环境需要。一方面，通过大力度的改革开放，不仅国内市场一体化程度显著提高，国际国内市场也全面实现对接，这就把东北地区产品和服务的竞争推向了全国和全球；另一方面，在科技创新加速推进和人民需求快速提升双重因素驱动下，各地区产业结构不断优化，产品与服务不断更新，而变化不大的东北“原”字头、“初”字头产业结构与之形成较大的反差。这一点，我们能从东北经济的外向度较低的事实中看到：外向度较低，说明国际竞争力不强。我们也能从东北产品附加值不高的状况中看出：与东部一些发达地区相比，东北充分体现世界代表性科技水平的产品和服务并不多。所以，东北经济不振的直接问题来自产业结构不优。

第三，要以推进产业结构调整、建立现代化的优势产业体系为重点来谋划振兴东北的发展思路，并围绕其创造条件、选择路径。振兴东北经济的核心所在是提高产品和服务的市场竞争力。产品和服务有了市场，也就有了效益，而效益的提升又反过来会激发企业创业创造的积极性。产品和服务要占有市场，就必须优化产业结构。当然要解决产业结构优化的问题，又涉及体制机制创新、科技创新等，但应当明确，所有的一切努力都必须紧扣提升产业结构进行。提升东北地区产业结构的基点，一是要着力发挥比较优势；二是要充分挖掘内在潜力；三是要积极借助外部资源。应该说，在优化提升产业结构方面东北是具有良好条件的。东北地区的产业基础总体比较好，只要适当加以改造，就能够有效提升。例如，东北的装备制造业，不仅规模大，而且相当坚实，利用现代科技加以改造，就可以建立起先进装备制造业的高地。而这恰恰又是建立现代产业体系所特别需要的。建设现代产业体系，我们要着力发展实体经济，而发展实体经济的重点是发展制造业，发展制造业的重点又是装备制造业。东北地区的产业链条比较完整，配套体系比较完备。在这么大的疫情面前，中国能够充满信心和保持定力，很重要的就是因为我们具有较为完整的产业链，同时又具有广阔的内需市场。把这两方面结合起来，我国的供给和需求都不会存在危及根本的风险。东北地区可以说是中国的一个缩影，总体上说，产业体系比较完备、供应链条也比较完整，对之加以完善提升，就能够支撑起新的产业体系。

我们要把握好基点和有利条件，通过有效举措优化产业结构，进而实现振兴东北经济的目标。其具体路径有四：一是提升。核心是要通过现代科技赋能或加持各类产业，特别是优势产业。例如，应当加快信息化和工业化的深度融合，推进装备制造业的智能化改造。在这方面要注重学习外省的做法，既要向上海、浙江等发达地区学习，也要向贵州等欠发达地区学习。二是移植。要充分借助战略平台和各类合作平台，把国内外的一些高新产业和先进管理模式平移过来、为我所用。几年前，国家推动建立了东北地区与东部地区部分省市对口合作机制，应当充分利用好这个机制。三是培育。立足于发挥基础优势和挖掘内在潜力，运用超常规手段聚集创新资源和要素，培育一些具有“独”“特”“异”性质的产业，通过独创而形成竞争优势、抢占发展的制高点。四是融合。要通过产业融合来实现产业创新。一般的道理是，接合部最容易被忽视，而接合部又最容易出奇效。在产业发展方面要注重激发接合部效应，大力推进产业融合，打造“融”经济、发展“混”产业。通过这些路径，我们不仅可以促进装备制造业提质增效、做优做强，也可以把东北的其他优势产业提高到一个新的水平，把区域竞争力提升为国际竞争力。比如，农业特别是粮食是东北的特色和优势，光黑龙江2019年的粮食产量就超过了1500亿斤。但怎样推进粮食的深加工，提高它的附加值，怎样实现农业现代化和工业化、城镇化的有机结合，协同发展，这还要做许多文章，需要把上述路径充分利用起来。

第四，要围绕优化产业结构、提高产品与服务的竞争力这个核心环节和关键任务，切实建立强有力的支撑体系。优化提升产业结构，不仅涉及产业本身，也涉及相关支撑条件。因此，不仅要在工作重点上向优化提升产业结构聚焦，而且要在支撑条件上向优化提升产业结构发力。

支撑体系建设涉及许多方面，我认为特别重要的有三点：一是要全面优化营商环境。营商环境决定着市场活力和社会创造力，关系着投资经营主体的积极性和活跃度、资源要素的流动性与聚集度、国家和区域的成长性与创新度，当前各个地区竞争力的比较在很大程度上集中体现为营商环境状况的比较。营商环境建设是一个系统工程，虽然列出一些涉及具体工作的指标并逐项加以改善是必要的，但并不等于营商环境建设仅仅局限于这样一些指标的改善。营商环境在大的方面涉及体制机制，小的方面涉及一些具体工作事项。在硬的方面涉及基础设施，在软的方面涉及政策法规；在明的方面涉及管理手段和方式，在暗的方面涉及治理理念和能力。因此要统筹谋划、一体优化。二是要推进干部制度创新。真正做到公平公正选用干部，把那些思想解放、敢于担当，肯干事、能干成事的干部配备到有决策权的重要岗位上去，运用到推进经济社会发展的指挥员位置上去。把这个问题解决了，很多其他的问题就自然而然地解决了。三是要加强相关政策的支持。实现东北经济的重振，特别是推动疫情环境下东北经济解忧脱困，实现向好发展，需要国家加大政策支持力度。从总体上说，国家的支持政策应围绕实现东北产业结构优化提升来制定安排，但要特别重视两个方面，一是继续赋予东北在重要改革发展事项上的先行先试权；二是推动一些重大的战略功能平台在东北落地生根。

深度改革开放加快构建制造业转型升级的制度环境

银温泉 国家发改委经济体制与管理研究所所长

东北地区制造业具有非常重要的地位，目前转型升级缓慢，产品结构、技术结构普遍而言较为落后，表面上看是研发投入占比少、开放不足等问题在作祟，但这些只是现象，关键的是背后深层次体制机制原因。产业的现代化，需要制度现代化为支撑。“橘生淮南则为橘，橘生淮北则为枳”。制度环境是制造业转型升级的关键，是第一位的影响因素。在“十四五”时期，推动制造业转型升级，关键是深入贯彻落实习近平新时代中国特色社会主义思想和习近平总书记视察东北重要讲话精神，深度改革，高水平开放，营造推动制造业转型升级的制度环境。

“十四五”对东北将是一个可以充分利用的有利时机，一是深化改革，“十四五”时期是我国开启新时期现代化征程的起步期，中共十九届四中全会明确提出建立现代化强国两个百年目标和制度建设目标。最近一个时期以来，党中央、国务院连续出台关于重大改革的文件，彰显了加快全面深化改革的决心，深圳综合授权改革试点等改革试点工作的推进也显示了中央在激发地方改革动力上的决心。东北地区要抓住新时期新的改革窗口期，在“十四五”时期加快改革开放，补足制度短板。

在“十四五”时期，实施国内大循环为主体、国内国际双循环的战略，对于国内市场为主的东北产业特别是制造业，是一个难得的发展机遇。

在“十四五”时期，东北要抓住国际经济贸易形势的变化，在危中寻机。目前全球化出现逆流，国际保护主义抬头，加上新冠肺炎疫情蔓延和防控常态化，严重影响了国际产业分工和区域合作，东北地区要抓住产业链、供应链重构的机会，利用东北亚经贸合作，特别是中日韩密切经济联系，实现弯道超车，加快发展，推动制造业转型升级。

总之，“十四五”时期是东北地区改革发展的重要契机，东北地区要抓住时机，在体制机制改革上做足文章，营造转型升级良好生态。具体而言，要着力推进四个关键方面的改革。

第一，政府改革，着力构建人民满意的服务型政府。要以服务承诺制为突破口，加快构建高效的责任政府，强化政务公开，依法公开职责履行流程，推动行政审批流程再造，设立结果导向目标，实行限时办结制度，消除懒政怠政现象，提高行政效率。要创新行政管理和服务方式，运用互联网、大数据、人工智能等技术手段，深入开展“互联网+政务服务”，加快推进一体化政务服务平台建设。要以清单制度为突破口，建立法治政府，建立权力清单、责任清单和负面清单，法无授权不可为，法无禁止即可为，强化政府的产权保护和契约保护意识。要以减少政府直接配置资源、推动要素市场化为突破口，建立有限政府。减少政府对经济的直接干预，深化放管服改革，加快打造市场化、法治化、国际化营商环境。弱化产业政策，强化竞争政策的基础性地位。

第二，构建激发经济内生活力的制度政策。要加快推动国企混改步伐，优化非国有控股混改企业管理。实施竞争中性政策，加快国企分类改革，明晰政府财政责任，明晰企业责任，强化企业经营的财务独立，要求国有企业资产实现合理的回报率。完善会计制度，强化成本透明，财政补助透明，强化预算硬约束。落实公平竞争审查制度，强化公平竞争审查的刚性约束。落实和完善推动民企加快改革发展的政策制度。健全以公平为原则的产权保护制度，全面依法平等保护民营经济产权，依法严肃查处各类侵害民营企业合法权益的行为。构建亲清政商关系，弘扬企业家精神。在推动国企混改、军民融合过程中高度重视发挥民企优先作用。

第三，构建推动创新的制度政策。以释放激发科研院所、科研人员活力为着力点，深化科技体制改革，建立以企业为主体，生产、教育、科研深度整合，促进科技成果转化的市场化技术创新体系。改革重大科技资源的配置机制，进一步深化“简政放权”，改变“政出多门”的局面。完善以市场需求为导向，企业、高校和科研院所积极参与、风险共担、利益共享的科研成果转化机制，加强知识产权保护。加快科研院所改革，赋予科研机构更多的科研管理自主权，引进发展一批投资主体多元化、管理制度现代化、运行机制市场化、用人机制灵活化的新型研发机构。积极推动融通创新，推动科研主体之间的通用重大基础设施共享、成果交流、产业协同、人员交流等方面的融通合作，开展跨部门、跨单位、跨学科的联合攻关；积极开展科研经费项目经费包干制试点，实施科研经费和科技成果管理负面清单制度，赋予科研机构和科研人员更大的经费管理自主权。积极总结推广沈阳等地全面创新改革有效做法，在税收优惠、成果转化奖励、事业单位改革等方面加大力度，赋予科研人员职务科技成果所有权或长期使用权试点，探索形成市场化赋权、成果评价和收益分配等制度。

第四，构建有利于高水平开放的制度政策。加快制度型开放步伐，构建开放型经济体制。用高水平开放促进高质量发展，推动制造业转型升级。以自贸区和国际合作示范区为抓手，落实外商投资法及配套法规、外资准入负面清单，放宽外资市场准入，包括制造业重点领域准入限制，积极吸引外商投资，特别是日本企业和韩国企业的投资；推动一带一路项目合作，建立第三方合作机制，加强与日韩等发达经济体的企业合作；推动科技国际合作，优化外国人工作许可、居留许可证件审批流程，逐步实现“一窗受理、同时取证”。完善人才聘用机制，探索建立外籍人才参与发展战略研究、科研项目管理的机制。还要构建服务当地企业“走出去”的政策制度，便利企业走出国门，多元化开拓国际市场，分散经营风险，参与全球分工的价值链结构升级。

从第四次经济普查数据看东北国有企业改革发展的路径

陈永杰　大成企业研究院副院长

一、从2018年第四次经济普查看东北与全国工业企业的差距

效率和效益是衡量国有资本管理水平最根本、最主要的硬指标，其他的指标都是次要的，效率是单位国有资本创造的营业收入带动的就业数量、带动的社会资本等，还有其他一些指标的综合评价；效益是单位国有资本创造的利润、贡献的税收、增加的所有者权益等指标的综合评价，我们可以得出基本判断：

一是东北工业企业、东北国有工业企业、东北私营工业企业、东北大型工业企业、东北制造业企业的整体效益和效率水平低于全国同类指标的平均水平，有些指标的差距还很大；二是东北国有工业企业的整体效率和效益水平低于东北私营工业企业和外资工业企业水平，有些指标差距还很大；三是东北国有资本的整体效率和效益水平低于全国国有资本水平，更低于东北私人资本和外资资本水平。

东北三省资产负债率高于全国，东北的资产营收率，就是每万元创造多少营收是全国平均水平的82%，资产利润率是全国平均水平的67.7%，应收利润率是全国的80.9%，而资本利润率只有全国的62.3%。

再来看国有控股工业，就是单纯讲国有企业和国有企业比较，东北

的国有企业资产负债率比全国国有企业高 4.9%，资产营收率高 15%，这主要是石油、钢铁这些重资产行业比较多，但是资产利润率只有全国的 78.6%，营收利润率只有 68.2%，资本利润率只有 73.5%，都低于全国国有企业的平均水平。

私营工业也是如此，资产负债率高于全国私营工业，而资产营收率只有全国的 66.2%，资产利润率只有 48.2%，资产营收利润率只有 77.6%，资本利润率更低。

关于东北的制造业，资产负债率是全国的 109.3%，后面的各项数字都低于全国的平均水平。东北地区制造业的实收资本当中，国家资本占比高于全国平均水平，法人资本高于全国平均水平，个人资本大幅度地低于全国平均水平，港澳台资本也低于全国平均水平，这就反映了资本结构。从这些经济指标比较可以看出，国有资本、国有资产的效率大幅度地低于私营企业、低于外资企业。

二、东北国有企业改革发展的几条路径

基于数据分析，东北国有企业改革发展有几条路径：

第一，要树立一个大观念：一定要着眼于东北整体生产要素，重点是整体资本要素的效率与效益的提高，对那些低效率低效益的资本进行大幅度的结构调整，不管这种资本是什么资本，私营资本也好，外资资本也好，国有资本也好，要树立一视同仁的观念。

第二，开展一番大调整：着眼于提高国有资本整体效率和效益，大规模调整国有资本的行业结构、地区结构、企业分布结构，对于近几年来效率和效益明显低于全国同类国有企业效率效益水平的国有控股企业，不管是什么行业，不管规模和名气有多大，统统将其国有资本逐步退出，退出后投资到效率和效益高于全国国有企业水平的国有控股企业当中去，或者投资到有较高效率和效益水平的民营企业当中去。

第三，推行一项大改革：国有企业混改是东北一个重要的方向。仍

然保留国有控股企业，除少数属于自然垄断的企业外，全部推行国有民营的企业改革。这个民营不是私营，而企业管理层要全面实行社会公开招聘制，实行目标责任制，实行市场薪酬制和股权激励制，严格推行优胜劣汰，企业的中下层员工，全部实行与民营企业同样的劳动合同制，老员工过去的工龄全部转为社保工龄，但是要进行适当的劳动补偿。

第四，改进一项大评价：对国资部门、国有投资公司、国有资本运营公司和国有控股企业等对他们进行经济考核，以其所管辖或管理的国有资本的效率效益提高为标准。效率是万元（亿元）国有资本创造多少营业收入、带动多少人员就业、带动多少社会资本参与等，效益是万元（亿元）国有资本创造多少利润、贡献多少税收、增加多少所有者权益、提供多少合格商品与服务等。

第五，要推进一轮大公平：境外资本与东北资本、外地资本与本地资本、国有资本与民营资本，在行业的进入、企业的进入、产品的进入、服务的进入、地区的进入以及税费政策、金融政策、工资政策、社保政策、人才政策等各个方面完全公平对待，这个公平对待不是那么简单。

我有一个关于公平的观点，叫要树立新的“公平/效率”观。我对公平的理解是，公正与平等，不是平均，也不是均等；公平是从理念、规则、程序到机会、结果、监督的全过程公平；公平是全要素的公平，是指整体的要素公平，根本的是对各类人群和各阶层公民的普遍公平，不是只对某些特殊企业或人群的优惠待遇，这都不公平。特别是理念的公平很重要，这是讨论的前提；公平是效率的前提，效率是公平的结果，公平产生效率，效率反映公平，公平和效率是一个硬币的两面，最大的公平产生最大的效率，进而产生最和谐的社会。这里面有一系列的问题要讨论，不是今天给了某种资本优惠待遇，它提高了，就说它提高了效率，而要看整体的资本提高了多少效率。

传统计划经济是很不公平的经济，社会主义市场经济是比较公平的经济，公平是市场必须遵循的最基本的原则，也是市场经济产生效果的基本条件。

构建东北制造业转型升级的开放式格局

赵 继 东北大学原校长、中国东北振兴研究院原院长

一、坚持问题导向，厘清东北地区制造业转型升级存在的主要症结

2019年，在全国31个省份GDP排名中，辽宁、黑龙江、吉林分别排在第15、24、26位。三省GDP之和为50249亿元，低于第五位的河南省，高于第六位的四川省。影响东北经济发展的一条重要因素，就是工业转型升级相对滞后，制造业优势远未发挥出来。其存在的主要瓶颈制约有：

1. 单纯依靠当地的资源优势，战略性新兴产业规模较小。东北地区重工业和能源原材料产业比重较高，近年来因煤、铁、油等资源逐渐枯竭，以制造业为主的重工业资源优势已不再显现。东北工业增加值占全国比重，已由2012年的89%下降至2018年的53%。另外，东北战略性新兴产业以及基于互联网的新兴产业规模也比较小，发展进程也相对缓慢，对经济发展贡献偏低。据统计，沈阳、大连、哈尔滨三个城市的高新技术企业，在总产值、企业数量、上缴税费等方面均位列全国15个副省级城市的末位，三市总和与武汉、成都持平。

2. 劳动生产率和产品附加值都较低，增长呈粗放型。目前，东北地区绝大多数制造业企业从事加工和组装，主要以初中级等低附加值产品

为主，不仅产业链条较短，而且精深加工滞后。从现实情况看，东北地区制造业整体效率、效益不高，大部分工业行业资金利税率低于全国平均水平。制造业的发展方式，主要依赖传统生产要素投入，还停留在量的扩张层面，发展方式比较粗放，集约型的发展方式尚未形成。

3. 研发投入不足，品牌市场认可度偏低。东北地区装备制造业存在单机制造能力强、系统集成能力弱等问题。政产学研之间衔接不紧密，科技资源配置不尽合理，大量的科研成果不能转化为应用技术的问题也比较突出。据统计，东北地区研发经费投入占 GDP 的比重，均低于全国平均水平；从专利授权量来看，东北每万人专利授权量，也低于全国平均水平。此外，东北制造业的品牌知名度不够高，市场竞争力和占有率也相对偏低。

特别是东北地区市场化程度不高，严重制约了制造业参与国内外市场的竞争与合作。有资料显示，东北地区的市场化程度总指数，在内地 31 个省份中辽宁省排第 10 位，吉林省排第 18 位，黑龙江省排第 21 位。

二、找准目标定位，聚焦东北地区制造业转型升级必由路径

制造业乃东北经济根基，是东北全面振兴、全方位振兴的底气。但从目前全国定位看，东北制造业与南方发达省份相比，已在经济带动、创新驱动、多领域融合、质量品牌和绿色集约等方面存在较大差距。据权威报告显示，2019 年，我国先进制造业发展指数综合前 10 名城市为上海、深圳、北京、广州、苏州、武汉、杭州、成都、南京、宁波。在全国前 50 个城市中，上海总分为 83.6 排第 1 位，成都从 2018 年 13 位升至第 6 首次进入前 10 强，北京先进制造业的创新驱动力全国排名第一，山东成为绿色制造第一强省。而曾经闻名全国的东北老工业基地主要城市，哈尔滨最好排在全国的第 31 位，沈阳第 33 位，大连第 43 位，长春第 44 位。从 4 个副省级城市的整体位次看，东北地区的制造业已明显处在全国后位。下一步要加紧追赶的目标，就是应以新一轮信息技术，

特别是数字化、网络化、智能化与制造业的深度融合为突破口，着力推动三个方面的转型升级。即，以主攻智能制造、推行绿色制造、发展服务型制造为重点，促进制造业发展模式加速变革。

1. 促进“制造业+数字化”。要深入贯彻落实党的十九大精神，抓住新一轮信息化深入发展的重大机遇，促进东北传统制造业的生产方式更加高效、产品更加智能，促进资源在国内外范围内优化配置，进而为制造业高质量发展注入新的动力和活力。近年来，我国数字经济已在多个领域实现重大创新，成为全球数字经济引领者。10 年前我国电商交易额不到全球总额的 1%，如今占比已超过 40%，超过英、美、日、法、德等五国总和。新一轮科技革命不断催生新产业涌现，相当一部分新兴产业是与高端服务业直接相关的制造业。推动制造业与智能化深度融合，这是东北制造业向资本和技术密集型转变的现实新途径。

2. 促进“制造业+服务化”。国内外经验表明，服务创造的价值约占整体价值的三分之二。目前，东北地区的制造企业普遍存在重规模轻质量、重速度轻效益、重批量生产轻个性化定制、重制造轻服务的现象，发展服务业务动力不足。因此，在推进制造业和服务化融合中，要重点推进个性化定制、产品全生命周期管理等服务型制造模式。建立服务型制造专家库，形成服务型制造政策咨询、行业诊断、人才培训的支撑平台；推动供应链管理试点示范，依托 5G、物联网等技术及其公共服务平台、协同创新平台，推广工业设计产业链云服务平台，推动智能网联汽车创新发展等，不断扩展服务型制造新领域、探索数字化、网络化、智能化发展新模式。

3. 促进“制造业+生态化”。将制造业从“烟熏火燎”的旧时代，引入“蓝天白云”的新征程，进而将绿色、低碳、降耗转型的各个产业发展成为具有独立产业链的新兴产业，这是东北地区制造业转型升级又一重要路径。要加快推进传统制造业绿色、降耗改造，大力研发推广绿色、高效工艺技术装备，加强绿色产品研发应用；加快推进循环经济发展，引导支持企业大幅降低能耗、物耗和水耗水平，推进资源再生利用产业规范化、规模化发展。通过积极完善相关政策体系，大力研发推广东北的低碳技术和低碳产品，培育发展低碳产业和低碳经济，以此带动制造业生产力的整体升级和生产方式的全面革新。

三、拓宽合作领域，构建东北制造业转型升级开放式格局

1. 促进东北制造业融入以内循环为主的“双循环”大格局。在“加快形成以国内大循环为主体、国内国际双循环相互促进的新发展格局”中，可以说东北地区在劳动密集型的低端供应链和全产业链中占据主导地位。东北独有的工业基础和战略资源优势，使区域内产业活动和经济运行循环有一定的基础，制造业在此方面应该担当重任。我们要全面落实党中央决策部署，在“卡脖子”的关键核心技术上努力实现创新突破，全面清除“双循环”构建的“堵点”和“断点”，从而巩固东北制造业在老工业基地中的地位，不断将“东北制造”升级为“东北创造”。

2. 促进东北制造业融入中日韩“自贸区”大市场。目前，由于东北亚地缘局势渐趋缓和，中日韩自贸谈判也有重启的可能。中日韩作为东亚地区三个大国，GDP 总量已达到 15 万亿美元，占全球 GDP 的 20%，占东亚 GDP 的 90%，已超过欧盟，但三国之间的贸易量不到三国对外贸易总量的 20%。如果中日韩能够达成自贸协定，受益最大、最直接的应该是东北经济的发展。我们应该提前预判，利用地缘优势，充分做好抢占日韩开放市场先机的准备。应尽快在医疗健康、智能服务、文化娱乐、数字经济、金融保险等重点服务型制造业领域设置初期合作项目，贸易投资自由化、便利化对东北地区可能带来的制度红利进行前瞻性布局。

3. 促进东北制造业融入国家“一带一路”进程。在当前复杂、严峻的国际形势下，国际贸易合作的趋势已向亚洲，特别是东北亚区域倾斜。东北地区要加强与俄罗斯及东北亚地区的经贸合作，促进装备制造、工程服务、旅游业、农业等领域的深度合作。利用国家实施“一带一路”倡议的历史机遇，依托东北在轨道交通、先进制造、新兴材料、航空装

备等领域的优势产能，加快与欧洲的国际产能合作，带动产品、技术、工程和劳务的多元化输出，促进东北地区进出口贸易实现“大进大出”和“优进优出”并重，提高出口对于经济增长的拉动作用，促进东北地区的制造业迈向全球价值链的中高端。

总之，只有不断深化开放合作领域，全面促进制造业转型升级，东北区域经济高质量发展才有最坚实的基础，东北全面振兴、全方位振兴才有更加广阔的未来。

“双循环”格局下东北地区制造业转型升级的途径

姜晓秋　辽宁社会科学院原院长

“双循环”发展格局，是以国内循环为主体、国内国际双循环相互促进的新的发展格局，是一项事关我国发展全局的重大战略任务。近年来，经济全球化遭遇逆流，世界经济进入深度调整，对我国东北地区制造业转型升级影响深重。对此，我们要按照习近平总书记强调的东北振兴要解放思想、转变思路、抓住机遇、跟上时代，积极应对“双循环”格局下东北制造业发展面临的机遇和挑战。

一、进一步解放思想，抓住东北制造业转型升级的机遇

从提高站位的角度看，“双循环”首先意味着一国战略互动能力的提高。“双循环”不是被迫之举和权宜之计，这是中国发展必定要经历的一个战略互动的过程。东北制造业是国之重器，是实体经济的重要组成部分，要把握“双循环”对东北制造业提出的新要求，把制造业做强做优做大。当前，东北三省的制造业占经济总量高达30%左右，东北的制造业转型升级成功了，就可以给新时代东北全面振兴、全方位振兴奠定坚实的基础。

从培育新支柱角度来看，“双循环”是立足内循环、面向外循环的发展战略。以内循环为主体，积极开拓国际市场，首先就意味着我们要

强弱项、补短板，解决好东北制造业产业链不完整问题。把过去传统的制造业进行数字化转型，形成新时代东北振兴的支柱产业，提升制造业的抗风险能力。

从打造新前沿的角度来看，“双循环”是继续扩大开放的发展战略。继三大战略之后，黄河流域生态保护和高质量发展将上升为国家战略，海南自贸港建设也迈出新的步伐，在这个过程中，势必在我国北方要崛起一个新的开放前沿和地带，这将给东北制造业提高国际竞争力带来新的机遇。

从新经济形态角度来看，“双循环”是技术和产业不断迭代的过程。“双循环”意味着重启和创新，意味着技术和创意设计很大程度的跨接和融合，意味着平台和链接，意味着生产性服务的实时在线。新时代东北制造业必须抓住工业经济、知识经济，再到数字经济的转变这个经济形态革命性变革的崭新机遇，以新一代信息技术做支撑，推动产业升级换代，逐步实现经济形态的变革，这给东北制造业转型、技术和产品的升级换代带来了新机遇。

二、强化顶层设计，采取制造业补链强链举措

当前，“双循环”背景下东北制造业面临着新的机遇，同时，要看到东北制造业面临的一些重要的挑战。重制造，轻研发，缺乏技术上的创新，制造业使用的核心技术很多都是从国外引进来的，一些被美“卡脖子”事件提醒我们，我们的产业链亟待补链强链；一些制造业企业的生产方式和运营方式与大数据、云计算和物联网时代不相适应，与“双循环”背景下的国内外市场变化不相适应；在当前，东北地区还缺乏能够让传统制造企业插上物联网的翅膀、打开销售蓝海，共享工业 4.0 时代变革成果，让东北智造代替东北制造的企业。

为此，东北地区要在“十四五”规划中解决好制造业的自主可控、安全高效问题，把补链强链纳入发展规划。中央要加强顶层设计和协调，

实现东北制造业互补和错位发展。“三省一区”要联合进行创新项目的技术攻关。要破除市场壁垒，推动生产要素的流动，形成完整的产业链。要培育一批瞪羚、独角兽企业，在制造业竞争中创新争先。要引导并大力发展新兴领域制造业。据统计，前三季度辽宁省制造业在新兴领域的重点产品产量大幅攀升，新能源汽车同比增长 5.8 倍，城市轨道车辆、工业机器人、电子工业专用设备、石油钻井设备、交流电动机等产品也实现了大幅增长，2020 年 9 月，辽宁省装备制造业单月用电量增长了 6.67%，其中计算机、通信及其他电子设备等战略性新兴产业增长 37.64%，这昭示了制造业的发展方向。同时，要加强“微笑曲线”底部生产环节的数字化转型。有研究表明，数字化转型将会使制造企业成本降低 17.6%，应收增加 22.6%。同时，要加快发展生产性服务业。根据制造业产业规律，制造业发展到一定阶段以后，价值链当中 1/4 是靠生产性服务业来做支撑的。东北的制造业就是要解决好过度依赖中间环节的问题，增加“微笑曲线”两端的研发设计、销售、技术测试服务、现代物流、电子商务、信息服务的比重。通过技术服务，精准的数据采集和分析，不仅可以实时监控、诊断设备性能，还能在云端实现智能化管理与远程控制，帮助工业设备制造商更有针对性地对产品进行升级。助力传统制造企业变被动售后为主动服务、变局部关注为系统性监管、变设备销售为设备运营、变短期利润为长期需求、设备管理、监控、运营一体化。要让传统制造企业插上物联网的翅膀，让东北智造代替东北制造。东北地区要为加快建设制造强国多做贡献，加快发展先进制造业，推动互联网、大数据、人工智能和实体经济深度融合。

三、做好对外开放文章，推动制造业转型升级

“双循环”不是封闭的国内单循环，不是关起门来的封闭运行，而是把国际国内市场更好地联通起来，整合两种资源、利用两个市场的开放经济，为此，东北制造业，要在我国实施更大范围、更宽领域、更深

层次的对外开放过程中转变思路。因此，“双循环”发展格局的实质就是要树立新形势下对外开放的新思路。需要转变旧的发展思路，改变对“双循环”发展格局就是建立“以国内大循环为主体”的片面理解，在谋求对外开放方面创新不够的发展思路，在东北制造业提高质量上下功夫，进一步提高东北制造业产品的国际竞争力；改变片面强调“国际国内双循环”的片面理解，依然“大进大出”的旧的发展思路，要与国内制造业优势互补，避免“互相残杀”，产业和产品结构趋同；改变各自为政、画地为牢、不关心全国统一大市场、无视东北制造整体战略、只考虑本省小循环的发展思路；重复建设的片面发展思路，树立东北地区制造业分工合作的新发展思路。在当前，要立足产业的转型升级，把招商引资与招才引智和招院引所等相统筹。据统计，2020 年，辽宁前三季度利用外资 19.3 亿元，全省 105 个重点项目已经有 71 个落地，落地金额 85.6 亿元。要打造对外开放的升级版，把招商引资升级到招才引智再到招院引所。在统筹实施向西、向北、向东开放战略中要把制造业作为重点。辽宁 2020 年前三季度制造业形势也比较好，2020 年 1 至 9 月，辽宁省全省装备制造业累计工业增加值同比增长 10.9%，高于全省工业平均水平 1.2 个百分点，连续 8 个月保持两位数以上的较快增长。装备制造业累计实现主营业务收入同比增长 7.3%，行业利润同比增长 20.8%，主营业务收入利润率 7.5%，处于近年来较高水平。要乘势而上，巩固这个好的势头，就要把建设平台和强化平台对制造业的辐射力相统筹，通过平台推动制造业的发展。辽宁现有的制博会、数交会和最近的工业互联网大会，都产生了较大的影响力。但是和上海世博会、广东的广交会、北京的服贸会相比，影响力还不够大，站位还不够高，内容创新也还不够，特别是缺乏面向东北亚的高端开放平台，要通过区块链、大数据技术和制造业资源整合，建设开放平台，充分发挥平台的辐射力。

四、以改善营商环境为基础深化改革，激发创新动力

在东北制造业中，国有企业比较集中，要以智能制造为主攻方向推动产业技术变革和优化升级。要推动制造业产业模式和企业形态根本性转变，以“鼎新”带动“革故”，以增量带动存量，促进东北制造产业迈向全球价值链中高端，寻求东北制造业在“双循环”下的新优势。要破除东北的区域和体制限制，围绕关键核心技术打好攻坚战，调动领军人才和创新团队组成的科研队伍和劳动者的积极性是当务之急。要加强营商环境建设，要深化企业收入分配制度改革，进一步调动科研人员和劳动者的积极性。要健全劳动、资本、土地、知识、技术、管理、数据等生产要素由市场评价贡献、按贡献决定报酬的机制。东北制造业要按照“双循环”的新形势加快科技的自立自强，全方位培养、引进、用好人才，让人才得到应有的报酬。同时，要提高劳动报酬在初次分配中的比重，健全工资合理增长机制。政府要善于运用改革思维和改革办法，统筹考虑东北制造业短期应对和中长期发展。加强东北“三省一区”政府层面的合作，以加强对制造企业长远规划的指导，既要在制造业战略上布好局，又要在制造业企业生产经营战略上落好子。要加强东北“三省一区”政府的合作，通过各种平台及时发布国际国内市场的变化形势和信息，制造业发展大势，让企业做出正确决策。建议设立东北制造业智库论坛，培养制造业的企业经营者的战略思维，把握制造业发展趋势，使企业的长远规划要与政府的长远规划相衔接，推动东北制造业在“双循环”背景下实现高质量发展。

疫情下东北振兴与制造业转型升级的借鉴与思考

笪志刚　黑龙江省社会科学院东北亚研究所所长

中央政治局会议决定加快形成以国内大循环为主体、国内国际双循环相互促进的新发展格局，是针对疫情、世界局势和国内的国情包括整个外部环境的变化做出的适应性的调整，给我们带来很多机遇，但是与此同时，我认为它可能给东北地区包括制造业转型升级带来更多的挑战，倒逼改革的压力可能会大一些，我从双循环下东北振兴的挑战和机遇，包括深化借鉴与合作谈几点对策思考。

一、双循环下东北振兴的挑战与机遇

1. 面临三个新挑战

第一，“三位一体”地缘新挑战加剧。百年未有之大变局的变局（中美关系等）、东北亚地缘日趋复杂化（中日韩及半岛）、新冠肺炎疫情常态化（第二三波威胁，复苏周期拉长）。

一方面，我们比以往更接近世界舞台中央，有能力和条件推动中华民族的伟大复兴。另一方面，我们也处在世界百年未有之大变局下，危机意识、挑战意识实际也在增强，尤其是疫情下的中美关系、中欧关系，包括中日关系，整个区域经济包括世界的变化不仅给我国双边和多边合作带来一些挑战，也给东北地区尤其制造业在对外合作上带来不确定性。还有东北亚地缘的变化，走向也值得担忧。2018 年 3 月以来，东北亚合作势头良好，但是因为疫情包括疫情下产生的双边和多边的矛盾，几乎把东北亚区域合作好不容易见到的一些好的势头打回了原形，包括中日之间的变化和中韩之间的变化、日韩之间的矛盾包括半岛形势的演变，都有一些不确定性。特别是在产业及制造业转移上，东北亚现在出现了一些淡化东北亚区域合作，形成向区域俱乐部化的新的合作的迹象，这值得我们警惕。现在很多人谈后疫情，实际上现在欧洲第二波、美国第三波疫情，这是疫情常态。这次疫情辐射周期未来会进一步拉长，这是一个挑战。

第二，内外竞争的压力越来越大。从外部角度来看，我国的制造业，尤其是东北的制造业的外部压力在加大。美国在 2019 年 5 月和日本、韩国、加拿大、澳大利亚、印度、越南等七国成立了经济繁荣网络联盟，目的就是产业链、供应链、价值链。包括印度、澳大利亚和东盟在内，也包括一些发达经济体，对制造业的对外合作、制造业转移、科技创新、科技革新、科技合作等打上了标签，新的信息技术都受到冲击和影响。从内部竞争加剧的角度来看，从 2003 年第一轮，到 2013 年第二轮，到 2016 年习近平总书记来到东北，对东北提出新的战略要求，东北振兴取得了阶段性成果，但是仍存在产业的趋同化、竞争化、一般化、僵硬化，僵尸企业等问题，内部竞争在逐渐加剧，这将对我们未来产生非常大的影响。

第三，双循环能力不足。一是应对我国区域调整由东到中到西这种优势互补的或者是扶持的这种区域格局的能力，2013 年“一带一路”倡议提出以后，形成了一个南北向的协调格局。这种格局最大特点就是有相互优势互补的一面，但是区域竞争、省际竞争更加加剧，东北地区在应对这个问题上还存在很多的短板。二是应对产业合作竞争的格局的能力。我认为，东北制造业多数还处在一种垂直格局或者是垂直格局向水平格局过渡的一个机制中，现在的制造业包括整体的产业对外合作更多的是侧重于就产业论产业、就贸易、就投资而言的那种合作。应该说对市场规则的确立、对制度性的合作包括对构筑产业链的能力，实际是很低的。三是应对产业科技人才竞争格局的能力。东北确实存在着人才流失、人口外流。包括从“十四五”规划中未来5年的人口整体是流失的格局，包括产业人才、科技人才是一个什么样的格局，我想可能要见仁见智，但是有一点总的趋势还是人口流失，而且疫情下更凸显了东北地区的变化。

2. 迎来三个新机遇

第一，疫情下结构转型升级的机遇。从欧美各个发达国家的产业结构发展的历程来看，都经历了一个过程，从制造业的重大厚的产品制造到技术、附加值高的轻薄短小产品的转型升级，今后可能向服务产业、创新产业转型升级。像新的5G、数字服务产业、无接触产业等，包括疫情下和后疫情下都面临了很多。我认为东北的制造业多少摆脱了大重长的格局，轻薄短小优势正在形成，但是如何利用下一轮科技革命、产业变革，包括疫情后的变化去推动这个转型升级是值得思考的，也是机遇。

第二，构筑低碳产业。东北的产业高耗能、高污染、高成本。但是实际在这次疫情影响下，世界发生变化，构筑低碳社会、低碳产业发展应该说形成了一个全球的趋势。我国提出2060年零碳排放，德国、日本、欧盟提出2050年零排放，这个目标应该涵盖了未来的制造业转型升级。现在证明经济和低碳相辅相成发展，实际上是可能的，尤其是在引入大数据、物联网、人工智能等之后。还有构建低碳营商环境。东北地区的营商环境应该说最近发生了很多向好的变化，包括整个市场情况都有变化。我认为，通过这一轮制造业的发展，在营商环境中要加入低碳的目标和评价。进一步要瞄准的是绿色复苏，这种发展一定是不能再回到传统意义上的复苏，要打造低碳产业和制造业转型升级。

第三，数字经济新发展模式。这包括医疗的特区、医疗产业、远程居家办公的新模式，线上教育产业带来的一些产品包括制造业的产品，以及非接触经济。

二、深化借鉴与合作的几点对策思考

1. 对策

第一，加大疫情下国际制造业转型与合作借鉴。现在以国内大循环为主体，我们对外的合作受疫情的影响，受中美关系复杂变化的影响，还有博弈带来的变化和影响，更多的应该侧重国内，这个思路是没有问题的。但是不能放弃对周边已经形成的优势，尤其是东北地区、东北亚的优势等，所以从这个角度来说，加大疫情的合作，既要考虑政治外交因素，还要考虑市场和成本因素。

第二，推动东北亚区域经济一体化。要强调向制造业协调发展，大家怎样发挥优势的问题。

第三，在东北振兴中我们怎么对接，对接谁，从哪个角度对接？长三角对接服务业、金融业，大湾区对接科技业和金融业，东北对接东北亚，要把中日韩的产业、第三方合作的项目向蒙古国和俄罗斯远东地区释放，参与未来的多边、双边的区域构造。

2. 建议

第一，深化与日韩俄引领后疫情下数字经济相关产业合作，尤其是制造业。第二，中日韩携手推动东北亚共享经济产业新发展。第三，中日韩俄蒙共同发展绿色环境友好型产业。第四，中日要共同开发制造业，共同开发医疗救助食品、长期保存食品。第五，中日韩俄蒙要共同应对疫情常态化下非传统安全风险医疗防治救助合作，制造业开发、医疗疫苗研发等。

东北振兴取得的阶段性成果，也不会一蹴而就，东北的经济是有韧性的，我们这次也没有必要过于自卑，东北制造业有历史也有潜力，但是也面临着很多瓶颈问题。要在总书记对东北解放思想、锐意进取、破解矛盾、深化改革的重要指示引领下，强抓这一轮新的机遇，克服挑战，未来东北振兴和制造业转型还是值得期待的。

加快构建双循环新发展格局下东北地区数字经济发展

姜晓秋　辽宁社会科学院原院长

构建新发展格局是适应我国新发展阶段要求、塑造国际合作和竞争新优势的必然选择，是立足当前、放眼长远的战略谋划。数字经济作为拉动我国经济增长的主引擎，在构建新发展格局中具有不断释放新的市场潜力的重要作用，是科学技术自主创新、产业升级、创造新型业态，进而构建新发展格局的关键突破口。

国家“十四五”规划和2035年远景目标纲要独立成篇，把加快数字化发展、建设数字中国作为重要的战略任务，为东北地区加快改造升级“老字号”、深度加工“原字号”、大力发展“新字号”和大力发展数字经济指明了方向。

一、数字经济将成为东北地区破除行政壁垒和市场壁垒实现经济高质量发展的新引擎

2020年，我国数字经济规模达到39.2万亿元，占GDP比重为38.6%，数字经济增速达到GDP增速3倍以上，数字产业化与产业数字化赋能传统产业转型升级，激发市场创新活力与动力，日益成为引领经济发展的核心引擎。东北地区和全国一样，数字经济发展迅速。以辽宁为例，2020年，建成5G基站2.3万座，重点培育了100个“5G+工业

互联网”示范工厂和园区；1条镜像服务器落地辽宁，6个工业互联网标识解析二级节点在铁岭、葫芦岛等地上线运行；碳化硅复合材料助力嫦娥五号探月，110兆瓦级重型燃机总装下线；新增高新技术企业1508家，雏鹰瞪羚独角兽企业达到2163家；加快发展高端装备制造、新材料等战略性新兴产业，高技术制造业投资增长33.4%。不仅如此，数字经济构成了突破东北地区体制和区域壁垒的新引擎，聚焦产业发展需求，强化科技创新支撑引领作用，着力健全创新激励和保障机制，为打破东北地区行政壁垒和市场壁垒提供了重要思路。

“揭榜挂帅”机制，把需要的核心技术项目张榜出来，谁有能力谁揭榜，这不仅打破了过去的论资排辈，更重要的是突破东北地区甚至突破全国各省之间的行政壁垒，围绕精细化工、新材料、高端装备制造、集成电路、工业基础软件、人工智能等产业链部署创新链，以解决“卡脖子”和“缺芯少核”问题。以辽宁为例，2021年，辽宁启动实施数字经济领域“揭榜挂帅”项目16项，推动关键技术攻关39项，组建数字经济领域省级重点实验室11个。人才和项目引进“带土移植”机制的建立，实现了辽宁对人才“不求所有，但求所用”，这就给一流的创新团队连同项目创造了转化渠道，力促科技成果在辽转化。

“创新联盟”机制的建立，使企业产学研用技术创新联盟得到发展指引，新培育了一批“企业产学研用技术创新联盟”。如辽宁，构建信息领域产学研用联盟40个，让企业作为创新主体，突破各种壁垒，在全国更大范围内整合大学和科研院所的科研力量，重点探索在石化、冶金、生物医药等领域建设一批科技成果转化中试基地的新路子。这些新的机制，势必为振兴东北地区等老工业基地领导小组领导下建立的东北振兴省部联席落实推进工作机制、协调解决东北振兴体制机制创新、对外开放合作、重大项目建设等提供良好的经济技术基础。数字技术、数字经济推动了各类资源要素快捷流动、各类市场主体加速融合，帮助市场主体重构组织模式，实现跨界发展，打破时空限制，延伸产业链条，畅通国内外经济循环，极大地推动了“双循环”新发展格局的构建。

二、东北地区发展数字经济亟待解决的问题

和南方有些省份相比，东北地区的数字经济发展存在几个明显的问题。以辽宁为例，在技术层面，数字技术布局不快，辽宁 5G 基站是 2.3 万个，但是比照发达省份，布局的步伐还不快；数字经济规模增加不快。根据财新智库发布的《中国数字经济指数》报告，2019 年 2 月，我国分省数字经济指数的前五名为广东省、北京市、上海市、江苏省和浙江省，而辽宁省、黑龙江省和吉林省分别排在第 17、22 和 23 名。四川、福建等省数字经济发展迅速，四川省计划到 2022 年数字经济规模超过 2 万亿元人民币、占 GDP 比重将达到 40%，福建省计划到 2022 年数字经济规模超过 2.5 万亿元。

东北地区数字经济发展不平衡，平台经济、共享经济等新商业模式却发展不足，新兴产业培育、高端产业集群发展不快，技术密集型和知识密集型企业相对较少，新旧动能转换动力不足，在乡村和社会领域基础设施建设相对滞后，亟待加快推进数字化乡村建设，构建面向农业农村的综合信息服务体系；局限在技术和产业层面谋划数字经济较多，站在向新的经济形态转型的高度谋划数字经济不够，受行政和区域壁垒影响，力量分散问题也亟待解决。

三、对东北地区大力发展数字经济的智库建议

为切实推动双循环新发展格局下东北地区经济向数字化转型，大力发展数字经济，应当在以下几个方面做出努力。

第一，加快数字经济向东北地区都市圈布局，建立东北地区数字经济“联合作战”的科技创新体系。以沈阳、大连、长春和哈尔滨为主轴，做好空间规划顶层设计，培育形成东北地区城市群，促进大中小城市和小城镇协调发展是国家对东北的期待。为此，要借势都市圈建设加快布局数字

经济发展。在未来，都市圈建设每年将拉动经济增长 0.5 个百分点，在东北，都市圈建设潜力巨大。要针对目前东北地区的城市特点即大城市、特大城市发达、中小城市、小城镇不发达，采取有力措施。首先，要优先布局沈大长哈四个市科创中心，注重增强“联合作战”能力。发挥特大城市科技资源集中的“长板”优势，立足东北地区高新区智能制造、精细化工、生物医药、信息技术等产业优势，重点建设一批创新型产业集群。其次，加快扶持企业成为创新主体。采取“揭榜挂帅”“带土移植”“创新联盟”“招才引智”等举措，推动新一代信息技术与企业项目对接。最后，加快中小城市、小城镇建设中的科技体系与中心城市科技创新中心的配套和布局。要形成东北地区区域科技创新“众星捧月”新格局。

第二，加快数字经济向现代农业融入步伐。农业现代化是国家到 2030 年打造新的经济支撑带的题中应有之义和建设“五个基地”之一。进入新发展阶段，完整、正确、全面贯彻新发展理念，意味着今后国家将更加注重向农村、基层、欠发达地区倾斜，这也是实现共同富裕的重点战略。目前，东北地区输出的粮食占全国粮食产量的比重很大，发展潜力巨大，把粮食的饭碗端在自己的手上，东北地区责任重大，也是经济发展的新空间。要加快布局东北地区数字经济技术基础。加快建设数字化、智能化的农村水利、公路等基础设施，加强智慧农业建设。要加快数字技术融入东北地区农业和农村经济发展。“新四化”协调发展和国家对东北地区粮食生产的期待，决定了加快智慧农业和数字乡村建设的重要性和迫切性。要牢牢把握当前数字技术、文化创意融入农业和乡村经济的崭新趋势，把发展数字观光农业、数字养生农业、数字认养农业、数字绿色农业等作为东北地区农村产业和经济转型的重点。要整合培训资源，加强乡村人才队伍建设。据有关数据显示，截至 2020 年，我国网民总量达 9.89 亿人，其中城镇网民 6.8 亿人，占比 68.7%，互联网普及率 79.8%；农村网民 3.09 亿人，占比和互联网普及率分别为 31.3%和 55.9%。从职业分布看，农林牧渔从业人口的网民数量占比仅为 8.0%。东北地区和全国一样，农村居民网络应用程度低，要借势数字技术发展，整合培训资源，落实国务院对乡村人才的定向培养政策，加大对乡村人才的培养和数字经济骨干的培训力度。

第三，补齐社会领域数字经济的短板。社会领域过去是东北地区发展短板，也是今天经济发展新的空间。东北地区要统筹做好就业、医疗、养老、扶幼等各方面工作，让发展成果更多更公平地惠及全体人民，推进数字经济向社会领域发展。要梳理生物医药、数字医疗等进入社会领域的项目。加快布局医疗技术等产业链创新链；要围绕攻克“卡脖子”技术难题，突出重点，加快新药创制、高端医疗器械、多发病临床诊治技术和中医药现代化。要把数字经济发展与“银发经济”相统筹。努力缩小城乡之间、不同群体之间的“数字鸿沟”，发展数字“银发经济”，让更多偏远农村地区民众和老年人共享数字经济发展成果。

第四，加大对东北地区数字经济发展的理论支持力度。智库研究要及时总结东北地区突破核心数字技术的经验。认真学习研究习近平经济思想，按照构建中国特色社会主义政治经济学的要求，要利用数字技术、数字平台等优势，在突破体制机制和转换动能上多下功夫，探索科技创新与理论创新、体制创新和文化创新的关系。要注重和把握东北地区产业数字化转型规律。东北地区数字经济发展有其自身的特点，在数字产业化和产业数字化过程中，产业数字化的任务较重，比重较高，需要及时总结探索东北地区数字经济发展规律，写好数字经济加快改造升级“老字号”、深度加工“原字号”、大力发展“新字号”的三篇文章，为补齐体制机制、结构调整、对外开放和思想观念短板、做好体制机制创新和树立新发展理念的重点工作、为东北地区数字化转型贡献智库研究成果，尽早构建中国特色数字经济学。要突破目前仅仅把数字经济当成关键生产要素、经济赋能领域和新一代信息技术为基础的产业升级定位的局限，站在数字经济的实质是整个经济形态由农业经济形态、工业经济形态向数字经济形态全方位转变的高度来定位数字经济，抓好东北地区市场主体和广大干部的培训，推动数字经济切实成为新时代东北振兴的重要引擎和经济形态。

适应数字经济发展新趋势 加快东北老工业基地重化工业转型升级

纪玉山　吉林大学经济学院教授

党的十九大明确提出建设网络强国、数字强国和智慧社会，推动互联网、大数据、人工智能和实体经济深度融合，发展数字经济，培育新增长点、形成新动能。习近平总书记进一步强调指出，“数字经济发展速度之快、辐射范围之广、影响程度之深前所未有，正在成为重组全球要素资源、重塑全球经济结构、改变全球竞争格局的关键力量。要站在统筹中华民族伟大复兴战略全局和世界百年未有之大变局的高度，统筹国内国际两个大局、发展安全两件大事，充分发挥海量数据和丰富应用场景优势，促进数字技术与实体经济深度融合，赋能传统产业转型升级，催生新产业新业态新模式，不断做强做优做大我国数字经济”。这为东北经济振兴发展指明了正确方向。

一、准确把握数字经济的确切内涵与基本特征

数字经济又称为信息经济、新经济或知识经济，是一种以大数据作为社会经济发展的重要战略资源，以信息网络等新基础设施为载体，以网联智能制造为主体，以大数据在线模式为平台，以数字技术与实体经济相互融合发展为重心的新经济形态。

数字经济的基本特征有八个方面。一是信息网络一体化特征最为明

显；二是有极强的外部经济性与稳定的边际收益递增与扩张性；三是人工智能技术的爆发推动了数字经济的智能化发展；四是经济组织和企业结构趋向扁平化、弹性化；五是全球数字经济互联互通不可阻挡，日益趋向一体化发展；六是相对于传统经济具有规模经济性和范围经济性，数字经济更具有融合经济性；七是随着区块链、VR、AR 等技术不断发展和扩张，数字经济固有的虚拟化特征不断显现，元宇宙横空出世、前景不可估量；八是赢者通吃和高度垄断化趋势大行其道，国际竞争趋于白热化。

二、数字经济发展的新趋势和东北老工业基地面临的新挑战

首先，数字经济呈现出几何级数式的爆发增长。2019 年，全球数字经济规模已达 31.8 万亿美元，占全球经济总量的 41.5%。我国的数字经济发展更快，2020 年，我国数字经济规模达到 39.2 万亿元，占 GDP 比重为 38.6%，增速是传统产业的 3 倍以上。广东、江苏、山东、浙江、上海等 13 个省市数字经济规模都超过 1 万亿元。北京、上海数字经济规模已经超过当地经济规模的半壁江山。“十三五”期间，我国数字经济年均增长速度超过 16.6%。

其次，数字经济发展呈现出规模化、融合化、垄断化、网联化和智能化的新趋势。美国数字经济的七大上市公司（元宇宙、苹果、亚马逊、特斯拉、微软、字母表、奈飞）的市值，已经超过美国全部市值一半以上，垄断着全球最重要的数字经济资源。

再次，我国数字经济的发展遭受美国疯狂打压，经济安全受到严重威胁。我国目前还没有完全掌握数字经济的核心技术，从整体上看跟美国差距很大，特别是操作系统、芯片、光刻机、关键材料等方面还受制于人。

最后，东北地区的数字经济发展水平，不仅远远落后于欧美发达国家，也落后于国内东部发达地区。许多昔日龙头企业由于后续投入不足、

体制机制僵化、技术创新乏力，已经步入景气下降通道。但唯独重化工业时至今日仍然具有一些突出优势，自然资源矿藏储量依然丰富，工业体系仍然完整，已经形成的汽车、装备制造、石油化工、钢铁、造船、国防军工等各行业的产业链互补性强，具有相当强大的抗风险能力。

三、东北老工业基地重化工业转型升级的路径选择

第一，重化工业是东北经济的重心，也是我国经济发展的重要引擎，虽然改革开放以后衰落了，但是重化工业基础还在，沉没成本并没有荒废。抓住数字经济崛起的重大机遇，把数字技术渗透、融合到石油化工、钢铁、造船、汽车、机床和军工等东北传统优势产业，激活沉没成本，实现数字化转型升级，增强其竞争力，既是重振东北重化工业雄风的不二选择，更是锻造大国重器，保障国家经济安全的迫切需要。

第二，重化工业转型升级的关键在于制造技术和生产流程的数字化、网联化和智能化。适应国内国际市场需求的个性化和高端化发展趋势，计算机辅助设计系统、计算机辅助生产与柔性制造系统更是不可或缺。在这里，大数据、云计算、计算机识别、机器深度学习等人工智能领域的关键核心技术尤为重要，必须只争朝夕，加快创新发展。

第三，以智能化、集成化、系统化的思维推动东北老工业基地现代化体系建设，加快实施智能制造工程及以智能化推动制造业产业模式升级和企业组织创新，推动东北老工业基地由“东北制造”向“东北智造”转变，不断提升东北地区在全国乃至在全世界价值链的地位。

第四，提高政府数字化服务和数字化管理水平，建设政府管理数字化平台，通过信息共享和数字化管理提供优质服务、提供预测信息和科学决策咨询服务，消除或减少区域内恶性竞争及同质化现象，降低成本，推动重化工业转型升级。

第五，进一步解放思想，加大对外开放力度，优化投资环境，积极引进国外和域外先进技术和资本，推动重化工业合资、独资企业发展，

不求短期为我所有，但求长期为我所用。

第六，突破数字信息垄断瓶颈，最大限度地实现东北老工业基地数据共享。通过建立数据产权制度与有效的契约制度，让各种技术专利和经济活动信息广泛得到社会无偿或有偿使用。

第七，支持并引导区域内重化工特大型骨干企业转型发展，主动实施“互联网+”“人工智能+”战略。不要被动等待互联网巨头来改造自己。

第八，要加强数据的安全管理。在不涉及商业机密、个人隐私的前提下，政府对数据的集中收集、管理、使用更加安全可靠和重要。政府全局在胸，有更高的眼光，比企业、个人更能保障国家整体的信息安全，能够避免数据流失给国家和企业带来的巨大损失。

在数字经济时代，数字技术飞速发展，国内外的竞争日趋激烈，传统经济的发展面临生死抉择，东北老工业基地振兴、重化工业转型升级遇到了严峻挑战和前所未有的发展机遇。我们必须在重化工业数字化方向上有所作为，使得新一轮的东北振兴不断取得新突破，达到新高度。

关于推进辽宁产业绿色低碳发展的建议

赵　继　　东北大学原校长、中国东北振兴研究院原院长

绿色低碳是全球经济社会发展的大势所趋，是国家生态文明建设的战略部署，是我国实施“碳达峰、碳中和”的必由之路，也是推动制造业向绿色化、数字化转型的必然要求。辽宁针对重化工、高能耗为主的产业结构，正在进行“数字辽宁、智造强省”的转型升级，需要化压力为动力，抓住机遇，迎接挑战，推动产业绿色低碳发展，利用重要的窗口期和关键期，关注碳交易对产业的影响，实施重点行业领域降耗、减污和控碳行动，创建绿色低碳区域创新中心，鼓励研发绿色技术，推进绿色制造，开发绿色产品，发展绿色产业，建设绿色辽宁。

一、形势和任务

2020 年 9 月，习近平总书记在第七十五届联合国大会一般性辩论会上郑重提出，“二氧化碳排放力争于 2030 年前达到峰值，努力争取 2060 年前实现碳中和”，展现了负责任大国的责任担当和郑重承诺。要完成碳达峰和碳中和的任务，意味着我国二氧化碳的排放达到峰值不再增长，并逐渐下降。为实现我国碳达峰和碳中和的目标，需要通过产业调整、节能、降耗、减排、植树造林等多种形式，抵消产生的二氧化碳，其中首先需要改变的将是能源产业格局、生产制造格局和高端低耗产品供给，把产生碳排放较多的化石能源中的煤炭、石油、天然气等，转变为产生碳排放相对较少的水电、风电、核能和光伏等；将重构制造业，使产业

链上的每个环节都要推进降耗和减碳行动；将需要全球制造业产业链新的国际合作和分工，形成新的产业格局；能源、石化、冶金、汽车、节能环保等产业链将发生一系列重大改变。

二、挑战和机遇

我国要如期实现碳达峰和碳中和的目标，面临时间紧迫、任务艰巨的挑战。从发达国家发展进程来看，碳达峰到碳中和是一个持续较长的过程。欧盟从20世纪90年代碳达峰，预计到21世纪中叶实现碳中和，差不多需要60年，与之相比，中国从碳达峰到碳中和时间上要短得多。在实现远景目标前，我国仍处在工业化和城市化中后期，是基本实现现代化的关键阶段，经济发展仍需保持合理增速，能源需求将持续增长，制造业转型将会持续较长时间，降碳压力十分巨大。辽宁的产业结构以重化工和高耗能为主，2020年，石化、冶金、装备等产业就占规上工业的71.1%，以占全国2.5%的GDP贡献，产出了占比数倍的碳排放，面临着减污降碳的挑战。

辽宁实现碳达峰和碳中和目标，也是倒逼全省经济社会发展向绿色、高效、低碳转型。我国未来将催生再生资源利用、能效提升、终端消费电气化、零碳发电、储能、氢能和数字化等领域新产业的发展，也将促进低碳过程工业、低碳重大装备、低碳制造业的转型升级以及动力高效转化装备的产品迭代，将带来新的投资和项目机会。从长远看，随着全球经济向绿色低碳发展，相应的技术、产品、贸易、规则乃至生产生活方式等都将发生相应变化。以低碳、高效技术为重点，包括深度脱碳、零碳技术、高效用电技术、可再生能源发电技术、装备产品低耗能技术以及对制造业的深度渗透，必将成为科技前沿和产业竞争焦点，综合能源、节能降耗、转型升级、新兴业态等将会激发万亿级的市场潜力。

三、对策和建议

为实现预期发展目标，辽宁应主动应对，尽早行动，做好中长期降碳降耗规划，实施绿色低碳降耗行动，推进产业结构转型，把节能降耗和碳达峰、碳中和目标纳入“十四五”乃至“十五五”规划布局及发展议程，推动经济社会绿色低碳发展。

1. 统一认识，形成共识。要在全省统一认识，形成共识，做好产业顶层规划和制度安排。要使全社会认识到“碳达峰、碳中和”目标，是党和国家统筹国内国际两个大局的战略决策，将对未来的经济社会发展产生广泛而深远的影响，极大地改变生产生活方式。需要加快优化产业结构、能源结构和消费结构，加快实施综合能效提升等节能降耗工程，广泛开展全员节能行动，加强绿色、低碳、降耗宣传力度，营造有利于绿色低碳高效发展的社会氛围。

2. 研究先行，厘清路径。要明确重点行业、重点领域、重点地市的碳达峰和降耗目标及其路线图。要对碳中和及长远节能减排开展战略研究，厘清达到碳中和、产品产业降耗目标的关键要素、核心技术、重点领域、制度安排等，坚持创新驱动的绿色、低碳、高效、循环的发展路径，使生态环境更优、产品能耗更低、发展质量更高。重点围绕石化、冶金、重大装备制造、汽车等高耗能行业，开展产学研用融通创新、协同攻关。利用环保政策的倒逼机制，推动企业尽快走上绿色、低碳、节能发展之路，避免通过罚款等行政手段限产和关停方式限制企业发展。

3. 重点突破，争取支持。实现节能减排、碳达峰和碳中和目标，既要有危机感和紧迫感，也需要重点突破、政策支持和持久战的心理准备。加强技术创新、机制创新、模式创新，引导绿色低碳降耗生产生活方式，推动实现企业碳排放率先达峰，产品耗能指标更低，需要全省尽早作为、科学作为和协同作为。要积极争取国家及相关部委在政策、资金、项目等方面的更多支持，在国家高新区和自主创新示范区建设绿色低碳降耗区域创新示范中心，形成区域创新驱动的增长极，支撑东北全面全方位振兴。

4. 用好政策，转型升级。用好国家相关政策，强化政企协同、产业联动和综合示范，为企业绿色、低碳、降耗转型提供助推剂。要统筹好政府与市场、发展与稳定、保供与节能、成本与效率的关系，研究制定政府引导、企业主导、市场运作、社会参与的行动方案。用好国家产业金融税收等政策，抓住把制造业研发加计扣除由 70%到 100%的难得机会，加大研发力度，加快产业转型升级。

5. 远近结合，育人为基。相对于粗放的低附加值制造，绿色制造要求更高的环境标准、更多的高素质创新人才、更高的技术含量、更熟练的技术工匠，以及更规范的操作流程、更精细化的管理。高等院校应转变教育理念和培养模式，将工程教育的教学内容和教材逐步从传统工业文明思维转变为现代生态文明思维，加快培养大批服务区域绿色低碳高效发展的高素质人才。企业要通过技术升级改造，加强精细化管理，加强员工培训，提高劳动者素质和能力。

6. 碳资管理，构建体系。在碳排放交易体系下，碳排放权逐渐成为企业继现金资产、实物资产和无形资产后的碳资产。对碳资产管理可以实现资产增值，企业经过节能减排使碳排放量小于碳配额，产生的碳余额成为碳净资产，可通过碳市场交易增值。高排放企业可以通过开发林业碳汇等减排项目进行抵消，实现碳交易体系下的履约任务。全省在大力推进降耗减排的同时，对新上项目实行碳核算，大力培育和实施生态碳汇项目，力争在碳交易体系中实现域内碳中和。

专家观点综述

一、推进东北经济一体化的新突破

1. 以统筹安全与发展为目标推进东北经济一体化

迟福林 中国（海南）改革发展研究院院长

推进东北经济一体化，应以统筹安全与发展为目标，以城市圈为载体，以基础设施一体化为基础，以优化区域产业空间结构为重点，以国有经济布局一体化为关键，以开放布局一体化为引领，合力打造东北经济增长极，形成区域改革发展新布局。

盛　毅 四川省社会科学院原副院长

东北应加快推动创新一体化，例如，在经济领域，加快推动汽车、造船等产业一体化和资金等要素一体化；在社会领域，加快推动东北地区教育和医疗一体化。

2. 推进东北经济一体化需要点面结合，寻求重点突破

肖金成 中国区域经济学会副会长

有效解决东北发展的问题应采取整体规划、点上突破的策略。点上突破可在东北三省选择一个点，或者在省级层面各选一个点，比如在东北边疆、

俄罗斯远东最大的城市哈巴罗夫斯克对面建设边境城市，集中力量对其进行投入和产业布局。

田雪原　中国社科院学部委员

在东北经济一体化方案下要寻找重点进行突破。例如，设立沈阳直辖市，形成包括抚顺、本溪、辽阳、辽中在内的半小时基础工业经济圈，再加上鞍山、铁岭在内的一小时基础工业经济圈，以集中东北钢铁、其他有色金属、机床和机械制造、飞机、兵器工业等产业，形成以基础工业为根基的新工业中心，发挥振兴东北工业的引领和榜样作用。

3. 推进东北经济一体化要以都市圈为载体实现新突破

夏德仁　全国政协经济委员会副主任

应进一步加强沈大哈长四大城市在东北振兴中的支撑作用，一要赋予四大城市更加重大的职能和责任；二要进一步增强四大城市对人才、科技、资金的吸纳能力；三要提升四大城市的治理水平。

肖金成　中国宏观经济研究院研究员

关于优化布局，现在东北有两大城市群，辽中南城市群和哈长城市群，四平至铁岭有一条断裂带，未来以哈大线为轴，哈尔滨、长春、沈阳、大连四个核心城市，形成东北城市群。“一带”就是东北沿边经济带，从黑龙江的黑河到辽宁的丹东，是对外开放的前沿，将来要发展成为东北亚次区域合作的核心区。

二、实现东北产业振兴的新突破

1. 在挖掘东北传统产业发展潜力上实现新突破

李　凯　中国东北振兴研究院副院长

要将国家安全与东北振兴发展相结合，统筹协调安全与产业发展。东北振兴的出路在于构建起能够支撑区域广泛就业、大规模经济分量、支撑高质量发展和全面振兴的产业结构，以接续传统产业使经济可持续增长。而东北五大安全产业具备基础和资源禀赋优势，可发展的大规模产业包括农业及农产品深加工、军事工业、能源产业、基础工业设备和零部件等。

郑新立　中国城镇化促进会常务副主席

可以通过推动东北装备制造业数字化转型，如汽车、电力设备、化工设备、机床的数字化改造，形成新的长期增长点。吉林大学中国国有经济研究中心研究员纪玉山指出，东北老工业基地在国家安全的战略地位十分重要，必须加快石油化工、汽车、钢铁、造船、军工等传统优势产业的转型升级，其关键是制造技术和生产流程的数字化、网联化和智能化。

2. 推动东北地区传统产业向数字化转型实现新突破

迟福林　中国（海南）改革发展研究院院长

适应“五大安全”要求，推进东北产业一体化，需要加大国防安全行业布局、优化东北农业产业化布局、协同推进生态型产业发展、统筹区域能源布局、优化以装备制造为核心的产业布局。针对装备制造业，一要放大区域基础产业优势；二要打造一批优势产业集群；三要在“卡脖子”的关键核心技术布局上努力实现创新突破。田雪原建议，第一，以改革更新基础工业为引领，重振东北“共和国长子”工业基地雄风。第二，以现代农业为主导，坚定不移地走以提高劳动生产率为主的发展路子，重建东北以商品粮为标志的农业基地。第三，推进可持续发展战略落地生根，加快生态屏障建设，重塑东北生态文明高地。

郑新立 中国城镇化促进会常务副主席

发展是最大的安全，应抓住扩大内需机遇，通过供给侧结构性改革谋划带动东北振兴的重大项目，比如乡村振兴项目、传统工业数字化项目、现代服务业发展项目、信息基础设施项目等。而化解项目建设融资难的问题，可与沿海地区的企业合资合作，同时抓住资本市场的融资机会。

三、实现全面深化改革的新突破

1. 在解放思想、主动作为方面要有新突破

夏德仁 全国政协经济委员会副主任

要认识到东北振兴是一个长期任务，要多从全局和国家安全战略的角度来认识东北振兴的重大意义和历史使命。

李　凯 中国东北振兴研究院副院长

发展五大安全产业要解放思想，比如突破土地流转政策、军工产业与地方发展的关系、GDP 统计和税收计算方法等方面的研究。

迟福林 中国（海南）改革发展研究院院长

东北地区全面振兴的重点之一是实现深化国资国企改革的重大突破，形成国企民企外资公平竞争的制度安排，实现优化营商环境的新突破。从东北经济一体化的现实需求出发，要优化调整国有经济产业、区域、结构布局，发挥国资国企在促进东北基础设施一体化中的重要作用。

夏德仁 全国政协经济委员会副主任

应双向发力解决好“投资不过山海关”问题，一方面，东北自身应着力优化投资环境；另一方面，国家要加大对东北的资金支持。纪玉山认为，要进一步解放思想，优化投资环境，积极实施对外开放战略，引进国外和域外先进技术和资本，推动重化工业合资、独资企业发展。

2. 推进东北振兴的体制机制创新要有新突破

郑新立 中国城镇化促进会常务副主席

东北借鉴北欧经验，进一步推动教育、国企、收入分配和社保体系改革。迟福林建议，一是尽快制订东北国企国资战略布局优化调整规划；二是围绕东北经济一体化形成高水平制度型开放的行动计划；三是尽快形成东北经济一体化高规格、强有力的跨省区协调机制。

李　淳 海南中改国浩自贸港法律研究中心主任

改革与开放是东北振兴的两大引擎，应尽快制定《东北振兴法》，通过立法解决东北振兴的艰巨性、复杂性、长期性等问题。

常修泽 中国宏观经济研究院教授

在东北与海南之间形成更高层次、制度性的经济合作协调，更加重视“候鸟”人士，挖掘潜在的人力资源，加强东北与海南在教育、科技、文化等领域的合作。

第五篇

区域合作：全面释放东北地区潜能

构建新发展格局的东北全面振兴与东北亚区域合作

迟福林 中国（海南）改革发展研究院院长、中国东北振兴研究院院长

当前，东北全面振兴与东北亚区域合作紧密联系在一起。东北全面振兴取得新突破，有利于促进东北亚区域合作进程；东北亚区域合作取得新进展，有利于形成东北全面振兴的外部动力。面对复杂多变的国际政治经济形势，构建新发展格局的东北全面振兴要与加强同东北亚区域的经贸合作统筹设计、统筹推进。

一、支持东北地区主动参与东北亚的产业链、供应链合作

1. 东北地区要主动参与中日韩制造业产业链合作。长远看，目前东北总体上仍处于全球制造业产业链的中低端，日、韩制造业大多处在全球产业链的中高端，与东北地区制造业互补性较强。东北地区要抓住中日韩产业链、供应链区域化重构的重要时间窗口，加强与东北亚的产业对接。例如，适应疫情防控常态化需求，在医疗物资、医疗药品器械等领域加快与日韩共建装备、设备制造业产业链；适应疫情后日韩等拓展外部市场需要，积极筹建自贸区性质的跨境合作产业园，提升在汽车制造、电子通信、机械设备、工业机器人等制造业领域贸易投资自由化和便利化的水平。

2. 支持东北地区积极参与中日韩服务贸易合作。目前，东北地区经

济增长的突出短板是服务业发展滞后。要把发展服务贸易作为东北参与中日韩自由贸易区建设早期收获的重点，并出台具体政策，以健康、养老、旅游、研发设计、金融等服务业领域为重点，加快推动服务业市场和服务贸易的高水平开放。

3. 支持东北地区参与中日韩数字经济合作。目前，东北三省数字经济占 GDP 比重仅为 28.2%，明显低于全国平均水平（36.2%）。建议抓住中日韩数字经济合作的新机遇，依托沈阳、大连、长春、哈尔滨等跨境电子商务综合试验区，加快推动与日韩数字经济基础设施、数字经济规则、规制、管理、标准等的对接和互通，开展数据确权、数据认证、数据定价、数据监管、数据交易、数据安全等标准规则制定及其相互对接，形成东北数字经济发展的新优势。

二、推进中国东北地区与东北亚基础设施的互联互通

1. 推进面向东北亚的国际大通道建设。统筹贸易通道与海港、陆港、空港、信息港建设，力争未来 5~10 年建成覆盖东北主要节点城市和口岸城市，联通东北亚各国的国际交通网络体系。例如，推动“辽满欧”“辽蒙欧”“辽海欧”交通运输国际大通道建设；推动“丝路吉林”大通道建设，形成北接黑龙江面向俄罗斯、南接辽宁面向环渤海、西进内蒙古面向蒙古国和欧洲、东连日本海面向东北亚的立体综合交通网络和物流大通道枢纽。

2. 推进东北亚陆海基础设施的互联互通。例如，推进东北地区与日本、韩国、俄罗斯远东地区临海港口群之间的集装箱远洋干线业务、海内支线业务、国际邮轮业务的共同开发运营；推进中俄蒙经济走廊建设，促进东北亚各国之间跨境大桥、跨境铁路和跨境公路建设等。

3. 推进东北亚陆海联运的通道建设。依托东北地区独特的地理区位条件，务实构筑东向出海、南连内陆的大通道，加快建设面向东北亚其他国家和地区互联互通的基础设施网络，推进“图们江开发开放”等，

以促进东北亚经济走廊建设进程。

三、以沿海城市为重点建设面向东北亚的重要开放门户

1. 把建立东北亚的重要开放门户作为辽宁沿海经济带高质量发展的重点。辽宁拥有面向东北亚开放较多的港口资源，目前的突出矛盾是重复建设和过度竞争。例如，今年上半年，全国港口吞吐量前20排名中，大连港排名仅第12，被北部湾港超越。要从促进东北亚经贸合作的大局考虑，出台相关政策，重点强化大连等沿海城市的重要开放门户的战略定位。

2. 以大连为中心统筹沿海港口一体化发展。辽宁要以大连为龙头，加快整合丹东、锦州、营口、盘锦、葫芦岛等沿海城市港口资源，形成合理分工、错位发展、资源共享的港航一体化新格局。

3. 以“六个统一”为抓手推动辽宁沿海经济带一体化发展。大连、丹东、锦州、营口、盘锦、葫芦岛等沿海城市，具有整体面向东北亚开放的区位优势和发展基础。建议由省级层面统筹推进“多规合一”改革，实现统一规划，统一土地利用，统一基础设施，统一重要的资源开发，统一环境保护，统一社会政策，实现创建辽东半岛蓝色经济区的实质性突破。

四、加强东北地区与东北亚的人文交流

1. 加强东北亚智库交流合作平台建设。在“东北亚智库联盟”“东北亚智库论坛”等现有平台的基础上，充分发挥中国东北振兴研究院的网络优势，为东北亚合作提供具有专业性、战略性的智力支持。

2. 扩大与东北亚国家相互间的留学生规模，开展合作办学。东北地区具有实力较强的高校资源，哈尔滨工业大学、东北师范大学、吉林大学、大连理工大学和东北大学均设有世界一流学科建设点。建议在东北地区设立教育改革试验区，面向东北亚国家扩大教育开放，探索与日本、

韩国、俄罗斯、朝鲜、蒙古等联合办学新模式；探索建立东北亚教育合作基金，形成扩大东北亚地区教师互访、留学生互换交流的机制。

3. 加强东北亚跨国的旅游合作与文化交流。东北拥有独特的旅游资源，与东北亚诸国山水相连。建议以培育东北亚旅游合作圈为重要目标，共同设计跨境旅游线路，放宽跨境旅游签证限制、简化跨境旅游手续、培育跨境旅游市场，共同打造边境、跨境、境外旅游合作区。

五、建立东北与东北亚地方政府间的沟通协调机制

1. 发挥好大图们倡议东北亚地方合作委员会的作用。在提升东北地区与东北亚地区省级地方政府区域合作能力及其机制化安排的同时，要从地方政府层面强化协同效应，加快推进“一带一路”东北区域建设与韩国“亚欧倡议”、蒙古国“草原之路”和俄罗斯“跨欧亚运输大通道”等有效对接。

2. 推动地方层面共建跨境经济合作园区。要把搭建跨境经济合作园区作为东北与东北亚地方政府合作的重要平台。例如，推动东北中韩自贸区地方经贸合作示范区建设；按照自贸区标准推进黑龙江绥芬河-东宁重点开发开放试验区和图们江跨境经济合作区等沿边重点开发开放试验区建设；在俄罗斯、蒙古等建设若干境外经贸合作园区，探索跨境经济合作区的运营模式、管理体制机制与跨境协调机制。

3. 扩大东北地区与东北亚的友好城市。要支持鼓励东北地区在省级和地市级层面发展面向东北亚的国际友好城市网络，因地制宜发展多种形式的国际城市经济开放合作模式。

东北亚区域供应链优化调整的方向和路径

赵晋平　国务院发展研究中心对外经济部原部长

全球范围内供应链的调整已经在加快进行，一种是企业根据市场的外部环境变化，通过投资布局关系的调整，从客观上推动供应链的实际调整方向；另一种是有些政府提出的所谓供应链调整的原则或者政治化标准。在市场力量推动下，特别是在企业资金参与下，东北亚或者在东亚区域范围内供应链调整呈现出新动向。

东亚在全球供应链中处于中心地位，东盟-中日韩（10+3）是全球三大贸易中心之一，与北美、欧盟的全球占比大致相近。在 2017 年以后，由于全球经济大变局，特别是受新冠肺炎疫情的影响，全球供应链调整在加快，东亚各经济体占全球贸易比重最近几年普遍上升。这一现象表明两层含义：一是东亚经济体之间贸易依存上升，关系更加紧密；二是东亚成员间贸易占全球贸易比重，即对全球的影响力迅速上升。

全球供应链调整的方向，具体到东亚地区而言，是向区域内布局调整的集中。2017—2020 年，东亚地区作为全球供应链中心地位更加凸显，比如半导体、电子元器件。在 10+3 范围内出口和进口可以说都超过 50%，与到全球此类商品贸易额 50%以上。如果加上香港和台湾，已经超过 80%。这充分说明在一些重要商品领域，东亚地区作为全球供应链的地位是非常显著和在提升的。

哪些因素导致东北亚供应链地位上升？2017—2020 年，东亚的出口整体增长 3. 6%，进口增长 1. 6%，分开来看，作为区域成员的进口拉动出口增长超过 40%。这充分说明，区域内更加紧密的贸易关系是推动东亚作为全球供应链中心地位上升的一个重要因素。

东北亚三国的对外投资，是推动东亚地区产业链、供应链优化调整的最重要的力量。2017—2020年，中国、日本、韩国对区域内投资明显增长，特别是中国。中国对东盟地区的新加坡、泰国、越南的投资年均增长速度为12.1%。日本对东盟投资过去长期增长，在2020年由于一些结构性的调整，出现了负增长，但是对韩国和中国的投资保持增长。供应链优化的调整背后的推动力量是彼此之间相互投资。这三国企业的对外投资，特别是对区域内投资，对下一步加强东北亚区域合作至关重要。东北亚区域作为供应链优化调整的中心地位进一步上升，将使得东北亚，或者整个东亚地区产业链、供应链趋于长期的安全和稳定。从长期来看，这是稳定东亚，或者东北亚区域生产网络的最重要的解决方案。

最后，针对目前外部环境变化，提出几点建议：RCEP于2022年正式生效实施。进一步深化中日韩、东北亚合作，可以借助中日韩自贸协定。下一步，既然中国申请加入CPTPP，不妨把CPTPP的规则标准作为中日韩自贸协定的谈判原则，这样既解决了加入CPTPP三国间需要谈判的问题，同时三国自贸协定也类似于CPTPP的高水平，这个转换非常重要，也是适应新形势的必要。在全球经济环境变化中出现了逆流，个别国家对待经济问题时强调政治化标准，并且提出了所谓的价值观，或者双重的人权标准作为构建产业链供应链的依据和原则，违反多边体制下贸易投资基本原则。要加强政策协调，共同反对保护主义，维护东北亚区域生产网络和产业链长期稳定，并且带来价值链的稳定。

东北地区参与东北亚区域合作的机遇与政策

霍建国 商务部国际贸易经济合作研究院原院长

当前，推动东北亚合作正处于新的窗口期，对于东北地区来讲也是一个重要的机遇期，所以我们应高度重视目前中日韩合作的发展态势，加大力度寻求新的突破。为什么说处于窗口期呢？主要由三方面因素决定的。

首先，RCEP 的签署，为加强中日韩合作提供了新的契机。中共中央、国务院高度重视该协议的落实，先后三次召开协调会，要求国内做好充分准备。RCEP 的签署解决了中日相互开放的安排，相当于中日之间签署了自贸协定，现在需要我们研究这些规则，把握一些可利用环节以带动东北地区的开放发展，当然如果可以把这一协议的落实同东北振兴紧密结合起来，会带来更大的收获。

其次，2021 年 9 月 16 日，中国正式提出申请加入 CPTPP。总体上看，中国提出申请加入，意味着中国准备接受 CPTPP 的高标准开放体系，这是一个大变化。过去国内改革开放以推动自贸试验区为主，以推动海南自由贸易港建设为突破口，而加入 CPTPP 应该是全国统一开放的问题，相当于当年的入世谈判。如果我们选择积极推动谈判，则意味着我们必须加快推动国内的各方面改革，由于面临台湾地区加入的挑战，我们更应加大力度，提高突破的可能性。国家为了解决这个问题，可能会有更大的动作。全国范围内的高水平开放有可能提前到来，特别是在竞争政策、国企改革、电子商务、劳工、环保等方面可能会有所突破。

最后，美国不断加大对我们的限制和打压，企图拉“小圈子”或通过结盟以达到制约我国发展的目的，以致我国外部发展环境和空间受到了一定影响。为此，加大 RCEP 和东北亚的合作，可以拓展我国新的发展空间。如果加大我国同日韩的合作力度，不仅使东北率先受益，也对全国起到相对巩固稳定的作用。东北的基础，特别是辽宁的经济基础是相对较好的，无论是制造业，还是其他产业方面，特别是在跟日韩合作方面是有基础的，应该巩固这些基础，寻求新的合作空间。

在当前复杂的国际环境下，我们唯有坚持高水平开放才能赢得国际竞争的主动。党的五中全会和“十四五”规划在对外开放章节中均强调要在更大范围、更宽领域、更深层次实行对外开放，表明了中国开放的决心。所以我们坚信，我们有能力克服 CPTPP 的挑战，接受 CPTPP 的基本要求，对标当今代表最高标准的开放体系。因为坚持高水平开放可以保障我国未来的外部发展空间。如果不选择向外突破，在国内走自我循环会受到一定制约，必须加快构建国内外相互促进的新发展格局。此外，没有高水平开放的配套措施，不能完全接受和认可市场化、法治化基本原则，或者不能做到公平公正，不能够坚持国民待遇，就无法解决我国高质量发展问题，不能促进真正高水平开放条件下的竞争。为此我们应充分认识到加大对外开放和东北亚合作对于推动双循环发展格局的重要性。

我提出以下几点政策建议。

首先，建议东北或者辽宁应该高度关注国内高水平开放的进程，现在正在讨论的问题是我们先主动开放达标，还是边谈判边改革，这是两个不同的选择。多数人认为应尽快启动国内的各项改革，给外界释放一个积极的信号，这对推动谈判将起到积极作用，加速谈判进程。从辽宁的角度看，为了适应高水平开放，也要熟悉一下 CPTPP 相关章节和规则，对下一步把握如何建设国内公平竞争的市场环境是有利的。

其次，要把握好 RCEP 中有关中日贸易投资的安排，努力拓展同日本的经贸合作。日本虽一直在摇摆，但经济上日本对中国市场是有依赖的。产业链密切联系是客观存在的，所以合作是双方受益。辽宁、东北应该更主动一点，把大连、营口的开放力度再加大一些，可能会取得更好效果。

最后，巩固提高东北装备制造业的竞争优势，同时关注产业链供应链的变化趋势。在巩固产业链的同时要主动向供应链延伸。产业链供应链如何发展，以及对外合作和相互嵌入的关系，需要我们自己把握。在发展制造业的同时要注意提升和制造业配套的服务业发展力度。和受关注较高的高端贸易相比，物流配送和仓储也很关键，这些是相关配套产业，应该优先考虑处理好这方面的合作问题。此外，辽宁自贸区试验区在这个过程中要进一步加大开放力度，同时在政策上要寻求创新。要高度重视市场营商环境的打造。国务院今年再次提出要构建更高标准的市场营商环境，加快市场化、法治化、国际化推进。哪个地区，哪个环节做得更好，对于稳定外资、进一步扩大开放和引入新的合作项目都有积极作用。

全面释放东北地区向东北亚的开放潜能

李　凯　中国东北振兴研究院副院长

我们来思考这样一个问题，怎么做才能将东北亚经济合作与东北振兴结合在一起，借助东北亚的经济环境，增加东北振兴的动力？

我的理解是：双循环战略和国际经济合作是不矛盾的。构建以国内循环为主体、国内国际双循环的“双循环”经济体系，其第一层含义是经济体系生产—分配—流通—消费的循环，强调扩大国内消费，形成以（国内）消费拉动的增长模式，这是增长战略的变化，是双循环的核心；第二层含义是产业链（供应链）从上游到下游环节的循环，强调产业链安全，重点关注关键核心技术和重要产业；第三层含义是构建新型国际经济循环模式，使经济循环在安全可靠区域。东北亚就是中国经济新的国际循环的重点区域，东北亚是一个比较安全的地方，所以这个是双循环应该有的含义。

打造东北对外开放的新前沿，这个新前沿重点必定是在东北亚。东北亚经济合作的局势演变，给东北对外开放带来哪些机遇？双循环经济体系中的东北亚合作以及东北角色定位是什么？东北亚东北究竟有没有优势？这些问题都需要充分考虑。

一、东北地区面向东北亚的开放现状

东北地区开放是具有区域属性的，还是偏向东北亚，偏向日本、韩国、俄罗斯多一些。尽管东北整体上的开放优势不明显，但它还是有相对的区域优势，这和它所处的东北亚的核心地位是密切相关的。比如说，在东北三省的伙伴中，俄罗斯、日本和韩国分别位列第一、第二和第五，对三国贸易占到东北三省对外贸易的32%（2018年）。在黑龙江省的贸易结构中，俄罗斯地位非常突出，2018年与俄罗斯的贸易占了72%，这个很难想象。

在对外贸易中，对日本贸易占全国的比例为7.76%，辽宁对日的贸易占辽宁对外贸易的14.89%，所以说辽宁在对日的贸易上是有优势的，同样，辽宁对韩贸易也存在优势。吉林对日本、俄罗斯贸易有优势，黑龙江对俄罗斯贸易有明显的优势。

从外商投资来看，也基本上具有这样的属性。辽宁的投资结构中，日本和韩国都排在前面，黑龙江贸易结构和投资结构类似。从以上来看，无论是贸易还是投资，东北都很偏向于东北亚，这是很明确的地缘属性。

再看人员往来的情况，在辽宁2018年接待的外国游客数中，有21.67%是日本人，29.45%是韩国人；吉林接待的外国游客中，有42%是韩国人，20%是俄罗斯人；黑龙江接待的外国游客中，有78%是俄罗斯人。

从全国接待外国游客的比例来看，由于存在地缘优势，东北亚国家的游客更愿意到东北地区旅游；2018年，到中国旅游的日本人中的26%、韩国人中的37%、俄罗斯人中的56%，都选择到东北三省旅游。这说明人员往来比贸易和投资更偏向于东北亚区域。所以，尽管东北整体情况不是太好，但是它具有十分明显的地缘属性，这是东北地区可以深化东北亚合作、深化对东北亚开放、打造东北对外开放新前沿的一个基本依据。

二、东北地区面向东北亚开放的机遇和优势

1. 经济“逆全球化”和经济区域化发展。在经济逆全球化的大背景下，区域合作变成了一个主流趋势，国际经济合作环境整体不安全，但

是东北亚局部是比较安全的，其中东北地区是核心区域，这是一个机会。

2. 东北亚形势有利，合作战略高度契合。具体来看，东北亚地区的国家都明确提出了区域合作的计划。中朝、中日、中韩、朝韩和美朝五大双边关系发生了不同程度的改善；韩国的“新北方政策”、俄罗斯的“欧亚联盟”释放出将经济发展规划与中国“一带一路”倡议对接的积极信号；日本政府转变了态度，表达出对“一带一路”倡议的积极评价；蒙古的“草原之路”与“一带一路”倡议在发展方向、建设领域方面均具有很好的衔接性。2019 年，中日韩自由贸易区（FTA）谈判也进入实质磋商阶段。

这其中很多是和地缘有关系，比如说原来的山东、江苏都是韩国和日本投资的重点，要比东北重视得多，但如果要加强基础设施合作，就离不开地缘优势。例如，修铁路就不能隔着海去修，得陆陆相通，韩国的“新北方政策”就是针对朝鲜基础设施提出的，提出要构筑将中国、蒙古国等国的铁路与朝鲜半岛铁路相连接的铁路网，与“一带一路”向北延伸线相连接。

3. “一带一路”和中国向北开放的强化。“一带一路”的建设强化了向西与向北开放，为东北打造对外开放新前沿，尤其是向东北亚深度开放提供了良好的基础。自 2014 年中蒙俄经济走廊规划实施以来，三国在基础设施发展互联互通、深化经贸合作等方面取得了良好的成绩。2019 年，中俄天然气管道建成通气，中俄黑河公路桥、同江铁路大桥合龙通车；2018 年，中俄、中蒙进出口贸易总额相较于 2013 年分别增长达 20% 和 30%；2019 年，中俄本币结算比例升至 50%，中蒙签订边贸本币结算协定，这些探索均说明向东北亚开放很有潜力。

4. RCEP 和 FTA 谈判取得实质性进展。在 RCEP 结束谈判后，中日韩三方同意在 RCEP 的基础上，打造“RCEP+”，包括三个方面的内容：一是货物贸易领域，三方将积极探讨进一步降低关税水平；二是服务贸易和投资领域，三方同意将以负面清单模式开展服务贸易和投资市场准入谈判；三是规则领域，三方探讨进一步提升相关规则议题水平的可能性。从东北振兴的角度来看，中日韩 FTA 为东北提供了产业调整的新机会，东北已经错过了很多次产业调整的机会，下一步还会有什么机会？数字经济是个机遇，还有服务业，不管是高端服务业还是生产性服务业，这些都是未来很大的机会。这个机会对东北来说需要一个契机去发展，完全靠内生发展不起来，所以必须有一个外援，外援在哪里？就是东北亚，这正是下一步东北积极促进中日韩 FTA 的意义。

5. 东北地区沿边沿海条件优越、口岸资源丰富。辽、吉两省与朝鲜有 1400 多公里边境线，加上黑龙江东部沿边地区，有丹东、集安、图们、珲春、绥芬河、抚远等 17 个边境口岸，是我国同日、韩、朝、俄进行贸易往来的前沿地带。尤其是辽宁、吉林两省东部，将是朝鲜弃核开放最直接、最优先的受益者，具有非常大的发展潜力。如果朝鲜弃核对外开放，丹东面临着得天独厚的优势，可借朝鲜开放之机，优先发展丹东，从而使整个东北东部地区经济活跃起来。

三、东北地区面向东北亚扩大开放的政策建议

东北如何抓住机会，采取哪些措施来改变对外开放的局面？

总体来说，“十四五”是东北的一个非常重要的时期，东北振兴前一段是不令人满意的，现在的情况与过去相比有好转，但经济总量占比的下滑可能还要持续。从人均结果或者内生的一些积极因素情况来看，东北是有发展基础的。这几年经历了数据挤水分、产业调整、干部调整等改变，我认为现在情况已经有较大改变。“十四五”能不能突破？就看能不能找到突破点，能不能在若干方面抓住一些突破点，打破这个僵局使东北振兴有一个新的局面，对外开放就是一个突破点。

我们要对东北的各项政策重新思考，包括开放问题、区域发展的战略，包括产业结构调整的战略、产业政策等，要有一个配合，整体构成一个可以撬动东北新局面形成的契机。具体来说，面向东北亚的开放有以下几个方面内容：

1. 将大连建设成“自由贸易港”，带动辽宁沿海经济带形成对外开放的新前沿。东北需要一个开放的标杆城市，就像长三角的上海一样，起到区域引领作用。大连区位优势明显，是哈大铁路和沈大高速公路的终端，是中国东北的海陆空交通枢纽，是东北地区面向世界、转身向海的门户。随着北极夏季航道的开通，大连不冻港的地理位置和战略意义也进一步提升。大连应该成为东北开放的龙头城市，甚至有望进阶为“东北版的上海”。

大连现在的定位是成为东北亚国际航运中心，建议积极探索成为类似自由贸易港的国际化开放城市。2019 年 9 月 26 日，辽宁省出台了《关于加快推进东北亚经贸合作打造对外开放新前沿的意见》，提出借鉴国际成熟自由贸易港发展经验，探索建设大连自由贸易港，打造中日韩自贸区地方经贸合作示范区。我认为应该强化这一举措，尤其要考虑服务业，将大连建设成服务业开放的国际化城市，争取在开放层级和开放领域方面都实现突破，以此引领辽宁沿海经济带成为面向东北亚地区开放的高地。

2. 以哈尔滨为重点，将黑龙江建设成为对俄罗斯开放的新前沿。“中蒙俄经济走廊”提出以来，黑龙江省在对俄开放方面取得了丰硕成果。在以往合作的基础上，“十四五”期间应进一步加强与俄罗斯在能源、军工、现代农业等领域的合作，支持中国企业在俄投资建设天然气田、有色金属矿山等境外资源基地；发挥东北地区在农机装备制造和农业科技等产业的技术优势，与俄罗斯远东地区地广人稀、土地肥沃等资源优势有机结合，在农业领域开展密切合作。

黑龙江自贸区包括哈尔滨、黑河和绥芬河三个片区，其中哈尔滨是中国北方重要的中心城市，具有相当的经济实力，是黑龙江自贸区的核心，而且具有对俄罗斯开放的历史传统，应将其建设成为中俄战略合作及面向东北亚开放合作的新高地。

3. 以丹东为沿边、沿海开放的重要交汇点，打造以口岸城市为节点、“边海互济”的贸易、投资“珍珠链”。丹东是中国最大的边境城市，又是东北亚经济圈与环渤海经济圈的交汇点。可以期望的是，至少辽宁和吉林的东部经济靠朝鲜的开放一定能够带动起来。

面对朝鲜对外开放之机，丹东拥有得天独厚的优势，可借朝鲜开放之机，优先发展丹东，从而使整个东北东部地区经济活跃起来。我们建议将鸭绿江沿岸对外重点口岸城市丹东、集安、临江、长白、图们、珲春等串联起来，打造成贸易投资的“珍珠链”，东可以带动吉林东部，西可以带动庄河岫岩，北可以带动本溪与沈阳城市圈融合。

4. 与区域发展战略相结合，形成东北振兴的区域动力源。目前，东北地区的区域发展战略多而分散，宜进一步整合，集中资源和精力，形成重点突破的态势。建议在现有区域发展战略的基础上，突出中心城市战略，进一步明确中心城市引领的发展思路，壮大哈、长、沈、大四个中心城市，形成东北振兴的动力源。

“十四五”时期，东北若能够利用开放的契机，使四个中心城市发展壮大起来，则东北地区就有了和全国其他区域竞争的能力，就具有了吸引人才、资本、产业的条件。在中心城市发展过程中，逐渐带动城市群、城市带的发展，东北问题的解决就有了前景。建议进一步加强开放战略与区域战略的结合，为开放工作找到落脚点。例如支持沈阳建设大规模中心城市，将大连打造成引领东北的高水平开放城市和国际化服务业开放城市等。

5. 形成全面开放、“深耕东北亚”的国际开放格局。新冠肺炎疫情对全球经济和产业链调整带来深刻的影响，同时使得我国调整重大产业布局面临着难得的历史机遇。在我国形成以国内大循环为主体、国内国际双循环相互促进的新发展格局过程中，东北地区具有建设面向东北亚开放合作高地的天然责任，同时这也是东北亚区域经济合作的优先发展方向。

“十四五”时期，东北地区要在“深耕”上下功夫。东北与东北亚尤其是日韩地理位置相邻，经济互补性强，具有较好的合作基础，应该成为与这些国家合作的代表性地区。可考虑利用地缘优势，加强东北三省与日韩装备制造业研究机构、企业合作，引进先进技术、装备和人才，提升东北地区在制造业和生产性服务业的竞争力，推进东北地区的产业结构转型升级。例如推动日韩知名汽车制造企业在东北投资建设新能源整车工厂，设立核心零部件设计、研发、制造等基地。

6. 抓住 FTA 服务贸易开放的机遇，形成服务业开放新领域。东北三省已经到了该挖掘服务业潜力、让其发挥作用的时候了，应该在“十四五”期间实现服务业开放新突破。要争取国家对东北深度开放、特别是对日韩深度开放的政策支持，尤其是服务业开放试点的支持，要在服务业开放的制度上进行改革，形成重点面向东北亚的服务业开放新格局。

其中，应将大连打造成引领东北的高水平开放城市和国际化服务业开放城市，应争取在生产性服务业和高端服务业方面，探索新的开放领域和开放政策。利用自由贸易港的投资与贸易便利化政策，探索包括医药、医疗、医养、教育、金融、文化、旅游等领域的开放，在服务业开放领域上要有突破。

东北亚区域合作的愿景与现实

于洪君　中共中央对外联络部原副部长

人类社会的进步发展，本质上就是一个互通有无、相互影响、彼生此长的历史进程。而当今世界，早已成为你中有我、我中有你、休戚相关、互动互鉴的命运共同体。我们谋划和推进中华民族全面复兴，离不开对外部世界的观察与思考，离不开与国际社会同步发展的良性互动；同样，研究和部署我国东北地区的全面振兴，当然也离不开当前内外环境，特别是国际力量对比和世界经济大势，首先是东北亚区域合作等重大问题的分析和思考。

一、关于中日韩三方合作

中国、日本与韩国自 1999 年开启合作机制后，在东盟与中日韩（10+3）会议期间举行领导人会议成为三国高层互动的新常态。2003 年，中日韩领导人第五次会议签署并发表的《中日韩推进三国合作联合宣言》，初步明确了三国合作的基本原则和主要领域。2004 年举行的第六次会议，通过了中日韩三国合作行动战略，为全面推进三国各领域合作做出了具体规划。尽管中日韩三方合作后来因日本首相参拜靖国神社等问题而受到严重影响，2007 年 1 月举行的第七次领导人会议，还是以三方联合声明的方式，向国际社会传递了三方将继续致力于互信、友好与合作的政治意愿。

2008 年 12 月，中日韩三国领导人首次在 10+3 框架外举行会议，标志着三方合作进入新的发展阶段，有了新的对话交流平台。中日韩领导人不但发表了三国伙伴关系联合声明，同时还发表了有关国际金融和经济问题的联合声明，发表了有关灾害管理的联合声明和推动中日韩三国合作的行动计划。2009 年 10 月，10+3 框架外的中日韩领导人第二次会议，发表了《中日韩可持续发展联合声明》及《中日韩合作十周年联合声明》。当时，三国间高层交往频繁，贸易与投资同步增长。外交、财政、经贸、科技、通信、环保、文化、卫生、央行、海关、知识产权、运输及物流、人力资源以及旅游、地震共 15 个部门，建立了相对稳定的部长级会议机制。

2010 年，中日韩领导人第三次会议发布了《2020 中日韩合作展望》文件，对未来 10 年的三国合作进行了新的部署和规划。该文件宣布，中日韩将坚持不懈地推动三国关系合作朝着睦邻互信、全面合作、互惠互利、共同发展的方向前进。三方的共同目标，是到 2020 年，使三方合作在许多领域达到新的高度，即面向未来和全方位合作的伙伴关系更加巩固，各领域互利合作更具成果，人民之间的友好感情更加深厚。

为了实现上述愿景，2011 年中日韩三方在韩国首都首尔设立了合作秘书处。三国商定：2012 年前完成中日韩自贸区联合研究，2020 年前扩大三国贸易量；加大贸易便利化力度，不断改善三国贸易环境；努力完成三国投资协议谈判；进一步加强金融协调与合作，努力提升亚洲财金合作；反对任何形式的贸易保护主义，加强科技与创新合作；加强工业、能源、能效、资源等领域政策合作与磋商。

三国当时还商定，要根据《联合国气候变化框架公约》的原则，建立 2012 年后应对气候变化的有效国际合作框架。此外，三国还宣布，要进一步加强东盟–中日韩框架下以及东亚峰会、东盟地区论坛、亚太经合组织等各种地区框架内的合作，以促进亚洲的和平、稳定和繁荣。

后来，中韩之间、中日之间以及韩日之间的政治互信、经贸合作、人文交流、安全对话开始大幅度滑坡和倒退。但三方谋求对话、交流、协调与合作的意愿，并未从根本上改变。2015 年 3 月，第七次中日韩外长会时隔两年多后重新举行。

2019 年是中日韩三方合作机制建立 20 周年。这时，三国之间已经形成了以领导人会议为引领、以 21 个部长级会议为重要平台、包括 70 多个对话机制的较为完整的合作架构。到 2018 年年底，三国间的贸易额已经超过 7200 亿美元，相互投资超过了 110 亿美元，人员往来超过了 3100 万人次。三方共同发表了“中日韩+X”早期合作成果清单以及《中日韩合作未来十年展望》这一新的愿景文件。该文件的核心内容包括：共同倡导开放共赢合作，彼此视为发展机遇，加强发展战略对接；支持世贸组织改革；以 RCEP 谈判成果为基础，加快中日韩自贸协定谈判；拓展合作深度和广度，充分发挥互补优势；推进“中日韩+X”合作，加强 G20 框架下合作，等等。

2020 年，突如其来的新冠肺炎疫情肆虐全球，中日韩三国各领域交流与合作严重受阻。这一年，日本政局生变，首相易人，在地区安全与全球事务中加紧追随美国遏制中国，在台湾问题上立场明显倒退；韩方则进一步强化了韩美关系，公开宣称要以韩美同盟为基础处理对华关系；韩日关系也比以前更加复杂。中日韩三国合作，面临新的难题和挑战。再加上朝核问题依然无解，并且出现新的变数，整个东北亚局势再现“山重水复疑无路”境况的可能性明显增大。

但是，从经贸关系的角度看，值得庆幸的是，三方之间的联系与合作一如既往。中日之间的贸易额连续 3 年超过 3000 亿美元，2020 年达 3175 亿美元，同比增长 0. 8%。其中，中国自日本进口 1748 亿美元，同比增长 1. 8%。日本对华出口占其出口总额的比例升至 22%。中国作为日本最大出口目的国的地位，更加牢固。正如中国驻日大使孔铉佑所说，中日贸易逆势增长，凸显两国经贸合作的强大韧性。2020 年，中韩之间的贸易额也在增长，贸易额为 2852 亿美元。虽然韩方对华投资明显下降，但仍有 2014 个项目，实际投资 36 亿美元。而中方对韩直接投资持续增大，达 3. 6 亿美元。双方新签工程承包合同额也有大幅增长。考虑到三国 GDP 在全球经济总量中的占比已达 24%，三国之间的经贸依存度依然很高，合作前景十分广阔显然毋庸置疑。关键在于三国各方是否敢于把握机遇，是否能妥善处理历史积怨、政治分歧、安全理念与经贸合作的关系。

二、关于中蒙与中俄的务实合作

由于错综复杂的历史因素，以及尽人皆知的现实原因，中蒙俄三国的发展利益与安全利益历来紧密交织。但中蒙俄之间并未及时建立机制化的三方合作架构，缺乏战略性的三边合作安排。2015 年出台的中蒙俄经济走廊建设规划，是引导中蒙俄三方通过联动发展实现互利合作的第一个纲领性文件，也是中方引领开辟东北亚区域合作第二大板块、打造第二种模式的有益尝试。

众所周知，蒙古国是当今世界人口密度最小、发展水平不高、人均 GDP 只有 4000 美元左右的国家。蒙古国矿产资源丰富，但对外联系不便，是世界第二大内陆国。多年来，蒙古国联通外部世界主要借助于中国，中国一直是蒙古国的第一大贸易伙伴国。双方的矿产交易额，早在 10 年前就已占蒙古国矿产交易总额的 70%左右。2020 年，蒙古国经历了 20 世纪 90 年代以来最严重的经济衰退。中蒙贸易额只有 66 亿美元，比上年下降 18. 8%，远未实现双方设定的 100 亿美元的奋斗目标。2021 年上半年，双方贸易额为 45. 8 亿美元，同比增长了 74%。中方企业在蒙古国新签的工程承包合同额，为 22. 4 亿美元，同比增长 121. 7%；实际完成营业额 2. 4 亿美元，同比增长 105. 3%。但中方企业在蒙古国的直接投资，只有 5090 万美元，同比下降了 41. 2%。

根据 1994 年中蒙友好合作关系条约和两国 2014 年发表的关于建立和发展全面战略伙伴关系的联合宣言，中蒙双方要本着矿产资源开发、基础设施建设、金融合作“三位一体，统筹推进”原则，开展全方位互利合作，使两国贸易额在 2020 年达到 100 亿美元。为此，双方要鼓励增加高附加值产品贸易在双边贸易中的比重，加快推动中蒙铁路、公路、口岸、铁矿、铜矿、铅锌矿、铀矿、煤炭、石油、电力、化工、汽车制造、轻工和房地产等基础设施和矿能资源大项目产业投资合作。双方要支持两国企业按《中蒙战略伙伴关系中长期发展纲要》列入的项目清单，以及其他未能列入的大项目开展合作，其中包括电力和可再生能源领域合作。

2016 年秋季，二连浩特—扎门乌德中蒙跨境经济合作区中方一侧开工建设。中方的目标是将该合作区建成集国际贸易、物流仓储、进出口加工、电子商务、旅游娱乐、国际金融服务于一体的综合开放平台，双方对此期望值很高，宣传力度不小。但 5 年时间过去，蒙方并没有大的动作和投入，该合作区的前景并不乐观。目前看，2019 年 5 月启动的中蒙跨国铁路项目，意义相对更大。该项目如能在 2021 年年底如期竣工，中蒙两国的贸易额会有较大增长，仅炼焦煤交易量据估计即可突破 3000 万吨。

目前，受资金不足等多种因素困扰，各方寄予厚望的该铁路通往俄罗斯的二期项目，工期仍不明朗。不过，令人振奋的是，连接中蒙两国的二连浩特铁路口岸铁路标准轨，目前已由 1 条增至 3 条，货物运输能力显著提高。2021 年以来，该铁路口岸共接发中欧班列 2268 列，同比增长 53.5%。

俄罗斯是中国和东北亚各国的共同邻国，是东北亚地区经济合作与安全对话中不可或缺的利益攸关方。中俄之间早已建立起成熟而稳定的全面战略协作伙伴关系。近年来，由于双方共同努力，中俄两国经贸关系和各领域务实合作持续发展，成就显著。2020 年，虽然受新冠肺炎疫情等多种原因影响，中俄贸易额为 1077 亿美元，同比下降 2.9%，但中俄贸易额在俄罗斯外贸总额中的比重，上升至 18%，达历史最高水平。中国对俄投资和承包工程，也在逆势增长。据统计，2020 年中国对俄罗斯的非金融类直接投资为 3.4 亿美元，同比增长 41.7%；中企在俄新签工程承包合同额为 58.7 亿美元，约为中方在欧洲新签合同额的近 30%。中俄两国的服务贸易也在快速发展，2020 年总额近 200 亿美元，成为双边贸易合作的新亮点。

2021 年前 8 个月，中俄两国贸易额近 890 亿美元，比 2020 年同期增长了近 30%。这里面既有石油、天然气、煤炭等能源类商品价格上涨的因素，也有高技术产品和农产品份额增大的因素。据统计，2020 年中俄之间的农产品贸易额为 55.5 亿美元，创历史新高。中国已成为俄罗斯农产品和肉类产品的第一大出口市场。中国的笔记本电脑、平板电脑对俄出口也有大幅增长，增长率分别为 39% 和 29%。中国品牌的智能手机，已经跃居俄罗斯市场销量榜首。预计 2021 年年底，中俄贸易额可能打破现有纪录。但要特别指出的是，即便如此，两国贸易额与多年前共同宣布的 2020 年达 2000 亿美元的目标相比，还有相当大的距离。

还需要特别指出的是，近年来，中俄两国地方合作机制在逐渐完善和加强。2018 年和 2019 年是中俄地方合作交流年，两国积极鼓励地方中小企业开展合作，使双方的经贸合作结构和内涵更加丰富。中俄远东开发合作，总体上进入了贸易与投资相互促进、相辅相成、良性互动的新阶段。“东北—远东”委员会、“长江—伏尔加河”理事会等机制，也在顺利运行。“中俄远东合作发展规划（2018—2024 年）”和“东北—远东”农业发展规划，部分项目取得阶段性进展。连接中俄两国边境的同江铁路桥、黑河公路桥已经合龙，后续建设也在积极推进。联通两国边境城市黑河与布拉戈维申斯克的跨境索道项目“黄金一英里”，俄方一侧已经开工。总而言之，中俄两国的务实合作，包括地区合作，尽管不无问题，但发展态势总体看好。

当然，如同任何国家一样，中俄之间的经贸关系与务实合作仍不时遇到问题和困难。譬如，中国目前出现供电紧张情况，俄罗斯的形势也不乐观，俄罗斯停止向中方供应电力和煤炭，还是继续对华出口，但较大幅度提高电价煤价，已经成为双方乃至国际社会共同关注的问题。对于诸如此类的新情况新问题，双方有关方面要有充分准备，要做好预案，共同防止务实合作因世界经济动荡而受到较大冲击，造成不应有的损失。

三、关于中蒙俄经济走廊建设

2013 年秋，习近平主席访问中亚和东南亚期间，先后提出共建“丝绸之路经济带”和“21 世纪海上丝绸之路”，即“一带一路”的重大倡议。2014 年 9 月，习近平主席在中蒙俄三国元首会晤时提出，将中方提出的“丝绸之路经济带”同俄罗斯的跨欧亚大铁路、蒙古国“草原之路”倡议进行对接，打造中蒙俄经济走廊，得到俄蒙两国的积极响应。所谓打造中蒙俄经济走廊，首先是要加强三国铁路公路、跨境输电网络等基础设施的互联互通建设，推进相互间的通关和运输便利化，促进过境货物运输合作，同时还要大力推进三方在文化、教育、科技、卫生、环保旅游以及智库、媒体等领域的务实合作。

2015 年 7 月，中蒙俄三方共同发布了经济走廊建设规划纲要，根据这份文件，建设三国经济走廊，就是要增加三方的贸易量，提升产品竞争力，加强过境运输便利化，发展基础设施，在上述所有领域实施合作。其基本愿景，就是要通过三边合作，建设和拓展互利共赢的经济发展空间，发挥三国的潜力和优势，促进共同繁荣，提升在国际市场上的联合竞争力。三方重点关注的合作领域，包括七大方面：即促进交通基础设施发展及互联互通，加强口岸建设和海关、检验检疫监管，加强产能与投资合作，深化经贸合作，拓展人文交流合作，加强生态环保合作，推动地方及边境地区合作。

这份纲领性文件特别提到，三方要共同规划和发展基础设施资源，要加强国际运输通道、边境基础设施和跨境运输组织等方面合作。要推动中俄之间以及亚欧之间的过境运输，包括发展中蒙俄定期国际集装箱运输班列，建设一批交通物流枢纽；要在能源矿产资源、高技术、制造业和农林牧等领域开展合作，共同打造产能与投资合作集聚区，实现产业协同发展，形成紧密相连的区域生产网络；要扩大三方之间的电信网络，增加互联网流量，加强电子商务合作；要研究新建输电线和新发电设备的经济技术合理性，研究建设过境蒙古国的中俄原油及天然气管道的合理性；要继续推动核能、水电、风电、光伏能源、生物能源等领域的三方合作；要强化三方科技园区和创新高地合作；要开展三方卫星应用服务和对口部门合作，扩大信息交流；要发展边境贸易，优化商品贸易结构，扩大服务贸易量；要拓展经贸合作领域，提升经贸合作水平；要在扩大农产品、能源矿产、建材以及造纸产品、纺织品等贸易规模的同时，稳步提高装备制造和高技术产品的生产水平；要建立跨境经济合作区，引导边境贸易向加工、投资、贸易一体化方向发展。

中蒙俄三国的地方经贸合作，在中蒙俄经济走廊建设中的作用不可低估。因此，这份文件特别强调了三国地方经贸合作的意义，要求充分发挥三方相关城市比较优势，推进合作机制建设，如推动蒙古国东部地区和中俄有关地区建立次区域合作机制，等等。

5 年多来，中蒙俄经济走廊建设作为“一带一路”国际合作和东北亚区域合作的重要组成部分，取得许多阶段性重大成果。其中两大通道，也就是从京津冀到呼和浩特，再到蒙古和俄罗斯的华北通道，从大连和哈尔滨到满洲里再到俄罗斯赤塔的东北通道，独特作用日益彰显。加速这两大通道建设并不断完善运营水平，无论对东北亚地区各国还是对我国自身，意义不言自明。当然，我们也要注意到，中蒙俄经济走廊建设任重而道远，三国规划中提出的许多任务和目标，还没有完成，实际上也不可能在短短 5 年时间内全部完成。但纲要所规定的方向、目标和原则，依然是指导中蒙俄经济走廊建设的重要指南。

最后，应当指出的是，东北振兴战略 2003 年启动至今，虽然成就不可抹杀，经验不容否定，但也确实面临新情况、新问题和新挑战。在我国现代化建设已经进入新发展阶段，贯彻落实新发展理念又有新标准新要求的情况下，将东北振兴融入“双循环”发展新格局，融入东北亚区域合作全过程，并为东北亚区域合作做出特殊贡献，是时代赋予东北的特殊责任和使命。东北地方各级政府和有关方面，要进一步解放思想，积极探索，锐意创新，开拓视野，在强化内外交流与沟通的基础上全面提升开放与合作的水平，使东北的地区振兴与东北亚的区域合作从政策构想到具体实践，不断取得具有时代特点的新成就与新经验。

东北亚区域经济合作与东北振兴

迟福林　中国（海南）改革发展研究院院长、中国东北振兴研究院院长

面对经济全球化逆潮以及疫情冲击的双重影响，我国东北地区如何利用与东北亚更加接近的地缘条件，在推进区域经济合作进程中打造国内市场与东北亚市场的重要连接点，并形成东北扩大开放的新优势。

一、以推进中日韩自贸进程为契机形成东北扩大开放新动力

中日韩三国产业联系深度嵌入、产业内分工协作紧密。后疫情时代，需要加快推动中日韩自由贸易区谈判，尽快达成全面、高水平、互惠互利的三边自贸协定；需要尽早出台中日韩自由贸易区早期收获清单，在医疗、养老、环保、能源、电子商务等现代服务业项下率先实行自由贸易政策，全面拓展和深化三方合作；需要以共同维护制造业供应链安全稳定为重点，推动形成三国制造业分工合作新机制。例如，明显提升汽车制造、电子通信、机械设备、工业机器人等制造业领域的贸易投资自由化和便利化水平。

开放度低、开放滞后是制约东北经济发展的突出因素，也是东北地区构建以国内大循环为主体、国内国际双循环相互促进新发展格局的突出掣肘。这就要求东北以扩大开放倒逼改革，形成东北经济转型和可持续增长的新动力。作为东北唯一既沿海又沿边，且 GDP 占 45%、外贸总额占 80%的省份，辽宁有条件带动东北扩大开放进程，打造我国向北开放的最前沿，并在对接东北亚区域经济合作中发挥重要的平台作用，成

为连接东北与东北亚其他国家和地区的重要枢纽。

作为我国的老工业基地，东北地区传统制造业实力雄厚，但总体上还处于全球制造业产业链的中低端，正处在转型升级进程中。日韩制造业大多处在全球产业链的中高端，与东北地区制造业互补性较强。东北地区要抓住中日韩推进自贸与产业链、供应链区域化的重要机遇，实现与东北亚产业对接。例如，适应疫情防控常态化需要，在医疗物资、医疗药品器械等领域加快与日韩共建装备、设备制造业产业链；适应疫情后日韩等拓展外部市场需要，加快建立自贸区性质的跨境合作产业园，在汽车制造、电子通信、机械设备、工业机器人等制造业领域形成分工合作新机制，提升这些产业领域的贸易投资自由化和便利化水平。

二、适应服务贸易发展合作大趋势，务实推进东北地区与日韩在服务业项下的自由贸易进程

东北地区突出的短板是服务业，尤其是现代服务业发展相对滞后，而日韩的生产性服务业、生活性服务业和社会性服务业都比较发达。无论是从东北亚经贸合作趋势看，还是从东北振兴的现实需求看，服务贸易已成为促进东北亚深化区域经贸合作的重点，也成为东北地区加强与日韩经贸合作的重点。

从现实需求出发，东北地区要争取以产业项下的自由贸易参与东北亚区域服务贸易合作。例如，率先在研发、设计、商务、金融等生产性服务业领域对日韩人才实行职业资格单向认可制度，最大限度地降低人员流动壁垒；率先在辽宁自由贸易试验区内探索实行跨境服务贸易负面清单管理制度，给予境外服务提供者国民待遇，降低“边境后”壁垒。

适应全球经济数字化发展大趋势，推动中日韩数字经济合作进程。目前，东北三省数字经济占 GDP 比重仅为 28.2%，明显低于全国平均水平（36.2%）。辽宁占比刚超过 30%，黑龙江和吉林占比只有 23%左右，与西部欠发达省区排在全国的第四梯队。东北三省需要抓住中日韩数字

经济发展的机遇，着力推进产业数字化转型。例如，推动数字经济基础设施、数字经济规则、规制、管理和标准等的对接和互通，开展数据确权、数据认证、数据定价、数据监管、数据交易、数据安全等标准规则制定及其相互对接，支持数字经济企业打造数字产业发展联盟，率先在通信产业、计算机基础技术产业、软件产业、互联网产业和电子商务产业项下实行零关税、零补贴、零壁垒的自由贸易政策。由此，使数字经济发展成为与中日韩服务贸易合作的突破点，成为东北地区实现高质量发展的着力点。

三、适应东北亚合作新趋势，加快推进基础设施一体化进程

中日韩三国地理位置相邻，但基础设施互联互通水平偏低。携手推进东北亚基础设施一体化，可以考虑推进中国东北、日本、韩国、俄罗斯远东地区临海港口群之间的集装箱远洋干线业务、海内支线业务、国际邮轮业务的共同开发运营；共同参与中俄蒙经济走廊建设，促进东北亚各国之间跨境大桥、跨境铁路和跨境公路建设，提高中、朝、韩、俄、蒙陆路交通运输网络的互联互通水平。

依托东北地区独特的地理区位条件，在加快东北亚基础设施互联互通中实现东北亚陆海联运，需要以东北经济一体化为目标加大东北地区基础设施建设的力度。例如，围绕中蒙俄经济走廊构筑东向出海、南连内陆的大通道，加快建设面向东北亚其他国家和地区互联互通的基础设施网络，推进图们江开发开放等。

推动新形势下东北亚合作的思考

张蕴岭　中国社会科学院学部委员

一、中日韩之间经济联系非常紧密，有条件深入推进东北亚区域经济合作

中日韩经济联系的紧密其中很重要的一个原因就是中国经济增长成为拉动东北亚地区，特别是中日韩经济合作的重要驱动力，处于中日韩经济的核心地位，不仅是在东北亚地区，而且在东亚地区、亚太地区，甚至在很大程度上，在世界的经济中都是这样。

在这个基础上，中日韩的官方合作也在逐步展开。随着中日韩经济发展关系的紧密，推动了一些经济圈的建设构想，例如环渤海经济圈，提出了大图们江经济圈的建设构想，在1997年亚洲金融危机以后，东亚地区先是开启了“10+3”框架下的官方合作；2008年经济危机以后，中日韩又开启了单独的中日韩的官方合作进程，后来中国推动了中蒙俄经济走廊建设。但是，中日韩之间经济联系主要还是基于市场链接，中日韩官方合作虽然一直进行，但实质性成果还是比较少的，到现在为止还没有建立起来一个东北亚区域合作的整体框架。

在中日韩合作框架下，应该开展东北亚区域经济合作的会议，东北亚地区地缘相近，经济联系也越来越多，而且互补性强，所以非常需要东北亚区域的整体合作框架。如果这样一个框架能够启动起来越早越好，

日本实际上多次提出东北亚基础设施、东北亚区域合作的大构想，韩国也多次提出东北亚经济共同体。

二、新形势下东北亚区域经济合作的挑战与机遇

1. 新冠肺炎疫情蔓延和中美关系紧张影响东北亚经济合作。受新冠肺炎疫情影响，东亚各国都采取了严格防控措施，在这种情况下如何恢复经贸往来是摆在东亚各国面前的主要任务。中日韩实际上已经率先安排了商务人员的旅行，有限地增加了航班，所以这样一些安排还会扩大到更多的领域，应该尽快、尽可能多地恢复已经中断的或者是现已停滞的经贸关系、经贸来往和人员的交流，日本政府也准备扩大旅游这方面的方便，必须尽快地恢复各种联系。

2. “双循环”新发展格局为日韩深度开发中国大市场带来机遇。在中美关系紧张的情况下，发达国家都或多或少对中国采取技术封堵的措施，包括欧洲、日本，在这种情况下中国最近一再表示要加大开放力度，维护多边积极参与地区，同时中国提出的以内循环为主体，内外双循环相互促进的发展格局绝不意味着要退回到国内市场。加大国内大循环，实际上也就是加大国内市场需求，这为日韩向中国市场扩大投资提供了新机遇，为日韩扩大市场空间、恢复经济增长提供了有利条件。

山东省召开了世界500强企业投资贸易促进大会，在会上签订投资最多的就是韩国和日本企业，他们还是看准了中国大市场的潜力。中国的市场是一种开发型市场，中国到了这一阶段实际上是靠新的投资、新的技术来开拓市场需求。现在的东北亚，要看到中国的双循环政策，对于拉动国内的需求、对于改善国内经营环境都是至关重要的。

三、新形势下深入推进东北亚经济合作的战略举措

第一、通过务实性战略性措施安排，尽快重启和恢复经济合作，推

动东北亚地区经济增长率先走出低谷。第二，希望中日韩合作，设定新形势下三方多边合作议程。第三，探讨中美关系紧张情况下，维护和加强中日韩经济合作的具体方式和具体安排。中日韩应该下大力气推动RCEP，在RCEP合作框架下探讨中日韩FTA合作议程。第四，美国对华政策大转变，对中国实行各种各样的限制和封堵，对华关系急剧恶化，由于日韩跟美国的特殊关系，日韩对华的经济联系也受到了很大影响，所以在这种情况下中日韩三国需要有相对单独的合作议程，减少政治干扰色彩，切实促进中日韩经贸合作畅通。

四、在融入东北亚合作中加快东北全面、全方位振兴进程

东北在中国的总体经济的地位下降的趋势是很难扭转的，但是东北有其特殊优势，实际上东北也是一个结构性的转变，对它来说有困难，但是也有潜力，比如说东北大农业、东北的大机械制造业，东北的四大城市哈尔滨、沈阳、长春、大连，它们都有很好的基础，有巨大的潜力，关键是要改善金融和营商环境。另外，现在中国GDP人均按照汇率计算已经达到1万多美元，所以中国具备开拓性的市场潜力。东北是一种转型的经济，东北振兴的基础条件是在的，土地资源丰富，适合发展机械制造业，特别是像数字信息制造业，南方很难具备，所以需要进一步去开拓。

东北地区应该主动融入东北区域经济合作，为东北振兴创造新条件、重塑振兴发展新优势。虽然中日韩国家间签订明确合作框架还存在诸多困难，但是并不影响地方政府之间、企业之间的合作。在很大程度上企业的方向性是由企业自身来决定的，过去中日韩之间缺乏明确的官方合作框架，但是中日韩经济合作关系发展速度惊人，相信在官方支持之下，中日韩合作范围和合作质量都能得到极大扩展。

参与东北亚区域合作，推动大东北全面振兴

于洪君　中共中央对外联络部原副部长

一、东北亚区域合作挑战与机遇并存

2020 年，一场突如其来的新冠肺炎疫情暴发并且席卷了整个世界，严重地干扰了中华民族走向全面复苏的历史进程，同时也极大地冲击了东北亚各国，冲击了整个世界的发展与安全。各国人民的生命安全和各国政府的社会治理，都遭受到了始料未及的巨大损害。美国政府出于操控全球进程的需要，一方面，千方百计地将疫情政治化，肆无忌惮地破坏全球安全格局，不惜以军事威胁相配合；另一方面，不遗余力地破坏世界贸易规则和国际关系准则，悍然发动波及金融、科技、人文交流、公共卫生等所有领域的新冷战。百年未有之大变局的深刻性复杂性，世界未来发展的不确定性不稳定性，中华民族全面复苏的艰巨性以及我们与外部世界双向互动的曲折性，都得到了无以复加的充分展现。

国际大环境剧烈变动和亚太地区形势发展相互关联，这也使东北亚安全格局和经济态势出现了许多新特点。一方面，域外势力对地区形势的消极影响始终存在，域内国家相互间历史积怨根深蒂固，现实利益冲突仍不时凸显和激化；另一方面，我们也要看到，推动半岛无核化、谋求地区和平与稳定、争取合作发展的健康意识和理性诉求逐渐显现。

2019 年 12 月在成都举行的第八次中日韩领导人会议，发表了中日韩

合作未来十年展望，这是一个非常重要的文件。会议通过的“中日韩+X”早期收获项目清单等成果文件，说明中日韩三方已就东北亚区域经济合作的诸多具体事项达成了新的共识。我们要珍惜这些来之不易的成果。

在此之前，韩国总统文在寅2018年访问俄罗斯时曾表示，朝鲜半岛和平机制建立后，韩朝之间的经济合作将全面展开，并将扩大为韩朝俄三边合作。三方在铁路、天然气管道、电力网络等领域开展的联合调研和基础性讨论，有望为东北亚共同体建设奠定基础。文在寅还重申了韩俄双方在造船、港湾、北极航道、天然气、就业、农业、水产、铁路、电力等领域开展合作的“九桥规划”。

更早些时候，日本首相安倍晋三访问俄罗斯，日俄双方曾就天然气开发、港口和机场建设，以及远东地区产业振兴、城市基础设施建设、医疗卫生合作交换过意见。

至于中国与俄罗斯、中国与蒙古，三国之间不但有与时俱进的双边务实合作，也有“一带一路”大框架下的中蒙俄经济走廊建设这样意义深远的三边合作。许多功在当代、利在千秋的大项目正在规划中，有的已经付诸实施。

东北亚区域经济合作，未来要以中蒙俄经济走廊建设和中日韩自贸区建设为双引擎，彼此牵动，相互促进。所以，我们讲东北亚经济区域合作，不仅是指中日韩三方合作，还要包括中蒙俄三方合作，包括中国与俄罗斯远东地区、蒙古国、韩国、朝鲜、日本的全区域合作。

所有这一切，无论对整个东北亚的和平发展与共同进步，还是对中国东北地区的整体发展与全面振兴，都是极大的利好。我们要看到这些积极动向、积极趋势。中日韩三国必须抓住也应当抓住这个千载难逢的历史机遇，必须站在也应当站在应对百年未有之大变局这样一个时代高度，认真思考、全面谋划东北亚区域经济合作这个共同话题、共同任务。

二、东北全方位振兴须与东北亚区域合作紧密结合

中国东北地区的相关省份，也就是辽宁、吉林、黑龙江三省，要积极主动地把各自的未来发展与振兴，更全面更紧密地融合到整个东北亚区域经济合作之中。吉林省以图们江流域共同开发为契机，谋划对外开放与合作的长远大计，近来又提出发展海洋经济新构想。辽宁省提议共建东北亚经济走廊，都是很有创意、很有前景的战略性思考。东北三省共同努力，相向而行，将“一带一路”国际合作中的“五通”建设，全面引入东北亚，既切实可行又有广阔前景。

中国历来重视并且一直在推动东北亚区域经济合作。这种全方位、多领域的经济合作不仅涵盖经贸、投资、金融、科技等各个领域，也涉及文化、教育、卫生、安全等诸多事项。中国对这种区域合作的重视与推动，不仅表现在双边和多边同时并举的高层政治对话，同时也表现为地方政府和企业、媒体和智库的广泛交流、对话与合作。

由于得天独厚的地理条件和历史渊源，中国东北三省与本地区所有各方，不仅是与日本、韩国两个国家，还与朝鲜、蒙古以及俄罗斯远东地区有着特别密切的经济联系与人文交往，这是尽人皆知的。上述各方也因此成为东北三省最主要的贸易伙伴，成为东北三省扩大对外开放、深化对外合作，进一步走向外部世界的首选目标。历史渊源和现实需求以及资源禀赋，决定了东北的全面振兴必须与东北亚区域经济合作紧密结合在一起。

包括日本、韩国在内的东北亚各国，当然也需要中国东北这个大市场，需要扩大和深化与东北的全方位、多领域合作，也就是更加务实的合作。东北亚是当今世界发展互补性比较强，发展潜力比较大，相互需求较为旺盛的一个地区。中日韩三国不但是亚太地区的重要经济体，也是经济全球化和经济全球治理的重要参与方。三国 GDP 总量，早就超过 16 万亿美元。三国的贸易总额，也已突破 7 万亿美元。这两个指数分别

占全球总量的 20%以上。

当然，我们也看到，由于多种因素的干扰，特别是新冠肺炎疫情的冲击，中日贸易额有所下降。2020 年上半年，中日贸易额降到 1471 亿美元，明显少于 2019 年同期。但另一方面，日本作为中国第四大贸易伙伴国的地位并没有改变，日本对华投资也改变了几年来逐渐下滑的势头。2019 年，日本累计对华投资额是 1157 亿美元，占中国吸引外资总额的 6.1%。目前可以说，日本仍然是中国的第一大外资来源国。同样，中国对日本的投资也呈现稳步增长之势。中韩两国的贸易额大家都知道，这几年持续下降。2019 年两国贸易额为 2845 亿美元，下降幅度应该说还是比较大，同比下降 9%以上。但同时我们也要看到，韩方对华投资 2020 年增长 18.7%，这是非常可喜的一个好势头。当年实际利用韩资为 55 亿美元，韩国在华投资项目为 2018 个，增加 12%。中韩新签工程承包合同额为 8.3 亿美元，比上年增加 5%，完成营业额 13 亿多美元，增长 228%。各种数据综合起来，可以说，中韩合作的势头还是良好的。

中日韩合作潜力很大，无论是从当前看还是从长远看，都不容置疑。日本、韩国的优势在于经济整体质量比较好，科技创新能力和产品国际竞争力比较强，金融业开放程度比较高。有数据显示，韩国和日本的金融业对外开放度超过了 40%，而我们现在还是个位数，并且是比较低的个位数。所以，我很赞赏韩国和日本的开放度。日本和韩国对外投资的领域也比较宽泛。

俄罗斯与蒙古的优势在于，自然资源异常丰富，农业与畜牧业的发展潜力很大。此外，俄罗斯与蒙古国对日常生活用品有着巨大而持久的旺盛需求，因为在日用消费品生产方面，俄罗斯和蒙古都相对滞后于中日韩三国。这也使得我们中日韩三国，特别是中国东北地区，有可能进一步努力发掘并积极地利用这些不可多得的、难以替代的合作潜能和互补优势。

三、积极参与东北亚区域经济合作，以高质量外循环促进国内国际双循环经济体系建设

东北三省曾经是新中国经济发展较快，文化、教育、科技与居民生活水平位居前列的重要地区，曾经被称作共和国“长子”。改革开放以来，由于老工业区固有的体制机制问题、经济结构问题、开放合作问题、思想观念问题未能得到很好解决，出现一些发展短板，或者是存在明显的弊端，导致东北地区落后于中国的现代化发展进程，落后于民族复兴的伟大实践。2016 年，党中央、国务院曾专门发布关于振兴东北老工业基地的若干意见。2018 年，东北作为中国重要的工业、农业基地的战略地位被指明，东北对于我们国家国防安全、粮食安全、生态安全、能源安全、产业安全国家发展大局具有重大意义。

我相信也热切期望东北地区能够全面落实中央对东北振兴的指示，积极贯彻党中央提出的以国内大循环为主体、国内国际双循环相互促进的新发展格局，通过积极参与东北亚区域经济合作，深化并扩大三省间联动发展，携手并肩共同建设黑龙江、辽宁两个自贸区，同时也要广泛对接京津冀协同发展战略，对接环渤海湾经济区发展构想，持续营造良好的投资环境、营商环境，积极改进人才培养使用的体制机制，全力开拓东北振兴新局面，打造东北现代化发展新高地，为中华民族的全面复兴，同时也为整个东北亚地区的和平发展，做出我们东北人应有的努力和贡献。

东北亚区域经济合作与东北振兴

丰田正和　日本国际经济交流财团主席

对于东北亚区域经济合作与东北振兴这一主题的重要性我深表认同，如何从新冠肺炎疫情当中摆脱出来，我们还面临着 RCEP 正式签署启动这样一个关键的时间点。对此，我本人主要阐述三个方面的问题。

第一，关于 RCEP 签署后中日韩面临的新机遇。我认为，要想走出新冠肺炎疫情带来的经济萧条，至少有三种方法：绿色复苏、数字复苏以及基于规则复苏。

第一个方法是以脱碳化为契机的绿色复苏，由于新冠肺炎疫情居家办公得到了推行，导致远程办公快速发力，数字化开始在所有领域得到快速发展。第二个方法是在疫情结束后继续推动数字经济发展，使其成为经济复苏的动力。我想经济复苏和数字复苏都是非常重要的思路。第三个方法是以规则为基础的经济复苏。RCEP 消除了许多贸易和投资的壁垒，包括电子商务在内的各种透明的规则，有 15 个国家参与其中，覆盖了约三成的全球 GDP，但是我认为受益最多的地区是东北亚地区，也就是我们中日韩三国，这三个国家之间各自缔结了很多自贸协定，但是令人惊讶的是中日韩三国之间的 FTA 还没有缔结，对中日韩来说 RCEP 非常重要，因为有高水平的市场开放和广泛的规则共识，例如，中国对日本不征税商品的品种将从 8%增加到 86%，韩国对日本不征税商品的品种也将从 19%增加到 92%，我想从中国和韩国的角度来看，也是同样的一个情况，我觉得 RCEP 的一个重大意义其实是东北亚三国市场的相互开放，我们可以利用这个机会走出新冠肺炎疫情带来的经济萧条，并且引领全球经济的发展。

第二，关于东北振兴和东北亚区域经济合作。其实中日韩三个国家是世界上第二、第三、第十二大经济体，不仅可以在制造业加强合作，还可以期待在旅游、IT 等服务贸易领域进行合作，RCEP 将为其共同发展奠定基础，绿色复苏也是同样的，我们这三个国家已经承诺在 2050 年或者是 2060 年之前实现碳中和目标，但是这一目标的实现并不容易，因为与之前能源体制相比，成本会提高。正因为如此，东北亚区域的合作势在必行。比如绿色复苏的重要支撑是再生能源，特别是太阳能和风力发电，如今日本近八成光伏面板是从中国进口的，我想韩国也是一样，低廉且稳定的供应是必不可少的，风电是刚刚开始发展的一个领域，但是需要在中日韩之间建立起一个合作的供应链，甚至仅靠再生能源我们是无法实现碳中和目标的，为此核能也是一个非常重要的因素，但是核能会伴随着安全问题，中日韩三国在确保安全性方面要进行合作。

再进一步来说，仅靠再生能源和核能源不足以实现零碳排放。具体来说，化石能源脱碳是一个重要的合作领域，从气体和石油中制造零碳的氢气和氨气，也可以从再生能源中进行水电解，有这样的一些方法，但是我们三个国家应该合作起来，共同进行新技术的开发和市场的拓展，很明显这些都是一个国家无法独自做到的。因此，我们三个国家一定要加强合作。

数字复苏是一个重要的合作领域，中日韩三国是领军国家，AI、5G、半导体等领域的合作和竞争都非常重要，在这一领域，中美之间的摩擦有时会对我们的合作起到阻碍作用，我们需要把经济和政治解绑。因此，需要发挥规则的重要作用，RCEP 可能还不足以完全把经济和政治解绑，我们需要 CPTPP 这样更高程度的规则，我希望在不久的将来，美国也能加入 CPTPP。纠纷在规则的基础上就可以解决，我们可以努力在这方面进行各种尝试。

第三，东北振兴是中国经济发展中重要的一环。许多日本和韩国企业都在中国的东北进行了投资，不仅有电子设备制造业，还有食品、家具、IT服务等，由于RCEP对于投资、电子商务这方面的规则非常多，因此，我们对RCEP的期待也是非常大的，会使这一地区成为一个更加透明、更加有吸引力的区域。为了整个区域的发展，我们需要吸引外国投资，这也会促进这个地区成为更加开放和更加具有投资价值的区域。我希望中国和韩国企业也到日本来投资，同样道理也适用于韩国，这样的互相投资有利于我们三个国家友好关系的发展。

我要再次强调，绿色复苏和数字复苏可以帮助我们克服疫情引发的经济衰退，可以在三个国家间形成利用RCEP的经济环境，当然如果需要我们也可以利用CPTPP。我认为，中日韩有可能推动基于规则的复苏，推动经济和政治的解绑，并以此为基础引领整个世界的经济发展。希望我们通过中日韩三国合作实现经济的发展，为世界经济的发展做出更大的贡献。

后疫情时期加快东北亚经济复苏

安忠荣　韩国中央大学国际关系研究生院特聘教授

中日韩三国经过多年的发展，成为全球先进制造业基地的中枢，实现了东亚的高度增长，未来还可能成为世界经济的火车头。但过去的一年，在全球疫情蔓延影响下，东北亚经济最先受到影响，而且世界经济也跌入了20世纪30年代大恐慌之后最严重的经济低潮。韩国2020年的经济增长率可能是负增长，而且失业率尤其是年轻人的失业率非常高，中小微企业还有个体户的破产也是非常多，所以韩国2020年经济增长设定了0.5%增长目标，连续四次增加了预算，可以说财政和金融上的宽松政策是历史上最高的。

在全人类的灾难中，东北亚的未来发展还是大有希望的。中日韩三国跟西方的发达国家相比，在疫情防控方面取得了比较大的成果，而且我们已经做好了后疫情时代经济复苏的准备，我们已经站到了历史的新起点上。

中国经济在过去三季度已经实现了4.9%的经济增长，这不仅对东北亚，对世界经济来讲也是一个非常令人鼓舞的消息。我们都知道，疫情随时可能会蔓延到别的国家，所以我们必须最大限度地防控，只有先把疫情控制住，然后下一步目标才是实现经济增长，这是我们东北亚地区各个国家应对疫情的基本模式。

现在我们最大的目标是疫情防控上的合作，然后根据防控的进展再制定下一步目标。疫情是没有国界的，只有所有国家都控制住疫情的时候，我们的生活才能恢复正常。如果在防控时期没有国际之间的合作，新冠肺炎疫情会永久破坏这个世界的秩序，新冠肺炎疫情在世界范围内控制甚至结束得越快，我们的经济恢复也会越快，这是我们必须要认识到的。那么我们东北亚地区国家为了防控疫情应该共同做什么呢？我提几点建议：

第一，应该在东北亚地区共享疫情防控数据、共同开发疫苗。我们应该将疫情防控期间收集到的各种数据适时进行共享，然后尽快推进疫苗的研究进程。新冠变异非常快，所以对加强核酸检测还有疫苗研发过程中产生的疫苗专利权保护也应该更加放宽。

第二，共同保护和加强东北亚地区的产业链供应链安全。后疫情时代很多国家都会推动本国优先主义，推动保护主义，封闭主义、闭锁主义都是一个大趋势，我们一定要防止这种事情发生。我们都知道，供应链崩溃会全面地打垮经济，会对各个国家产生非常大的影响。疫情之前，我们东北亚经济是相互依存的，东北亚地区的国家，为了排除生产中断的发生，我们一定要保护供应链的稳定，而且建立一个非常稳定、安全的供应链。东北亚区域内国家的政府应该对民间企业想进行的部件和材料的外包，还有库存管理、多边化，以及效率性、开放性方面积极给予保障。政府不应该采取对零部件和材料出口采取高关税等对疫情后区域内经济复苏产生负面影响的措施。

第三，利用数字经济的发展提高短期出入境的便利性。东北亚国家都要重新认识数字经济的重要性，知识产权保护、数字安全，还有数据间的相互达成协商，而且协定也是很重要的议题。东北亚地区国家间旅游人员的往来，相关的短期人员流动的协议是必要的。而持有安全卡的企业人员之间可以自由来往，这种入境政策需要我们进一步讨论，然后尽快推出。

第四，积极推动游客的自由往来。游客的交流也应该推进，因为游客自由来往以后，可以降低各国经济受到的负面影响。现在韩国的住宿业、餐饮业和旅游业遇到了非常严峻的问题，还有个体户，我们应该更积极地推动游客的自由往来。

第五，区域内的国家需要共同构建后疫情时代新的多边秩序，如在RCEP、TPP协议框架下，尽快签订中日韩自贸协定。从中长期的角度来看，东北亚区域内国家的CPTPP，还有RCEP等多边贸易和投资机制要进一步扩大和完善，透明的国际规则贸易体系是我们区域内国家需要共同重建的后疫情时代的新的多边秩序。中日韩自贸协定应该尽早签订，我非常同意这种观点。为此，我们应该把RCEP、TPP这些基本上可以达成的协议先签下来，这样的话中日韩自贸协定就能自然地签署。

第六，东北亚地区在经济复苏的同时也应共同治理环境污染等问题。这次疫情暴发后，我们韩国人觉得清洁的空气和蓝天变得非常宝贵。一个星期之前韩国的蓝天开始变灰了，很多沙尘又开始起来了。所以在东北亚地区经济复苏的同时，环境污染防治方面我们应该有共同的、具体的实践方案，而且应马上付诸实施。

第七，通过疫情联防联控，东北亚国家可以建立起更高层次的信赖关系。这次新冠肺炎疫情展示了东北亚国家之间在克服人类重大危机的时候，我们有能力去克服，而且是合作，这是一个非常好的考验机会。东北亚国家通过共同的努力防治疫情，然后建立透明开放的经济体制，东北亚国家可以发展到更高层次，而且是建立更高层次的信赖关系。

基于疫情防控催生的合作体系，我们克服新冠肺炎疫情，2022年北京冬奥会顺利举行，对东北亚经济的复苏，对东北亚的人文交流还有旅游的发展会起到一个重要的促进作用，东北亚的未来会更加光明。

争取实现中俄东北-远东地区经贸合作的新突破

张　飞　中国（海南）改革发展研究院副院长

近年来，俄罗斯加大远东地区的开发开放，中俄东北-远东地区经贸合作不断深化。东北地区作为我国面向俄罗斯远东地区开放的最前沿，俄远东开发给新一轮东北振兴带来重要机遇。尤其是在中俄构建新时代全面战略协作伙伴关系的背景下，深化中俄东北-远东地区经贸合作，不仅有利于东北地区深度融入“一带一路”建设，而且对东北亚区域经济一体化具有重要的战略意义。

一、俄罗斯远东地区开发为深化中俄东北-远东地区经贸合作提供重要机遇

近年来，俄罗斯设立“跨越式发展区”和“符拉迪沃斯托克自由港”，不断扩大远东地区的开放范围，提升开放程度，并由此推动本地区经济的较快增长。据俄方统计，疫情前的五年，远东地区的工业产值增长速度为32.4%，是俄罗斯平均水平（13.9%）的两倍多。远东地区经济快速增长为中俄东北-远东经贸合作提供了重要机遇。

1. 从地理上来看，中国与俄罗斯互为最大邻国。4300多公里的边界线绝大部分位于中国东北和俄罗斯远东地区，例如，黑龙江省与俄远东地区的边界线长达3045公里，占中俄边界线总长的70.8%。

2. 基础设施互联互通进程加快。例如，同江铁路桥、黑河公路桥已具备通车条件，同江铁路桥已铺轨贯通，很多对边境口岸陆续开通，等等。

3. 从贸易投资来看，一方面，中国已经成为俄罗斯远东地区第一大外资来源国。有数据显示，中国投资占俄罗斯远东地区外国投资总额的85%，主要涉及物流运输、林业、能源开发、旅游业等多个领域。目前，中国企业参与远东跨越式发展区和自由港的建设项目58个，总投资额约116亿美元。另一方面，中国继续保持俄远东地区第一大贸易伙伴国的地位。据统计，2021年上半年，俄远东地区对华贸易额达到58.2亿美元，同比增长24%。

此外，中俄双方建立的“东北-远东”政府间合作委员会机制运行良好，广东、江浙等省积极参与地区合作，“东北-远东+”模式逐步形成。

二、中俄东北-远东地区开放合作的前景广阔

我国向北开放，经北冰洋的“北方航道”到西欧和北欧，俄罗斯是必经之路。也就是说，“一带一路”建设的衔接点在中国东北与俄罗斯远东地区，而且两地在诸多领域合作的潜力较大。

1. 资源能源开发合作前景。能源合作是中俄双边合作中范围最广的领域。据俄方统计，俄远东地区拥有占整个亚太地区51%的森林资源、27%的天然气储量和17%的石油储量。由于俄远东地区的技术与基础设施落后、劳动力不足等原因，大量资源能源处于难以开发的状态，而中国东北地区拥有的丰富潜力与此形成了充分的互补。2022年北京冬奥会，俄罗斯总统普京访华期间，中石油与俄气签署了中俄天然气购销协议，这是继东线天然气管道后能源领域又一重大标志性合作，将为我国实现“双碳”目标提供有效保障。据估计，这条线路达产后，俄气每年输往中国的管道天然气供应量将增加100亿立方米，加上“西伯利亚力量”管道的输气量，届时对华供气总量将达到每年480亿立方米。

2. 农业合作前景。俄远东地区耕地资源约占远东地区总面积的四分之一。俄罗斯远东发展部与中国相关企业2015年在首届东方经济论坛期

间签署成立“俄罗斯远东农工产业发展基金”，以扩大俄远东地区与中国在农业生产领域的合作。据统计，2020 年 1—10 月，仅绥芬河口岸就进口俄罗斯农副产品达到 8.47 万吨，创下该口岸恢复边贸以来的农副产品进口交易量纪录。

3. 基础设施建设合作前景。基础设施建设滞后是制约俄远东地区经济发展的突出因素。目前，俄远东地区仅有 620 万人口，内部市场相当有限，物流成本比较高。加强中俄东北-远东基础设施合作，持续推进两地基础设施互联互通，将为企业带来新的投资机会，并进一步促进双边经贸合作。

三、加快推进中俄东北-远东地区全面经贸合作

将中俄东北-远东地区经贸合作作为打造东北对外开放新前沿的重要抓手，积极打造我国向北开放的重要窗口和东北亚区域合作的重要枢纽。为此，建议以《中俄在俄罗斯远东地区合作发展规划（2018—2024年）》为指引，争取实现中俄东北-远东地区全面经贸合作的新突破。

1. 充分利用现有平台深化中俄东北-远东地区经贸合作。例如，东北地区要主动融入中俄博览会、中国-东北亚博览会、东方经济论坛等多个合作平台，深化双方在能源、旅游、农业、教育、文化产业等领域的合作，推动东北振兴与俄罗斯远东开发的有效对接。

2. 发挥东北在中俄能源合作中的重要作用。充分利用东北地处东北亚区域几何中心的区位优势，持续加强中国东北与俄罗斯远东地区的石油、天然气合作，加快在东北地区建设国家能源战略储备基地。

3. 扩大中俄东北-远东地区农业领域合作。一方面，立足我国优势，加强两地农业技术合作，支持两地共同发展农产品加工业，提升农产品附加值；另一方面，要加强两地农业劳务合作。俄远东地区缺乏农业生产所需的大量劳动力，该地区 30% 的外国劳动力来自中国。东北各省区可以加强赴俄劳动力的培训，进一步提升对俄劳务输出质量。

4. 探索建立中俄边境自由贸易区。积极发展边境自由贸易，选择边境贸易量较大的口岸城市设立中俄边境自由贸易区。例如，在黑河-布拉戈维申斯克、同江-下列宁斯阔耶、绥芬河-波格拉尼奇内、饶河-波克罗夫卡、满洲里-后贝加尔斯克等口岸设立边境自由贸易区。

5. 持续推进中俄东北-远东地区基础设施互联互通。一是加快东北-远东地区大通道建设，尽快实现中国东北与俄远东地区铁路连接，推动东北亚区域铁路联运；二是积极参与北方航道相关的基础设施现代化改造，加强东北地区港口与俄远东地区港口的互联互通，共同打造“冰上丝绸之路”；三是打造东北地区出海大通道，积极参与中俄“滨海 1 号”（从纳霍德卡港通往黑龙江）、“滨海 2 号”（从扎鲁比诺港通往吉林）国际运输走廊建设，降低本地区的物流成本；四是积极争取亚洲基础设施投资银行、丝路基金加大对本地区的基础设施建设投资。

6. 加快中俄东北-远东地区人文交流。疫情后，东北各省区需要简化相关出入境手续，鼓励两地民间开展交流。例如，加强两地智库间的交流合作，建立智库合作平台，为本地区的经贸合作提供智力支持。

专家观点综述

一、RCEP 与东北亚区域合作

1. RCEP 签署给东北亚区域合作带来重大机遇

欧渤芊 中日韩合作秘书处秘书长

2020 年，RCEP 的签署标志着世界最大自贸区的诞生，将大力提升区域内各国经济的发展、促进贸易合作，更是在单边保护主义抬头、疫情蔓延的情况下，为维护全球贸易自由化和恢复经济发展注入了一剂强心剂。

丰田正和 日本国际经济交流财团主席

RCEP 的市场开放程度高、规则协议广泛，其重要意义之一是中日韩三国通过相互开放市场，来克服新冠肺炎疫情带来的经济衰退并引领世界经济发展。

安忠荣 韩国中央大学国际关系研究生院特聘教授

RCEP 统一的原产地规则将有助于促进区域供应链调整，降低跨境交易成本，促进区域内出口和投资。

施锦芳 东北财经大学东北亚经济研究院执行院长

RCEP 实现了将中日韩纳入一个区域经济协定的突破，整合了中日韩所处的东亚生产网络，缓解了外部不稳定因素对东亚地区产业链合作的冲击。

吉野直行 亚洲开发银行研究院原院长

在 RCEP 签署的大背景下，东北亚区域，尤其是中日韩三国，在基础设施建设、环境保护、中小企业发展等很多领域都可以进行合作。

金道熏 韩国产业经济与贸易研究院原院长

中日韩三国在东北亚拥有良好的工业生态系统，应该加强在电池产业的合作。

周玮生 日本立命馆大学教授

东北亚合作的一个方面是循环经济，具体来说就是废弃物的排放和合理的处理，其实在大连庄河市已经有了一个中日韩循环经济示范基地项目，这是中日韩领导人峰会上决定的，这样的项目应该持续发展下去，进一步推动中日韩甚至东亚的循环经济圈的合作。

于洪君 中共中央对外联络部原副部长

如果能够将日本的资金、技术，中国、朝鲜的劳动力，俄罗斯和蒙古的能源、资源，韩国的生产资料和消费资料相结合，东北亚经济圈将得到巨大的发展。

2. 中日韩三国是东北亚区域合作的重点

王一鸣 中国国际经济交流中心副理事长

中日韩是东北亚最主要的经济体，经济总量加在一起接近世界四分之一，在全球价值链当中扮演重要角色，已经形成了事实上的生产网络，而且彼此都是贸易伙伴，贸易依存度非常高，有进一步深化合作的内在需求。

张蕴岭 中国社会科学院学部委员

虽然整体推进东北亚区域合作面临着一些问题，但中日韩之间经济联系非常紧密，可以通过重点经济领域的合作来逐步推动中日韩三国更高层次的制度构建，例如，先进装备制造业、网络经济、数字经济等方面的合作。

赵晋平 国务院发展研究中心对外经济部原部长

一是要在 RCEP 签署的基础上，加快履行程序的进程，尽快实施；二是要借助中日韩自贸协定，进一步深化中日韩合作的水平；三是要把 CPTPP 的规则标准作为中日韩自贸协定的谈判原则；四是要在经济全球化出现逆流的背景下，加强政策协调，共同反对保护主义，维护东北亚区域生产网络和产业链长期稳定。

赵晋平 国务院发展研究中心对外经济部原部长

全球供应链在朝着区域化方向布局调整，中日韩三国的对外投资是提升东亚地区供应链中心地位最重要的力量，也是推动东亚地区产业链、供应链优化调整的最重要的力量。加强中日韩三国的合作，可以进一步提升东亚地区供应链中心地位，使得东北亚地区产业链、供应链处于长期安全和稳定。

王一鸣 中国国际经济交流中心副理事长

要积极推动区域产业链重塑，适应全球产业链区域化的变化趋势，积极推动在更高层次上重构区域产业链，寻求各方共赢的产业链合作方式。

迟福林 中国（海南）改革发展研究院院长

东北地区要抓住中日韩产业链、供应链区域化重构的重要时间窗口，加强与东北亚各国的产业对接。

3. 面向东北亚开放是东北振兴取得新突破的现实选择

李　凯 中国东北振兴研究院副院长

东北地区位于东北亚的核心地带，毗邻俄罗斯、朝鲜、蒙古国、日本、韩国五国，东北亚各国是东北地区重要的贸易合作伙伴，中国的“一带一路”倡议以及东北各省的开放规划与韩国“新北方政策”、蒙古“草原之路”、俄罗斯“欧亚经济联盟”等发展战略存在很多交汇点，东北地区在面向东北亚各国的开放中存在比较优势。

迟福林 中国（海南）改革发展研究院院长

东北全面振兴取得新突破，有利于促进东北亚区域合作进程；东北亚区域合作取得新进展，有利于形成东北全面振兴的外部动力。面对复杂多变的国际政治经济形势，构建新发展格局的东北全面振兴要与加强同东北亚区域的经贸合作统筹设计、统筹推进。

王一鸣 中国国际经济交流中心副理事长

RCEP 签署以后关税降低、市场容量过大，东北地区可以成为以中国为最终消费市场的日韩价值链的承接地。

夏德仁 全国政协经济委员会副主任

东北亚区域人口相当于欧盟的 4 倍，经济总量占全球的 20% 以上，是全球最大的市场，是目前全球经济最具有活力、最具有创造性的区域之一，能够为未来东北振兴发展创造良好的外部环境。“十四五”时期“东北振兴取得新突破”是要在对外开放方面取得新的突破，从地缘的角度来看，面向东北亚进行对外开放是东北今后提高对外开放水平的现实选择。

夏德仁 全国政协经济委员会副主任

珠三角作为改革开放的排头兵，牵动了我国改革开放的大局，浦东的开发开放也带动了长三角的高速发展，而东北地区暂时还未形成对外开放的新高地。

李 凯 中国东北振兴研究院副院长

开放政策需要聚焦，要突出重点地区的引领作用。从东北地区的现实来看，东北需要一个开放的标杆城市，起到区域引领作用。大连现在的定位是成为东北亚国际航运中心，建议将大连建设成高度开放的国际化城市，探索建设大连全/半岛自由贸易区，使其在东北对外开放中起到引领作用，成为东北振兴的龙头城市。

迟福林　中国（海南）改革发展研究院院长

东北地区经济增长的突出短板是服务业发展滞后。要支持东北地区积极参与中日韩服务贸易合作，把发展服务贸易作为东北参与中日韩自由贸易区建设早期收获的重点，并出台具体政策，以健康、养老、旅游、研发设计、金融等服务业领域为重点，加快推动服务业市场和服务贸易的高水平开放。

李　凯　中国东北振兴研究院副院长

争取国家对东北亚深度开放、特别是对日韩深度开放的政策支持，尤其是服务业开放试点的支持，形成重点面向东北亚的服务业开放新格局。从中国在东北亚区域的核心地位和东北振兴的现实出发，需要提升开放战略在东北振兴中的引领作用，靠重点领域和重点地区的开放，形成像长三角、珠三角等地那样的开放形势，形成东北振兴的新动力。目前的开放战略定位较低，建议实施最高层次的国家开放战略。

笪志刚　黑龙江省社会科学院东北亚研究所所长

在面向东北亚的开放中，东北三省应该通过组团开放，通过高水平的区域一体化合作，实现共同发展。

迟福林　中国（海南）改革发展研究院院长

以东北经济一体化打破区域市场分割、资源分散配置，着力解决区域经济同质性强互补性弱、产业结构趋同等历史遗留问题，形成东北四省区“一盘棋”参与东北亚经贸合作的新格局。

二、把握大趋势，抓住东北亚区域经济合作的机遇

1. 建立并保持中日韩三国经济合作关系

赵晋平　国务院发展研究中心对外经济研究部原部长

贸易保护主义和新冠肺炎疫情叠加影响将世界经济拖入严重衰退的境地，后疫情时代国际经济环境可能更趋复杂、多变和严峻，产业链供应链调整区域化将为中日韩经济合作带来新机遇。

安忠荣　韩国中央大学国际关系研究生院特聘教授

与西方发达国家相比，中日韩三国合作抗疫，在疫情防控方面取得了较大的成果。亚洲开发银行研究院原院长吉野直行认为中日韩三国在基础设施建设、环境保护、中小企业融资、老龄化社会治理等很多领域都可以进行合作，三国通过合作一方面可以形成良好的地区合作关系；另一方面也可以促进地区经济增长。

河合正弘　环日本海经济研究所理事长

中日韩三国经济联系非常密切，中国具有巨大的市场需求，如果区域全面经济伙伴关系（RCEP）能够尽早签署，将对东北亚地区未来的经济合作，特别是中日韩的合作具有重大影响，也会进一步对蒙古、俄罗斯等国家在内的东北亚区域合作进程产生深远影响。

2. 立足中日韩，推进东北亚区域经济合作

安忠荣　韩国中央大学国际关系研究生院特聘教授

东北亚国家应携手合作，一是共享疫情防控数据，共同开发疫苗；二是共同确保东北亚地区的产业链供应链安全；三是利用数字化手段提高人员出入境的便利性；四是更积极地推动游客自由往来；五是尽快签订中日韩自

贸协定；六是共同治理环境污染问题。中国国际经济交流中心总经济师陈文玲认为，疫情后全球产业链、供应链面临着重构的风险，未来制造业可能会形成三大板块，亚洲板块、欧洲板块和北美板块，亚洲板块以中日韩为主体。韩国产业经济与贸易研究院原院长金道熏认为，在新冠肺炎疫情的影响下，各国开始注重供应链的安全性。中日韩三国由于相互的贸易依赖度较高，在确保区域性供应链安全方面，应建立产业合作联盟共同维护供应链的安全稳定。其中，中日韩自由贸易协定（FTA）的签署是这个联盟中最重要的环节。

赵晋平 国务院发展研究中心对外经济部原部长

一是要加强新型基础设施建设领域的规划和战略对接和合作，促进区域经济稳定和可持续发展；二是要促进“补链型”相互投资，构建安全稳定的区域生产网络，增强区域产业整体的国际竞争新优势；三是要加强数字产品制造和数字服务领域的新技术、新模式研发创新合作；四是要加强中日韩经济合作新模式的顶层设计；五是要旗帜鲜明地践行多边主义政策。

周玮生 日本立命馆大学教授

在新冠肺炎疫情之后的经济复苏中，通过加强生态保护和生物多样性保护，以全球可持续发展为目标，使社会发展转向更坚韧的模式。可以通过建立中日韩友好城市合作计划，联手解决遇到的共同问题，推进可持续的城市开发。

张蕴岭 中国社会科学院学部委员

在新形势下推动东北亚地区的合作，第一，在中日韩合作框架下，根据国内外形势以及中日韩三国的共同诉求，尽快建立一个东北亚区域合作的整体框架。第二，在以经济合作为重心的基础上，拓展合作领域，真正按照三国领导人达成的共识，推进全方位合作。第三，确保中日韩三国领导人定期会晤机制可持续。第四，面向未来，推动构建中日韩三国新型经济关系，尤其是东北地区应抓住“双循环”的机遇，创造条件，推动东北亚地区各地方的合作以及企业的合作。

3. 面向东北亚，推动东北全面全方位振兴

迟福林　中国（海南）改革发展研究院院长

面对经济全球化逆潮以及疫情冲击的双重影响，东北地区应利用与东北亚更加接近的地缘条件，在推进区域经济合作进程中打造国内市场与东北亚市场的重要连接点，形成东北扩大开放的新优势。

李　凯　中国东北振兴研究院副院长

东北亚各国是我国重要的贸易合作伙伴，东北地区毗邻俄罗斯、朝鲜、蒙古国、日本、韩国五国，位于东北亚的核心地带，东北亚各国是东北地区重要的合作伙伴，东北地区在面向东北亚各国的开放中存在比较优势。

于洪君　中共中央对外联络部原副部长

国际大环境剧烈变动和亚太地区形势发展，对东北亚地区的和平发展，对东北地区的全面振兴都是重要的历史机遇。

陈文玲　中国国际经济交流中心总经济师

对于东北来说，在大变局中面临着前所未有的历史机遇，要抓住机遇重振制造业，创造东北制造业的集成优势。

于洪君　中共中央对外联络部原副部长

东北地区积极贯彻“双循环”发展方针，通过积极参与东北亚区域经济合作，深化并扩大东北三省间的联动发展，携手并肩共同建设黑龙江、辽宁两个自贸区，同时广泛对接京津冀协同发展战略和环渤海湾经济区发展构想，持续营造良好投资环境、营商环境，积极改进人才培养使用体制机制，奋力开创东北振兴新局面，全力打造东北地区新时代中国特色社会主

义现代化发展的新格局。

迟福林 中国（海南）改革发展研究院院长

第一，以推进中日韩自贸进程为契机形成东北扩大开放新动力。第二，适应服务贸易发展合作大趋势，务实推进东北地区与日韩在服务业项下的自由贸易进程。第三，适应东北亚合作新趋势，加快推进基础设施一体化进程。

姜晓秋 辽宁社会科学院原院长

要提高对外开放水平，把招商引资与招才引智和招院引所相统筹，把加强展会平台建设与强化对制造业的辐射力相统筹。最重要的是通过制造业国企深化改革调动科研人员积极性，让知识、管理和数据参与企业收入分配的制度要求落地，以激发创新动力。

李　凯 中国东北振兴研究院副院长

“十四五”时期，东北要抓住经济逆全球化、中国向北开放战略、服务贸易开放、北极航道开通等机遇，发挥沿边沿海的优势条件，从“新格局、新领域、新机制和新动力”四个方面破题，打造东北对外开放新前沿。第一，以大连、哈尔滨和丹东为重点，聚焦南、北、东三个方向，形成全面开放、“深耕东北亚”的国际开放格局。第二，要将对外开放与中心城市战略相结合，形成东北振兴的区域动力源。第三，抓住 FTA 服务贸易开放的机遇，形成服务业开放新领域。第四，支持东北与东北亚国家开展次区域合作。

附　录

以统筹安全与发展为目标推进东北经济一体化16条建议

中国（海南）改革发展研究院、中国东北振兴研究院课题组

面对百年未有之大变局，统筹东北地区安全与发展，需要在推进东北经济一体化中寻求新动力，实现新突破。推进东北经济一体化，要以产业一体化为基础，以国有经济布局一体化为重点，以基础设施一体化为纽带，以开放布局一体化为引领，争取到2025年，初步形成统筹安全与发展的产业布局、国有经济布局和开放布局，在合力打造东北经济增长极、形成区域改革发展新布局上取得实质性突破。

一、以东北经济一体化形成统筹安全与发展的产业布局

1. 适应“五大安全”要求推进东北产业一体化。紧紧围绕国家国防安全、粮食安全、生态安全、能源安全、产业安全的战略定位，加快形成东北产业一体化的行动方案，调整优化整合东北地区产业资源，争取到2025年初步形成优势互补、高质量发展的区域经济发展布局。

2. 调整优化东北重点领域的产业布局。一是突出国防安全行业布局优化，着力强化维护国家国防安全的产业保障，实质性提升国家重要工业基地的地位；二是优化东北农业产业化布局，全域整合优化农业资源，

以区域一体化布局拉长东北农业产业链，更加巩固国家粮食“压舱石”地位；三是协同推进生态型产业发展，围绕“双碳”目标实现统筹生态文化旅游资源保护开发，建立跨省区生态补偿机制，祖国北疆生态安全屏障更加牢固；四是统筹区域能源布局，聚焦能源关键技术与装备创新，强化与俄罗斯的能源合作，在国家能源安全中的地位更为突出。

3. 强化作为国家重器的装备制造业在统筹安全与发展中的作用。推进东北产业一体化，放大东北基础产业优势，重心在做大做强做优装备制造业。争取到2025年初步形成区域协同、开放创新的先进装备制造业体系：在工业母机、船舶制造、航空制造、核电化工装备、高铁客车、工业机器人制造等发展基础比较好的重点领域实现强强联合；构建东北跨区域创新服务平台，实现科技资源交流共享，在“卡脖子”的关键核心技术布局上努力实现创新突破；显著加大研发投入，形成一批引领区域经济结构转型升级的“东北智造”“东北创造”优势产业集群。

二、以东北经济一体化形成统筹安全与发展的国有经济布局

4. 统筹优化东北国有经济布局。把调整优化国有经济布局作为国资国企综合改革试验的重要目标，争取到2025年，国有经济在推进东北产业一体化、基础设施一体化中的作用明显增强。以提升装备制造业产业集中度为重点优化国有经济区域布局，积极引导国有资本向前瞻性战略性新兴产业集中，提升国有经济竞争力、创新力、控制力、影响力、抗风险能力。

5. 优化调整国有经济区域布局。充分发挥国企国资在投资、基础设施建设、集聚要素等方面的引领作用，带动影响社会资本投资和布局，努力建成在东北亚区域具有重要影响力的城市圈和与之相适应的产业集群。与此同时，充分发挥国有资本在区域互联互通重大基础设施建设中的重要作用，完善跨省公路、铁路、航空、海运等基础设施建设，加快形成东北地区综合立体交通运输体系，在推动面向东北亚基础设施互联

互通中发挥重要作用。

6. 优化调整国有经济结构布局。加大国有资本在国防安全、粮食安全、能源安全、公共服务和应急能力建设领域的布局。在此基础上，重点强化公平竞争政策的基础性地位，把带动民营企业发展作为调整优化国有经济布局的重要目标，为民营企业发展开辟新的制度空间，使民营经济成为推动东北经济一体化、推动东北振兴的生力军。

7. 有效发挥央企在推进东北经济一体化中的重要作用。一是加大央企对战略性、前瞻性、基础性创新领域的投入，从国家层面统筹推进东北国有经济布局，在区域重大基础设施建设、重点支柱产业发展、关键核心技术攻关等领域发挥央企的特殊作用；二是推动央企与地方国企、民企战略性对接合作，在竞争性领域，引进民营、外资战略投资者推动国企重组，允许非公有制经济控股；三是有效推进央地国企资源整合，完善以管资本为主的国资监管体制，充分发挥国有资本投资运营公司的平台作用，有效推进国有资本的跨区域、跨行业整合和布局优化。

三、以东北经济一体化形成统筹安全与发展的开放布局

8. 以东北经济一体化促进东北亚区域经济合作。重点推进基础设施一体化，形成三省一区基础设施互联互通协调机制，统筹贸易通道与海港、陆港、空港、信息港建设，推动面向东北亚的陆海联运，力争未来5~10年建成覆盖东北主要节点城市和口岸城市，联通东北亚各国的国际交通网络体系，以促进东北亚经济走廊建设进程。

9. 以沿海城市为重点建设面向东北亚的重要开放门户。一是以大连为龙头，加快整合沿海城市港口资源，形成合理分工、错位发展、资源共享的港航一体化新格局；二是以加快哈长城市群、辽中南城市群经济一体化进程优化区域开放布局，做大做强沈阳、长春、哈尔滨、大连等中心城市，争取到2030年，形成国际化的东北都市圈发展新布局；三是强化三省一区对外开放的分工与协同，打造东北制度型开放新高地，发

挥辽宁、黑龙江自贸试验区在开放合作中的示范引领作用。

10. 把握 RCEP 重点强化与中日韩的产业链合作。加快形成东北对接 RCEP 优化整体开放布局的行动方案，发挥比较优势参与中日韩产业链合作。一是借助 RCEP 关税减免措施和投资便利化安排，充分利用更加灵活的原产地规则，以装备制造、智能制造等为重点强化与日本和韩国的产业链、供应链合作；二是积极筹建自贸区性质的跨境合作产业园，提升在汽车制造、电子通信、机械设备、工业机器人等制造业领域贸易投资自由化和便利化的水平；三是把发展服务贸易作为东北参与中日韩自由贸易区建设早期收获的重点，以健康、养老、旅游、研发设计、金融等服务业领域为重点，加快推动服务业市场和服务贸易的高水平开放；四是依托沈阳、大连、长春、哈尔滨等跨境电子商务综合试验区，加快推动与日韩数字经济基础设施、数字经济规则、规制、管理、标准等的对接和互通。

11. 推进与俄罗斯间贸易投资自由化便利化。围绕中俄最新签署的 15 项合作协议，尽快形成东北扩大对俄罗斯开放的行动方案。一是扩大绿色发展领域合作，尽快在农业、石油天然气、航空航天、文化体育、信息化和数字化等领域对接俄罗斯形成新的区域开放布局；二是加快推进中俄东北-远东地区经贸合作，建立东北沿边经济带，选择边境贸易量较大的口岸城市设立中俄边境自由贸易区，因地制宜推动产业项下的自由贸易；三是创新中俄结算支付方式，选择双方地区性银行开展多种合作，在跨境贸易中持续扩大人民币使用占比，推进数字人民币在跨境贸易结算试验。

12. 建立东北与东北亚地方政府间的沟通协调机制。发挥好大图们倡议东北亚地方合作委员会的作用，从地方政府层面强化协同效应，加快推进“一带一路”东北区域建设与韩国“亚欧倡议”、蒙古国“草原之路”和俄罗斯“跨欧亚运输大通道”等有效对接，尽快形成面向朝鲜组团式开放新布局。把搭建跨境经济合作园区作为东北与东北亚地方政府合作的重要平台。支持鼓励东北地区在省级和地市级层面发展面向东北亚的国际友好城市网络。

13. 加强东北地区与东北亚的政府合作与人文交流。一是充分发挥中国东北振兴研究院等智库的优势，为东北亚合作提供具有专业性、战略性的智力支持；二是在东北地区设立教育改革试验区，面向东北亚国家扩大教育开放，探索与日本、韩国、俄罗斯、朝鲜、蒙古等联合办学新模式，形成扩大东北亚地区教师互访、留学生互换交流的机制；三是加强东北亚跨国的旅游合作与文化交流，建议以培育东北亚旅游合作圈为重要目标，共同设计跨境旅游线路，放宽跨境旅游签证限制、简化跨境旅游手续、培育跨境旅游市场，共同打造边境、跨境、境外旅游合作区。

四、解放思想，主动作为，大胆改革创新

14. 尽快制订东北国企国资战略布局优化调整规划。充分发挥国企国资在东北经济一体化中的牵引带动作用，围绕“五大安全”战略优化区域布局，重点突出产业空间结构调整，优化国有经济布局和开放布局，形成东北国有经济一体化的路线图、时间表。

15. 围绕东北经济一体化形成高水平开放的行动计划。争取国家支持，推行跨境服务贸易负面清单管理制度，加快东北自贸试验区转型升级。为扩大东北地区参与中日韩、中俄经济合作，建议增设中国（吉林）自由贸易试验区，中国（内蒙古）自由贸易试验区。与此同时，围绕东北经济一体化出台全面深化改革的行动计划，促进区域资源要素自由流动和市场化配置，实现深化国资国企改革的重大突破，形成国企民企外资公平竞争的制度安排，实现优化营商环境的新突破。

16. 建立高规格、强有力的跨省区协调机制。建议参照粤港澳大湾区的经验，在现行四省区行政首长联席会议机制的基础上，形成由中央领导牵头、各省区市主要领导参与的高层次协调机制与高效的工作机制，并建立多层次的跨省区合作机制。同时，从长计议，考虑到东北在我国

统筹安全与发展中的独特区位、产业优势和战略地位，建议研究制定东北全面振兴的国家法律规范，从法律上赋予东北作为一个整体打造面向中日韩与俄罗斯重要开放门户的战略定位，形成东北经济一体化与高水平开放的政策体制安排，行稳致远打造东北经济增长极。

努力实现中俄东北-远东地区经贸合作的新突破的8条建议

中国（海南）改革发展研究院、中国东北振兴研究院课题组

近年来，中俄东北-远东地区经贸合作不断深化。东北地区作为我国面向俄罗斯远东地区开放的最前沿，中俄东北-远东地区开发合作给东北振兴带来重要机遇。在中俄构建新时代全面战略协作伙伴关系的背景下，深化中俄东北-远东地区经贸合作，不仅有利于推进东北振兴，而且对推动东北亚区域经济一体化具有重要的战略意义。

1. 将东北打造成为中俄经贸合作的示范区。近年来，俄罗斯通过设立“跨越式发展区”和“自由港”等举措，不断扩大远东地区的开放范围，提升开放程度，推动本地区经济实现较快增长。据俄方统计，疫情前的5年，远东联邦区的工业产值增长速度为32.4%，是俄罗斯平均水平（13.9%）的两倍多。俄远东地区经济快速增长为中俄东北-远东经贸合作提供了重要机遇。

（1）集中力量建设边境城市。例如，在东北边境地区、俄罗斯远东地区最大的城市哈巴罗夫斯克对面建设具备一定规模的边境城市，规划面积可以达到1000平方公里，建设面积前期100平方公里，不断完善机场等基础设施，聚集产业与人口。

（2）将东北沿边经济带建设成为东北亚区域经贸合作的核心区。从黑龙江的黑河到辽宁的丹东，是东北对俄开放的前沿。未来几年，争取中央支持，集中人力、物力和财力对这些地区进行投资和产业布局，将本地区建设成为东北亚区域合作的核心区。

2. 推动中俄东北-远东地区贸易合作升级。近年来，中国继续保持俄远东地区第一大贸易伙伴国的地位。据统计，2021 年上半年，俄远东地区对华贸易额达到 58.2 亿美元，同比增长 24%。问题在于，两地间的贸易结构单一，且贸易规模偏小。中国对俄罗斯的出口产品主要在机电、纺织、轻工产品等初级产品，这些产品占中国对俄出口贸易的一半以上；中国从俄罗斯进口产品主要在能源、木制品等领域。要适应我国贸易结构转型升级的新趋势，深化中俄东北-远东地区贸易合作。

（1）积极开展服务贸易合作。服务贸易已经成为中俄双边贸易合作的新亮点。未来几年，中俄东北-远东地区可以在教育、医疗、文化、旅游、体育、数据服务、运输服务、会展服务和服务外包等领域合作，推动区域服务贸易合作取得新突破。

（2）推动两地跨境电商合作。依托中国在电商领域的优势，在东北地区的中心城市或边境城市设立跨境电子商务综合试验区，出台优惠政策支持跨境电商企业发展。同时，鼓励国内大型电商企业“走出去”，到俄远东地区建设“海外仓”。

（3）探索建立中俄边境自由贸易区。积极发展边境自由贸易，在东北地区选择边境贸易量较大的口岸城市设立中俄边境自由贸易区。例如，在黑河-布拉戈维申斯克、同江-下列宁斯阔耶、绥芬河—波格拉尼奇内、饶河-波克罗夫卡、满洲里-后贝加尔斯克等口岸设立边境自由贸易区。

3. 加强中俄东北-远东地区产业合作。充分发挥东北在制造业、农业、数字经济等领域的优势，加快推进中俄东北-远东地区产业合作，成为深化中俄双边经贸合作的重要内容之一。

（1）加强中俄东北-远东地区制造业合作。一方面，加强东北与远东地区在冶金、化工领域合作，深化钢铁冶炼、轧制工艺和节能降耗等领域的合作，培育具有国际竞争力的产业集群。另一方面，建设中俄产业合作示范园区。例如，以制造业合作为重点推进图们江跨境合作区建设；在东北和远东地区合作建立中俄跨境装配制造和物流集散基地等。

（2）扩大中俄东北-远东地区农业领域合作。立足东北地区的优势，加强两地农业技术合作，支持两地共同发展农产品加工业。一是在东北地区选择农产品加工业基础较好城市建设农产品加工示范区，合作发展农产品加工业，提升地区农产品附加值；二是鼓励有实力的大型农业企业“走出去”，到远东地区投资农产品加工业；三是充分利用“俄罗斯远东农工产业发展基金”，扩大东北与远东地区在农业生产领域的合作。

（3）推动中俄东北-远东地区数字经济合作。借鉴阿里巴巴与马来西亚共建“数字自贸区”的经验，探索与远东地区合作建立“数字自贸区”，在区内实行自由贸易政策和相关的投资制度安排。

（4）加强中俄东北-远东地区劳务合作。俄远东地区缺乏经济所需的大量劳动力，该地区30%的外国劳动力来自中国。对东北而言，一方面，要以俄远东“跨越式发展区”和“自由港”为重点，积极开发劳务合作市场，促进两地劳务合作；另一方面，东北各省区要加强赴俄务工人员的培训，进一步提升对俄劳务输出质量。

4. 扩大中俄东北-远东地区能源合作。能源合作是中俄双边合作中范围最广的领域。据统计，俄远东地区拥有占整个亚太地区51%的森林资源、27%的天然气储量和17%的石油储量。由于俄远东地区的技术与基础设施落后、劳动力不足等原因，大量资源能源处于难以开发的状态，与中国东北地区形成了充分的互补。

（1）加快建设一批能源战略储备基地。以中石油与俄气公司不久前刚签署的中俄远东天然气购销协议为契机，持续加强中国东北与俄罗斯远东地区的石油、天然气等领域合作，支持在珲春等地建设一批国家能源战略储备基地。

（2）务实推进两地在清洁能源、环保领域的合作。适应我国构建现代清洁能源体系的趋势，加大东北与远东地区在节能环保、清洁能源、清洁生产等方面的合作，合作建设一批节能环保示范基地。

（3）推进东北与远东地区在再生能源领域的合作。中俄两国在风电、太阳能发电等可再生能源领域具有广阔的合作前景。建议推进东北与远东地区从传统能源领域上中下游一体化合作，逐步向可再生能源、氢能、储能以及能源标准、科技创新等领域合作转变，实现中俄能源合作可持续发展。

5. 推进中俄东北–远东地区金融合作。贸易与产业合作为中俄东北–远东金融合作提供了有效支撑。当前，以《俄罗斯政府和中国政府关于结算和支付的协议》为基础，扩大东北与远东地区金融合作，将为双方经贸合作扩展更大空间。

（1）支持东北地区创新中俄贸易结算支付方式。抓住有利时机创新中俄结算方式，不断完善人民币对卢布的汇率形成机制，扩大本币结算，精简结算流程，缩短结算时间，提升结算效率。

（2）建立地区间风险共担机制。支持东北地区完善金融机构的担保体系建设，发展信用担保机制，鼓励金融机构优先向有竞争力的市场主体提供贷款；支持两地政府间合作建立产业发展专项风险缓释基金，为两地金融机构合作提供良好的信用环境。

（3）探索两地金融机构跨境经营。除银行业务外，在条件允许的前提下，探索两地在保险、证券等行业的合作，进一步拓展双方投融资渠道。

6. 推进中俄东北–远东地区基础设施互联互通。基础设施互联互通对中俄双边经贸关系具有全局性影响。未来几年，以《中俄在俄罗斯远东地区合作发展规划（2018—2024 年）》为指引，加快推进中俄东北–远东地区基础设施互联互通。

（1）加快中俄东北–远东地区铁路通道建设。尽快实现中国东北与俄远东地区铁路连接，推动东北亚区域铁路网建设，实现东北亚地区铁路联运。

（2）积极参与俄“北极航道”基础设施现代化改造。俄罗斯计划对“北极航道”基础设施进行现代化改造，力争到 2024 年将运量提升至 8000 万吨。为此，要支持国内基建企业积极参与俄“北极航道”基础设施现代化改造，实现东北地区港口与俄远东地区港口的互联互通，共同打造“冰上丝绸之路”。

（3）打造东北地区出海大通道。积极参与中俄“滨海 1 号”（从俄远东纳霍德卡港通往中国黑龙江）、“滨海2号”（从俄远东扎鲁比诺港通往中国吉林）国际运输走廊建设，降低本地区的物流成本。

（4）加大本地区基础设施建设的资金投入。积极争取亚洲基础设施投资银行、丝路基金加大对本地区的基础设施建设投资。

7. 建立并完善中俄东北-远东地区合作机制。目前，中俄东北-远东地区之间已经建立起多个合作平台与政府间的合作机制。未来几年，进一步完善地区合作机制，将为双边经贸合作可持续发展奠定重要基础。

（1）充分利用现有平台深化地区间经贸合作。例如，东北地区要主动融入中俄博览会、中国-东北亚博览会、东方经济论坛等多个合作平台，深化双方在能源、旅游、农业、教育、文化产业等领域的合作，推动东北振兴与俄罗斯远东开发的有效对接。

（2）完善中俄东北-远东地区间的政策协调机制。积极发挥中国东北和俄罗斯远东及贝加尔地区政府间合作委员会的作用，加强东北地区与远东地区的政策、法规等方面的沟通与协调，全面提升本地区整体的营商环境，积极吸引外来投资。

（3）推动形成“东北-远东+”合作模式。在完善地区间政府合作委员会机制的基础上，鼓励上海、浙江、广东等发达地区积极参与本地区的经贸合作，逐步形成“东北-远东+”合作模式，为双边经贸合作注入新动能。

8. 促进中俄东北-远东地区人文交流。中国东北与俄远东地区只有充分利用区位优势，通过深化两国人文交流，才有条件为经贸合作拓宽新的空间。

（1）促进教育领域合作。创新合作模式，探索建立中俄东北-远东地区多层次的教育合作机制。例如，建立中俄东北-远东地区大学联盟，加强东北与远东地区高校合作与交流，共享优质教育资源；探索建立中俄东北-远东地区教育合作基金，支持开展多样化的教育合作项目；建立中俄东北-远东地区教师互访、学生互换等交流机制，扩大本地区教师、学生的国际视野。

（2）促进文化旅游领域合作。鼓励东北地区的边境城市建设中俄文化交流中心，促进两地文化交流；支持两地定期举办文化周、技术交流会等活动，促进相互了解；在疫情可控的前提下，适时开通边境旅游，深化两地旅游合作。

（3）促进智库间的广泛交流与合作。加强东北与远东地区智库间的交流合作，支持两地智库共同发起成立中俄东北-远东智库联盟，定期或不定期就本地区经济发展的重大问题进行研究研讨，为本地区的经贸合作提供智力支持。

抓住 RCEP 机遇，在深化中日韩合作中推进东北振兴的 15 条建议

中国（海南）改革发展研究院、中国东北振兴研究院课题组

RCEP 生效实施，为深化中日韩经贸合作创造新的条件。抓住 RCEP 正式生效的机遇，用好 RCEP 相关政策，推动东北与日韩产业项下的自由贸易进程，在中日韩合作中形成东北振兴新动力。

一、把深化中日韩经贸合作作为东北振兴的重要动力

1. 充分估计 RCEP 生效后中日韩自贸区谈判达成的可能性。RCEP 生效实施，使中日、日韩之间有了制度性的自贸安排，为中日韩自贸区谈判奠定了重要基础。例如，RCEP 框架下，中日间将有 86%～88%的商品实现“零关税”，日韩间将有 83%的商品实现“零关税”。在 RCEP 框架内，中日韩可以在原产地、服务贸易、电子商务等领域开展更高水平的经贸合作。抓住 RCEP 生效实施的重大机遇，加快落实中日韩第八次领导人会议达成的共识，推进中日韩自贸协定谈判进程，争取尽快达成三国更高水平的自由贸易协定。

2. 以 RCEP 生效为契机深化东北与日韩的经贸合作。以辽宁为例，2021 年，辽宁与 RCEP 其他成员国的进出口总额达到 2531.8 亿元，占全省外贸总额的 33%。随着 RCEP 相关政策的加快落地，RCEP 其他成员国，尤其是日韩在东北经济发展中的作用将稳步提升。推进东北振兴，

需要牢牢抓住 RCEP 生效实施的契机，深化东北与日韩经贸合作。

3. 以加快落实 RCEP 条款释放东北振兴新动力。中日韩三国经济总量在 RCEP 经济总量中占比超过 80%。东北地区与日韩产业、产品、市场的互补性较强，具有开展经贸合作得天独厚的优势。

（1）在东北地区加快落实 RCEP 具体条款，尤其是率先实施对日韩的某些承诺条款。

（2）结合东北实际，争取中央支持，出台东北地区落实 RCEP 条款的具体实施办法和行动计划。

二、推动东北与东北亚共同市场建设

4. 充分估计“关税减让”与“原产地累计规则”的政策效应

（1）RCEP 生效后，区域内 90%以上的货物贸易最终将实现零关税，这将大幅降低区域内货物贸易成本和商品价格。对东北而言，降低关税这一最直接的政策将形成东北振兴新动力。以吉林与日本的外贸为例，2020 年，吉林省与日本进出口总额达到 130.2 亿元，包括汽车零部件、有机化学品、农副产品、机械设备等应缴纳进口关税为 6.3 亿元。在 RCEP 关税减让条款下，同等货值的进口关税将降低至 1 亿元，不到此前的 16%。

（2）东北地区企业对关税减让和原产地累计规则的需求较大。RCEP 的原产地累计规则使区域内企业可以获得成员国间的优惠关税和更低非关税壁垒的保障，东北企业对此也有较大需求。例如，2021 年一季度，哈尔滨海关为出口至 RCEP 成员国的货物签发自贸原产地证书 4950 份，货值 1.7 亿美元。2022 年 RCEP 生效首日，辽宁省签发 37 份 RCEP 原产地证书。

5. 用好 RCEP 关税减让与“原产地累计规则”，吸引日韩产业资本进入东北地区

（1）在东北地区积极布局面向日本的产业链供应链，支持东北企业扩大日本集成电路、半导体、医疗器械等新增“零关税”产品进口。建议支

持东北地区加快研究并出台对与 RCEP 成员国的关税减让互换的统一指南。

（2）针对东盟、韩国等已具有自贸安排且关税减让幅度较小的成员国，加快建立区域性原材料采购交易市场与生产设备、中间产品交易大市场。

（3）利用关税减让的政策，以“补链、延链、强链”为导向，支持东北各省分别或者统一编制以面向日韩为重点的 RCEP 招商引资项目库，加快引进一批引领性、标志性大项目，并尽快转化成为实物工作量。

6. 以东北为重要平台，推动中日韩农产品、服务业、数字经济等领域建立共同市场

（1）充分利用 RCEP 政策，以东北为重要平台，推动中日韩建成农产品共同市场，促进农业生产要素在区域内自由流动。

（2）以东北为基地，率先在东北亚区域内推进旅游、医疗健康、文化娱乐、教育等服务业领域标准互认基础上的市场对接，逐步实现区域内规则、规制、管理、标准的统一。

（3）在东北地区加快发展跨境电商，培育 5G 商用市场，推动区域跨境数据要素安全有序流动，推动形成东北亚数据要素市场。

（4）在东北地区建立面向日韩的国际农产品、消费品、能源、大宗商品及知识产权、数据等交易场所。

（5）适应国际物流货运需求，加快推动东北地区中欧班列提速扩线，加快建设“一带一路”东北亚物流大通道。

三、推进东北与日韩制造业产业链的深度融合

7. 推动形成中日韩制造业分工合作新机制

（1）发挥东北在汽车制造、电子通信、机械设备、工业机器人等制造业领域的优势，深化与日韩合作，在维护中日韩三国关键制造业供应链安全稳定方面发挥积极作用，并推动三国制造业向全球价值链的上游发展。

（2）以东北为重要基地，建立中日韩制造业产业联盟。加快实施制造

业项下的生产器械、技术服务等自由贸易政策及技术人员自由流动政策。

（3）支持东北地区的企业在研发、技术人员培训、技术标准化等领域与日韩开展合作，加快实施制造业项下的关键零部件零关税及相关技术人员自由出入境政策。

8. 鼓励东北地区与日韩共建地方产业示范园

（1）鼓励东北各省与日韩共建高质量的地方产业示范园区和产业孵化基地，重点加快电子信息产业、医药制造、汽车制造等优势产业合作；产业示范园区加强与日韩技术合作，促进技术成果转化和产业化；广泛吸引国内外资本，并为入园企业提供融资服务。

（2）利用东北高端装备制造业的基础，吸引日韩企业积极参与东北相关产业集聚区、工业园区、经贸合作区等建设，探索在合作园区内实行自由贸易政策和相关制度安排。

9. 强化东北与日韩的绿色供应链合作

（1）加强东北与日韩清洁电力领域的合作。以东北为基地，联合日韩共同建立覆盖东北亚的超级电网。

（2）加强交通基础设施建设领域的合作，包括电动车、铁路、空运等。

（3）加强东北与东北亚地区联合应对森林火灾的合作，加强海洋资源开发的合作。

四、努力推进东北与日韩服务项下的自由贸易进程

10. 加强东北与日韩的数字经济合作

（1）在 RCEP 框架下，深度推进东北与日韩在 5G、AI、大数据、物联网等数字技术领域合作与交流。例如，在沈阳组建中日韩信息技术联盟，合作开发语言技术等。

（2）利用好 RCEP 协定中有关数字经济和电子商务条款，推动中小企业创新创业合作。借鉴山东创建中日、中韩创新大赛的成功经验，在

沈阳、长春或者哈尔滨创建中日韩创新创业合作平台，激发东北与东北亚区域青年人的创新创业热情。

（3）在做好相关准备工作的同时，以东北制造业数字化为重点，推动中日韩尽快签署数字贸易领域的相关协议。

11. 深化东北与日韩在生产性服务业领域的合作

（1）鼓励和引导东北企业在日韩布局建设以农业、劳动密集型加工制造为主题的跨境产业园区，带动研发、设计、工程承包、信息通信等服务出口，强化金融、保险配套服务，提高企业对外投资的安全性。

（2）支持东北相关企业加大对日本、韩国在汽车、信息技术、新材料等领域的投资，充分利用东北地区自贸试验区积极开展研发设计、交通运输、咨询认证、信息推广等产业项下的自由贸易，推动日韩的研发技术及生产性服务、中国制造、东盟组装的深度融合。

12. 加快推进东北与东北亚旅游、健康等领域合作

（1）借鉴 APEC 商务旅行卡的成熟模式，设立中日韩岛屿旅游卡发展计划，在人员免签、免税购物、景点设计等方面实现更大便利。

（2）与日韩合作在东北地区建立动漫游戏、影视文学等多个主题的跨境产业园，合作开展文化娱乐产品的研发、设计、推广等。

（3）在统筹疫情防控的同时，鼓励东北地区与日本开展教育合作交流，定期委派教师互访教学，扩大互派留学生规模等，探索中日教育合作新机制、新路径。

（4）在东北地区，例如长白山等地，建立中日大健康产业联盟，合力发展智慧医疗健康产业；以东北为重要试点区域，积极促进中国与日本医疗健康服务标准、监管规则的对接，提升我国医疗健康产业发展质量。

五、以扩容自贸试验区为重点推进东北高水平开放

13. 支持吉林建设自由贸易试验区，探索建设大连自由贸易港

（1）支持设立中国（吉林）自贸试验区，形成东北自由贸易试验区

完整格局。加快辽宁、黑龙江自贸试验区新一轮改革试验，加强东北亚区域开放合作方式创新，激发东北亚区域开放合作的内生动力。

（2）支持东北自贸试验区开展对标 CPTPP 某些条款的压力测试。条件成熟时，支持大连探索建设自由贸易港，对标国际最高水平开放形态。

（3）加快做大抚远等东北边境节点城市，形成资源聚集地和兴边富民高地，发挥其在高水平开放中的重要作用。

14. 用好用活东北地区各类经贸合作平台

（1）把 RCEP 相关政策与长吉图开发开放先导区战略、中韩（长春）国际合作示范区、珲春海洋经济合作示范区等有机结合起来，推动各类经贸平台发展。

（2）支持和鼓励东北地区积极申建中日韩地方经贸合作示范区。创新示范区的开放政策、运营管理模式、体制机制等；以示范区为平台有效吸引日韩企业投资，培育先进制造业企业和现代服务业企业；在示范区举办日韩消费品进口博览会，扩大日韩日用消费品、医养健康、养老护理、美容服装等优质消费品进口。

15. 加快推进东北地区制度型开放

（1）在 RCEP 框架下，加快东北地区相关法律和机制环境建设，保障外商投资的合法权益，推动东北地区利用外资高质量发展。例如，尽快编撰《东北振兴法律汇编》，使国内外市场主体更全面、清晰地了解东北振兴的政策、法律、法规等。

（2）借鉴 RCEP 投资负面清单，制定单独的东北自贸试验区外商投资准入负面清单，为外国投资者在东北地区投资创造更加稳定、开放、透明和便利的投资环境。

（3）用好 RCEP 政策，以日韩为重点对 RCEP 成员国进行全链条、集群式精准招商，推动产业集聚与结构升级。

优化调整东北国有经济布局 20 条建议

中国（海南）改革发展研究院

《中共中央关于制定国民经济和社会发展第十四个五年规划和二〇三五年远景目标的建议》提出“加快国有经济布局优化和结构调整”。未来五年，以优化调整战略布局为重点，明显增强国有经济整体功能和效率，是新一轮深化东北国资国企改革的重大任务。

一、优化调整东北国有经济布局的战略意义

1. 优化调整战略布局是深化东北国资国企改革的突破口

从现实情况看，结构布局不合理是制约东北国资国企改革进程及其红利释放的重要因素。一方面，在战略性行业与垄断性行业内，出于对国有资产流失的担心而对非公有制资本持股上限的限制，使得社会资本等“不敢混”。目前，东北省属国有企业混合所有制改革覆盖面约为60%，与发达地区 80%以上的水平有一定差距。另一方面，国有经济行业结构重型化和产品结构老化问题突出，部分企业因产业结构不合理、资产质量较差，使得社会资本“不愿混”。此外，由于国有企业主业不突出等问题，即便企业引入非公有制的战略投资者实现混合所有制改革后，双方并未在产业融合方面实现重要突破，混合所有制的改革红利远未释放。例如，目前辽宁近 70%的国有资产集中在钢铁、煤炭、装备制造等传统产业领域；吉林地方国企在国民经济行业大类中均有分布，只

有不到8%的资产分布在工业，农林牧渔业、建筑业、服务业等其他16个行业的资产占地方国有企业90%以上。这就需要把优化调整战略布局作为深化东北国企国资改革的突破口。

2. 优化调整战略布局将提升东北国有经济的战略支撑作用

国企国资结构布局不合理制约东北国有经济竞争力、创新力、控制力、影响力、抗风险能力的提升。总的看，东北国有经济大而不强、全而不优、行业比较分散、战线过长等问题比较突出，相当一部分国有资本配置偏离“关系国民经济命脉的重要行业和关键领域”的功能定位，国有经济广泛分布在市场化程度比较高、竞争比较激烈的加工工业和一般竞争性服务行业，需要以优化调整国企国资布局提升东北国有经济的战略支撑作用。

3. 优化调整战略布局是东北国企融入国内国际双循环的重要条件

未来几年，东北地区国有企业要在国内国际双循环相互促进的新发展格局中找准自身定位，在“卡脖子”的关键核心技术布局上努力实现创新突破，全面清除“双循环”构建的“堵点”和“断点”，不断将“东北制造”升级为“东北智造”“东北创造”；坚持扩大内需这个战略基点，坚持创新核心地位加快现代产业体系布局，打造数字东北和智造东北。更重要的是，以优化调整国企国资战略布局积极对接东北亚经济合作进程。

二、优化调整东北国有经济布局的战略目标

4. 加大国有资本在国家安全领域的布局

对从事战略武器装备科研生产、关系国家战略安全和涉及国家核心机密的核心军工能力领域，实行国有独资。同时，对于不涉及国家安全

的国防科技工业，在保证国有资本绝对控股的前提下，通过金融、财税等综合性政策，积极吸引社会资本与优质资产、技术、人才等要素向东北国防科技工业领域流动，形成一批军民融合产业和军工优势产业。大幅提升对从事国防科技工业特别是涉及国防关键技术和重要武器装备研究的人才薪资待遇与综合生活保障水平。根据信息化战争需要，加快推进对传统的核、兵器、航空、航天和船舶等产业进行信息化全面改造，提升全行业生产制造的信息化水平。

5. 加大国有资本在粮食安全行业的布局

支持中储粮（东北分公司）推进粮食储备基础设施现代化、信息化改造，降低粮食储备损失，打造“智慧粮仓”。加大对种子培育、病虫害防治、信息机械研发方面的布局，发挥其在优化农产品结构、提升农产品品质品牌等方面的重要作用。发挥国有经济资本与技术优势，集中开展生物种业、重型农机、智慧农业、绿色投入品等农业关键核心技术攻关行动。加大对集约农业、绿色农业的投入力度，发挥国有企业在东北黑土地保护、治理水土流失、提高土地有机质含量等方面的主导作用，助力东北农业实现绿色可持续发展。

6. 加大国有资本在能源安全行业的布局

聚焦能源清洁化、电气化、智能化、集成化等事关能源转型发展全局的关键领域，加大能源设备芯片、软件等关键技术开发，推动能源开发、转换、配置、使用全环节技术和装备创新。充分利用中俄东线天然气管道正式通气的契机，加大央企在东北亚能源资源并购，实现能源海外布局优化。提升央企对跨国能源供应链的管理服务能力，探索建立东北亚能源交易与金融服务平台。重视对氢能源和煤焦油等传统资源衍生品的再利用和开发，以占据新能源领域的有利位置，保障国家未来能源安全。

7. 充分发挥国有资本在重大基础设施建设中的重要作用

优化完善东北三省电网主网架，以国有企业为主体推动实施一批特高压输电工程。加快建设哈大客运专线之外的第二条南北走向快速铁路专线，形成两纵五横快速铁路网络。适应“一带一路”“哈长沈大城市群”等建设需要，加快投资一批国家高速公路网待贯通路段项目，并进一步加大界河航道维护和航道疏通，打造东北亚水上大通道。按照适度超前原则，推进东北三省省会城市国际枢纽机场建设和支线机场新建、迁建、改扩建项目，扩大航空运输覆盖范围待贯通路段项目。推进东北区域性油气管网和支线管道建设，完善原油、成品油输入输出通道建设。

8. 加大国有资本对战略性、前瞻性行业的投入

支持以战略性新兴产业领域的骨干央企为中心组建国家重点实验室，鼓励支持国有企业与东北高校合作加快布局一批高水平研究机构、跨学科研究室等科技创新平台。探索通过课题委托、设立研发基金等机制开展与高校、科研院所等更广泛的研发合作。通过税前加计扣除、设立风险基金等方式，鼓励国有企业，特别是大型骨干集团型公司开展本行业领域对应的基础研究。

9. 加大国有资本在公共服务领域的布局

一方面，推动国有资本有序退出批发零售、住宿餐饮、旅游、房地产等竞争性行业，将其布局在提供公共产品和服务的行业和领域，提升国有资本在公共服务领域的集中度。另一方面，加大国有资本经营预算用于公共服务的支出比重，统筹用于保障基本民生，使国有资本能够更多地满足全社会日益增长的公共需求，在公共服务领域做出更大贡献。此外，考虑到东北地区社保基金缺口相对较大等因素，将东北地区企业国有股权划转社保比例由目前的10%提升至20%。

三、优化调整东北国有经济产业布局的重大任务

10. 明显提升以装备制造为重点的工业集中度

一是以集中主业为导向更大力度开展装备制造国有企业内部资源整合。例如，依托资本市场率先对中国航空工业集团、中国民航信息集团、中国中车集团、中国交通建设集团等央企下属企业及其相关研究所进行整合。二是加快推进装备制造领域内跨地区专业化整合。鼓励支持优质通用设备、专用设备、运输设备等装备制造业领域内龙头央企通过资产置换、无偿划转、战略联盟、联合开发等方式，在产业链横向整合，组建大型企业集团，将资源向优势企业集中。三是支持国有企业在关键行业开展并购重组。统筹国有企业结构布局的重点领域，鼓励中央企业以获取关键技术、核心资源、知名品牌、市场渠道等为重点，积极开展并购重组，补齐自身主业发展短板，提高产业集中度。

11. 推动央企与地方国企的对接合作

发挥政府在央企与地方国企对接合作中的重要作用。重点围绕煤炭、电力、燃气、冶金、汽车、专业设备等行业，鼓励支持中央企业与国有企业通过资产重组、股权合作、资产置换、无偿划转等方式进行产业对接合作，减少无序竞争，提升资源配置效率。对规模较小、经济效益差、主业不突出的省属国有企业，重组整合到具有优势的央企，提高产业集中度，形成业务协同发展效应。根据核心技术的内在关联（如工艺的衔接、技术同源以及技术的创新交叉）和相似性，推动装备制造企业和相关产业进一步集聚，共同开展共性技术的研发攻关。通过央企与地方国企、民企交叉持股等方式推动实现国有企业股权多元化。

12. 加快推进鞍钢、本钢的整合重组

参考大连港和营口港及丹东港整合后成为辽宁港口集团的做法，在沈阳成立以鞍钢和本钢为主体的中国鞍本钢铁集团有限公司，注册地为沈阳。

13. 鼓励国有企业与民营企业开展战略合作

在产权平等保护、资产价格由市场决定的前提下，借助国有企业在资金、技术、品牌、融资、信用等方面的优势，支持国有企业和与其主业相关的优质民营企业通过组建战略联盟、共设基金、联合投资、联合研发等方式，共同开拓市场资源，优化成本管理，提高利润率。同时，结合国有资本在战略性、前瞻性行业布局，努力在新能源、现代信息设备、智能制造、医药领域创新发展一批高新技术产业集群，打造全产业链竞争优势，更好地发挥协同效应。

14. 适应提升集中度要求推进国有资本有序流动

建议综合运用低效无效企业退出及国有资本战略优化调整、混合所有制改革等多种方式，推进国有资本在竞争领域的有效退出。一是逐步减少竞争行业国企数量与国有资本；二是剥离国有企业非主营业务；三是稳步推进一般性竞争行业国有股减持；四是全面实现自然垄断和竞争环节分开。

四、优化调整东北国有经济区域布局的重大任务

15. 以制造业为重点加强东北国资国企分工合作

例如，辽宁省重点领域有：电子设备制造业、黑色金属冶炼压延及金属制品、军工行业、通用设备制造、化学制品制造、航空航天制造、

计算机及电子设备制造业、石油化工、科学研究和技术服务业、软件和信息技术服务业、远洋及港口运输服务业。吉林省重点领域有：汽车制造、轨道交通、石油化工。黑龙江省重点领域有：航空航天、兵器工业、农产品和食品制造。

16. 以统筹国企国资区域布局促进东北城市群建设

打破东北四省区间的行政壁垒和市场壁垒，强化四省区在省属国有企业发展规划、产业布局、开放开发、基础设施建设、环境保护等方面的高层协调，推动资源要素跨区域、跨城乡自由流动，由此最大限度地释放资源要素的活力。充分发挥国企国资，尤其是央企在投资、基础设施建设、集聚要素等方面的引领作用，进一步优化“哈尔滨-长春”“沈阳-大连”城市群的国企国资布局。以沈阳、大连、长春、哈尔滨、呼和浩特等枢纽城市为重点，完善跨省公路、铁路、航空、海运等基础设施建设，加快形成东北地区综合立体交通运输体系，实现基础设施共建共享。

17. 发挥国企国资在促进东北亚经济合作中的特殊作用

一方面，发挥国资国企在促进东北亚地区基础设施一体化中的重要作用。以央企与地方国企为主体推进中国东北、日本、韩国、俄罗斯远东地区临海港口群之间的集装箱远洋干线业务、海内支线业务、国际邮轮业务的共同开发运营；积极参与中俄蒙经济走廊建设，促进东北亚各国之间跨境大桥、跨境铁路和跨境公路建设，提高中、朝、韩、俄、蒙陆路交通运输网络的互联互通水平。另一方面，发挥国资国企在构建区域性产业链供应链方面的重要作用。制定产业转移指导目录，更加注重国资国企下属企业的产业配套，突出本地区的优劣产业，明确产业承接发展重点。支持国有企业建设以自身主业为主题的承接产业转移示范园区，促进产业组团式承接和集群式发展。

五、优化调整东北国有经济布局的行动建议

18. 由国家国资委统筹推动东北国有经济布局工作

一方面，建议由国务院国有资产监督管理委员会牵头，东北四省区共同参与制订《优化调整东北国企国资战略布局“十四五”规划》，合理安排国有企业改革的时间表和路线图，做到统一规划，全盘布局，分阶段实施。另一方面，尽快建立更高层次东北区域经济一体化发展的合作机制。参照粤港澳大湾区的经验，在现行四省区行政首长联席会议机制的基础上，形成由国资委牵头、各省区市国资国企管理部门参与的高层次协调机制，形成高效运行的工作机制，形成定期交流机制，加强沟通、形成合力，共同促进东北国企国资的结构、产业、区域布局和重大工程项目建设。

19. 进一步完善以管资本为主的国资监管体制

进一步完善国有资产监管机构–国有资本投资运营公司–经营性国企三层国有资产管理架构，实现监管者与出资人职能分离，出资者与企业职能分离。地方国资委主要负责加强对战略、投资和重大事项的监督，将国有资本管理的权力下放到国有资本投资运营公司，经营性国企作为实体性企业拥有企业法人的全部权限。

20. 充分发挥国有资本投资运营公司的平台作用

一是在国有控股前提下，优化法人治理机构。支持国有资本投资运营公司董事会独立、公平地从职业经理人市场中选择有能力、重诚信的总经理与高管人员。二是赋予国有资本投资运营公司更大的投资自主权。例如，对退出、剥离的国有资本，集中至国有资本投资运营公司，在明确禁止投入领域前提下，赋予其投资自主权。三是赋予国有资本投资运

营公司更大的国资管理自主权。按照国有资本的分类，东北各省区国资监管机构要尽快形成统一的国有资本投资运营公司权责清单，重点在国企产权转让、企业领导任免、企业重组方案审核、企业改制方案审核、公司章程修改、企业业绩考核和薪酬标准、企业财务预算管理等方面实现制度性安排。

后　记

东北地区是我国重要的工业和农业基地，维护国家国防安全、粮食安全、生态安全、能源安全、产业安全的战略地位十分重要，关乎国家发展大局。党的十八大以来，为适应新形势、新任务、新要求，习近平总书记多次来到东北考察，党中央、国务院提出深入推进实施新一轮东北振兴战略。

2015 年 10 月，在中央对东北地区等老工业基地振兴作出新一轮战略部署的大背景下，东北大学和中国（海南）改革发展研究院联合发起设立“中国东北振兴研究院”。2016 年 4 月 13 日，国家发改委办公厅复函东北大学和中国（海南）改革发展研究院，同意国家发改委作为中国东北振兴研究院的指导单位，指定振兴司作为日常联系协调单位，并要求东北大学和中国（海南）改革发展研究院将“中国东北振兴研究院”建设成以“东北振兴理论和政策研究”为特色的新型高端智库。6 年来，中国东北振兴研究院已成为东北地区首屈一指的高校智库，中国东北振兴研究院的智库品牌初步形成。报送的多份咨政建议报告多次获得中央领导、国家发改委领导、教育部领导、辽宁省市领导批示圈阅，入选“2021 年中国智库参考案例（咨政建言类别）”，为该类别里东北地区唯一一家入选智库。

当前，全球面临百年未有之大变局，区域经济一体化和经济全球化正面临一系列变化。在这一背景下，统筹安全与发展已成为新发展阶段推进东北振兴的重要目标，东北地区如何充分利用各种有利条件，深化改革，化解矛盾，扬长避短，发挥优势，在统筹安全与发展，推进东北经济一体化中寻求新动力，实现新突破，是需要讨论的重大课题。2020 年以来，东北大学、中国（海南）改革发展研究院、中国东北振兴研究院联合相关机构围绕推进东北经济一体化、推动东北经济转型升级、优化调整东北国有经济布局、东北全面振兴与东北亚区域合作、深化中日韩合作推进东北振兴等方面开展一系列交流研讨和研究。为让广大读者了解新形势下新一轮东北振兴的若干重大问题，我们汇编《打造对外开放新前沿：如何推动东北振兴取得新突破》一书，书中汇集了国内外与会专家学者的演讲文章。我们将书中收录文章分为“高水平开放：形成东北振兴新动力”“‘十四五’：推动东北振兴取得新突破”“市场化动力：推进东北经济一体化”“双循环格局：推动东北经济转型升级”“区域合作：全面释放东北地区潜能”。希望本书对关心东北振兴的各界读者有所助益。

本书由夏德仁、迟福林、唐立新担任主编，杨睿、陈薇、陈所华、张超等参与了本书的编辑及相关工作。同时，本书的出版得到了中国工人出版社的大力支持，在此一并表示感谢！

2022年5月6日

图书在版编目（CIP）数据

打造对外开放新前沿：如何推动东北振兴取得新突破 / 夏德仁，迟福林，唐立新主编.—北京：中国工人出版社，2022.12
ISBN 978-7-5008-8067-7

Ⅰ.①打… Ⅱ.①夏… ②迟… ③唐… Ⅲ.①区域经济发展—研究—东北地区②东北亚经济圈—区域经济合作—研究 Ⅳ.①F127.3②F131.04

中国版本图书馆CIP数据核字（2022）第232992号

打造对外开放新前沿：如何推动东北振兴取得新突破

出 版 人	董　宽
责任编辑	周子欣　左　鹏
责任校对	张　彦
责任印制	栾征宇
出版发行	中国工人出版社
地　　址	北京市东城区鼓楼外大街45号　邮编：100120
网　　址	http://www.wp-china.com
电　　话	（010）62005043（总编室） （010）62005039（印制管理中心） （010）62382916（工会与劳动关系分社）
发行热线	（010）82029051　62383056
经　　销	各地书店
印　　刷	三河市东方印刷有限公司
开　　本	710毫米×1000毫米　1/16
印　　张	19.5
字　　数	280千字
版　　次	2022年12月第1版　2022年12月第1次印刷
定　　价	68.00元